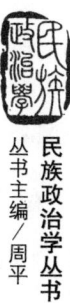

民族政治学丛书
丛书主编／周平

◎ 中国陆地边疆治理协同创新中心研究成果

国家范式转换与国族构建
——近代中国国族构建研究

张 健◎著

中央编译出版社
Central Compilation & Translation Press

图书在版编目（CIP）数据

国家范式转换与国族构建：近代中国国族构建研究／张健著. —北京：中央编译出版社，2015.7

ISBN 978－7－5117－2692－6

Ⅰ. ①国…
Ⅱ. ①张…
Ⅲ. ①民族主义－研究－中国－近代
Ⅳ. ①D092.5

中国版本图书馆 CIP 数据核字（2015）第 132131 号

国家范式转换与国族构建：近代中国国族构建研究

出 版 人：	刘明清
出版统筹：	董　巍
责任编辑：	侯天保
责任印制：	尹　珺
出版发行：	中央编译出版社
地　　址：	北京西城区车公庄大街乙 5 号鸿儒大厦 B 座（100044）
电　　话：	（010）52612345（总编室）　（010）52612339（编辑室）
	（010）52612316（发行部）　（010）52612317（网络销售）
	（010）52612346（馆配部）　（010）55626985（读者服务部）
传　　真：	（010）66515838
经　　销：	全国新华书店
印　　刷：	北京时捷印刷有限公司
开　　本：	787 毫米×1092 毫米　1/16
字　　数：	277 千字
印　　张：	18
版　　次：	2015 年 7 月第 1 版第 1 次印刷
定　　价：	65.00 元
网　　址：	www.cctphome.com　邮　箱：cctp@cctphome.com
新浪微博：	@中央编译出版社　　微　信：中央编译出版社（ID：cctphome）
淘宝店铺：	中央编译出版社直销店（http://shop108367160.taobao.com）　（010）52612349

本社常年法律顾问：北京市吴栾赵阎律师事务所律师　闫军　梁勤
凡有印装质量问题，本社负责调换。电话：（010）55626985

序

最早在西欧出现的那些原生态的民族国家，都是以一个在王朝国家条件下整合起来的同质化的民族为前提和基础的。其实，欧洲那些取代王朝国家的民族国家，就是为解决王朝内的民族觉醒后与王朝形成的二元对立而创制的国家形态，本质上是一套实现和保障民族认同于国家的制度框架。民族国家的建立，使民族具有了国家的形式，成为了国族。因此，欧洲的民族国家与国族是相伴而生、相互构建的。然而，对于那些在欧洲民族国家的影响、示范以及民族国家世界体系的压力下采取民族国家制度架构的国家来说，为民族国家的建立而进行国族构建和民族国家建立后的国族建设，都是一项历史性的社会政治任务。

这样的问题在近代以来的中国，就明显存在。在中国悠久的历史上，形成和存在众多的民族群体，它们在长期的交往交流交融中也逐渐凝聚为一个整体。但是，这个整体以"中华民族"为族称并实现民族的自觉，却是从近代才开始的。1840年的鸦片战争到1949年中华人民共和国成立这个历史时期，是中国国族构建的关键时期。

作为国族的中华民族对中国现代国家的巨大影响的日渐凸显，引起了学者们从不同角度对中国国族构建的广泛关注和研究。近年来，国族研究的成果不断涌现，其中有的研究成果还较有深度。但是，对近代以来中国国族构建的系统性、综合性并具有历史纵深感的研究成果仍付之阙如。面对这样现实，张健在攻读民族政治学的博士期间，选择了从历史角度进行中国国族构建研究这一问题，作为博士论文研究的选题。

经过深入的研究，张健完成了博士论文《国家范式转换与国族构建——近代中国国族构建研究》。作为民族政治学前沿性研究的成果，该论文具有较强的理论价值与现实意义。首先，在世界各国的国族构建历程中，中国的国族构建具有突出的典型性。对于近代中国国族构建的研究，有利于拓展国族构建的研究视野，丰富国族构建的研究内容，同时也是为形成中国特色的国族构建理论体系进行有益的探索。其次，国族作为特殊类型的民族共同体，其形成并不是自发而为，而是主动构建的过程。通过分析国族构建措施的具体语境和制约因素，对各项政策进行还原与解读，能够为当代中国的国族建设提供经验借鉴与历史参考。

同时，该论文在已有成果的基础上，具有一定的突破与创新。首先，在国家范式转换的背景下，将国族构建与民族国家构建紧密地结合起来，恰当地解释了国族构建的条件和必然性。对于国族构建而言，只有国家范式发生转换，确立了民族国家的基本框架与制度导向，国族的构建才能获取其内在规定和现实价值。其次，近代中国国族构建是一项复杂的综合性工程，需要系统性的分析框架对其进行全景式的立体型分析。该研究尝试构建完整系统的分析框架，对国族构建开展了更为全面的研究，拓展了国族研究的理论视野。最后，近代中国国族的形成是主观构建的结果。该研究具体分析了晚清政府、南京临时政府、北洋军阀政府、南京国民政府和中国共产党领导政权开展的国族构建，从而将国族构建研究进一步推向深入，具有历史的纵深感。

该论文完成后，在校外专家匿名评审、博士论文答辩各个环节，都得到了专家的较高评价。获得博士学位以后，张健又根据博士论文答辩时专家们的意见对论文进行修改和完善，并将博士论文加工成为目前的著作而公开出版，既为了让自己辛勤工作的成果有助于人们对近代中国国族构建的认识和了解，为相关的研究提供支持，也为了求教于方家，从而使自己的研究朝着更加深入和全面的方向发展。

目前这部著作，标志着国族构建研究有了一个良好的开端。但国族构建涉及面极广，许多问题需更加有效、合理的解释，该领域的研究仍然任重道远。因此，希望张健博士对这一问题给予持续、深入的研究，也希望有更多的学人关注这一领域，并产生出更有价值的成果。

周 平

2015年2月3日

目　录

导　论 … 1

第一章　迫于无奈的选择与国族观念的萌发
　　　　——晚清王朝国家时期的国族构建（1840—1911） … 1

第一节　多民族王朝国家的一体化机制 … 1
一、观念使然 … 2
二、认同多元 … 5
三、制度胜利 … 8
四、经济驱动 … 11

第二节　王朝限度内的国族意识萌动 … 13
一、王朝向民族国家体系的妥协 … 14
二、接受新技术与坚守儒家文化 … 17
三、政权层面上的满汉关系调整 … 20
四、社会普通民众的自发性回应 … 23

第三节　民族主义范式下的国族构想 … 26
一、民族主义引入与传播 … 27
二、满汉一体与排满兴汉 … 30
三、改良立宪与民主共和 … 34
四、重塑历史与保教存学 … 37

第四节　政权自我转型中的国族构建 … 40
一、满汉关系的继续调整 … 40

二、边疆民族地区的开发 …………………………………… 42

三、大众传播媒介的采用 …………………………………… 45

四、立宪与和平移交政权 …………………………………… 48

小结 …………………………………………………………………… 51

第二章 制度形式的移植与国族意识的催化
——中华民国成立初期的国族构建（1912—1928） ……… 53

第一节 孙中山的国族构建思想 ……………………………………… 53

一、国族内部的族体组成结构 ……………………………… 54

二、边疆民族地区的开发设想 ……………………………… 59

三、面对西方列强的心态变化 ……………………………… 63

第二节 南京临时政府的政策导向 …………………………………… 67

一、维系过渡时期的领土和国族完整 ……………………… 68

二、确立人民主权的原则和参政方式 ……………………… 71

三、规范国民教育的体系和价值取向 ……………………… 76

四、扶持民族地区的经济和教育发展 ……………………… 78

第三节 北洋军阀时期的初步实践 …………………………………… 80

一、"五族共和"的延续与维系 ……………………………… 80

二、议会民主的样式与表象 ………………………………… 84

三、国家结构的集权与分权 ………………………………… 86

四、国民经济的恢复与发展 ………………………………… 90

五、国族文化的冲突与调适 ………………………………… 93

六、维系主权的努力与无奈 ………………………………… 97

小结 …………………………………………………………………… 100

第三章 党国体制的确立与国族整体的自觉
——南京国民政府时期的国族构建（1928—1949） ……… 102

第一节 国族构建困境与政党体制的再选择：
国民党的探索 ……………………………………………… 102

一、竞争党制的理想化与羸弱性 …………………………… 103

二、意识形态的一元化与包容性 …………………………… 106
三、组织机构的严密化与贯穿性 …………………………… 110
四、党员吸纳的大众化与国民性 …………………………… 113
第二节 国家形式上的统一与国族的一元化整合 …………… 116
一、国族主义的继承与强化 ………………………………… 116
二、训政体制的民主与独裁 ………………………………… 120
三、主权独立的抗争与妥协 ………………………………… 123
四、经济政策的调整与局限 ………………………………… 126
五、"三民主义"的宣传与教育 …………………………… 129
第三节 全面抗战与中华民族的整体自觉 …………………… 134
一、强化中华民族一体结构 ………………………………… 134
二、建立抗日民族统一战线 ………………………………… 138
三、加速边疆民族地区发展 ………………………………… 143
四、深入动员社会普通民众 ………………………………… 146
五、积极争取平等国际地位 ………………………………… 150
第四节 国族自觉与国家认同的失衡 ………………………… 153
一、政党竞争性认同的失败 ………………………………… 153
二、政治与经济的双重受挫 ………………………………… 156
三、各民族平等权利的缺失 ………………………………… 158
小结 …………………………………………………………………… 161

第四章 政党认同的获取与国家认同的强化
——中国共产党推动下的国族构建(1921—1949) ………… 163

第一节 组织准备与国族观念的初步形成 …………………… 163
一、苏联式政党组织的初创 ………………………………… 164
二、反帝反封建的革命联合 ………………………………… 166
三、阶级视角中的民族问题 ………………………………… 169
第二节 局部实践与国族意识的逐渐深化 …………………… 173
一、党领导革命根据地建设的制度政策 …………………… 174
二、民族自决自治与开展少数民族工作 …………………… 176

三、积极推动抗日民族统一战线的建立……179
　第三节　区域施政与国族构建的自觉推进……183
　　一、中国共产党国族观的强化与自觉……184
　　二、少数民族自治权利的阐释与探索……188
　　三、抗日民族统一战线的建立与发展……192
　　四、抗日民主政权建设的政策与措施……195
　第四节　政党认同与国族构建的基本完成……199
　　一、加强党组织的自身建设……200
　　二、人民民主统一战线建立……203
　　三、所有制关系的变革调整……205
　　四、维护少数民族平等权利……208
　　五、中华人民共和国的成立……211
　小结……214

第五章　国族形成的模式与国族构建的效应……216
　第一节　近代国族构建的基本模式……216
　　一、反帝反封建双重压力下的民族主义宣传动员……217
　　二、政党—国家在国族构建过程中处于主导地位……220
　　三、国族构建与民族国家构建的互动与协调整合……222
　第二节　近代国族构建的主要效应……225
　　一、中华民族基本具备国族的观念与形态……225
　　二、中华民族仍需增强国族的认同与凝聚……229
　　三、当代加强中华民族建设的内容与方向……231

结语　国家嵌入民族的逻辑……234
参考文献……237
后　记……253

导　论

一、问题的提出与意义

（一）问题的提出

人作为群体性的类存在物，从其诞生开始就需要一种凝聚与调节机制，建立秩序、解决公共性问题，进而维护自身的生存与发展。而这种机制的核心就是公共权力，也正因此，亚里士多德提出了"人是天生的政治动物"的命题。伴随生产力的发展和社会的分化，为了更好地实现自我治理，人们创造了一种"在特定的地域范围内以暴力为支撑的公共权力对社会进行管理的机制"①，而这就是国家。从此，国家成为人类最核心最有效的治理方式，延续至今。在这期间，国家的形态不断发生演变，仅以欧洲为例，就先后出现了城邦国家、罗马帝国、基督教普世世界国家、王朝国家，直至民族国家。民族国家起源于17世纪的西欧，"从本质上看，民族国家就是以民族对国家的认同为基础的主权国家"②。民族国家产生后，凭借其特有的制度优势，迅速成为世界最基本的国家形态和国际关系的基本主体。"到目前为止，民族国家仍然是唯一得到国际承认的政治组织结构。"③

---

① 周平：《多民族国家的族际政治整合》，中央编译出版社2012年版，第10页。
② 周平：《对民族国家的再认识》，载《政治学研究》，2009年第4期。
③ ［英］安东尼·D.史密斯：《全球化时代的民族与民族主义》，龚维斌、良警宇译，中央编译出版社2002年版，第122页。

虽然民族国家成为基本的国家形态，但民族国家的建设却仍是世界各国普遍面临的挑战。而其中，国族建设又是民族国家建设的基础性工程。所谓"国族"，也就是取得国家形式，与国家结合在一起的民族。"民族国家"的制度优势和解释力度，与"国族"有着紧密的联系。"民族国家作为一种国家制度框架，其制度内涵的形成、制度优势的发挥，都依托于国族。没有一个强健的国族，民族国家就无法发挥其制度功能，只能是徒具形式，甚至形同虚设。"①

而这种挑战在中国也依然存在，我国自古就是统一的多民族国家，中华民族作为多民族的共同体具有悠久的历史，但具有国族意义的中华民族却是从近代开始出现的。从1840年的鸦片战争到1949年中华人民共和国成立的近代历史，也同时成为中国国族构建的重要时期。鸦片战争的爆发，把晚清帝国推进到现代民族国家的建构进程之中，中国的国族构建也随之展开。国族作为特殊类型的民族共同体，其形成并不是自发而为，而是主动构建的过程。从民族概念的引入、国族符号的提出、国族内涵的纷争，到国族认同的初步生成，国族问题被多次解释和建构。而要准确剖析这一复杂进程，就必须从国家范式切入，将国族构建纳入到近代中国的国家转型之中。

近代中国的国族构建与民族国家构建具有紧密的联系，甚至可以说是同一过程的不同表述。因为只有国家范式发生转换，确立了民族国家的基本框架与制度导向，国族的构建才能获取其内在规定和现实价值。而且国族构建不仅是一种想象，或者说这种想象的形成本身就需要再构建，需要在共同体范围内，从政治、经济、文化各个层面形成一种切实的利益与精神感受，从而形成国族共同体的自我认同。而能够为整个国家范围内的具体民众提供这种认同机制的唯有国家政权。

从鸦片战争到中华人民共和国成立，持续百年的历史巨变已落下了帷幕，中国已经具备了一个现代民族国家的基本雏形，与之相应的国族形态也初步显现，但中华民族的建设仍然是当代中国国家建设的基础工

---

① 周平：《民族国家与国族建设》，载《政治学研究》，2010年第3期，第85—96页。

程。面对全球化的挑战和多元文化的冲击，对于族体规模庞大、内部结构复杂的中华民族而言，国族建设的任务更为艰巨和繁重。而对于国族建设的系统、理性分析，首先需要的就是历史的眼光与视野，正如克罗齐所言"一切历史都是当代史"，"当生活的发展逐渐需要时，死历史就会复活，过去史就变成现在的"。国族的"构建"与"建设"具有一脉相承的内在逻辑，并不是互不相关的独立过程，准确把握近代中国国族构建的历史进程、价值理念和政策体系，本身就是国族认识深刻的一种展示，同时也能够解释与澄清国族建设中的困惑和纷争，避免国族建设中的诸多误解与独断，使我国的国族建设更具中国化、更富历史感、更有可行性，为国族建设奠定准确而坚实的历史基点。而对于这一时期的国族构建研究，当前学术界的关注力度仍显薄弱，缺乏全面系统的研究成果。也正因此，选择《国家范式转换与国族构建——近代中国国族构建研究》作为研究方向。

（二）研究的意义

1. 通过拓展国族构建的研究视域，丰富了中国国族构建的理论体系

国族构建是政治学、民族学和民族政治学研究的热点问题。但由于相关族体概念和理论体系均属"舶来品"，针对中国实际的本土化研究相对缺乏，致使中国的国族构建往往陷入西方强势话语的纷争，不利于国族建设的有效开展。其实，国族概念的普遍性并不能掩盖其建构路径的国别独特性。在世界各国的国族构建历程中，中国的国族构建具有较强的典型意义，历史悠久、规模庞大、内部复杂的中华民族，在近百年的时间内，转型成为具有国族意义的现代民族共同体，这一成功本身就蕴含着从中发现理论的价值。因此，对于近代中国国族构建的研究，有利于拓展国族构建的研究视野，丰富国族构建的研究内容，同时也是为形成中国特色的国族构建理论体系进行有益的探索。

2. 通过解析国族构建的政策实践，提供了中国国族建设的历史参考

近代中华民族的国族意识，是中华民族成员在共同的反帝反封建斗争中逐步形成的。而这一历史进程的实现需要强有力的建构主体，通过具体的国族构建政策，进行有效的宣传与动员，并凝聚整个中华民族的力量去争取独立、自由与解放。近代中国政治舞台的多种政治力量，出于内外压力和政治诉求，实践了一系列的国族构建政策，既有正面积极的效应，但也存在消极负面的因素。这些政策塑造了近代国族的基本面貌，也对当代国族建设形成了一定的路径性依赖。因此，通过分析国族构建措施的具体语境和制约因素，对各项政策进行历史性的还原与解读，总结其功效成败，为当代中国的国族建设提供经验借鉴与历史参考。

二、学术史回顾与简析

国族与国族构建问题受到了学术界多学科的共同关注，逐步成为政治学、民族学和民族政治学研究的热点问题。梳理国族与国族构建研究的学术发展史，分析国内外学者的主要观点，有助于深化对国族构建研究的认识，也对近代中国国族构建研究具有启发和借鉴意义。在学界，不同族体概念的译名问题仍然存在争议，其所指内涵也存在交叉，而"国族"一词的提出与选用，本身就暗含着对于族体问题的理解思路，其背后也预设了与之相关权力运行体系。"概念有自己的历史，或者更进一步说，我们所用来表达概念的名词包含着历史。"[①] 为此，对于国族构建的学术回顾，首先从"国族"一词的提出入手，并以直接使用"国族"一词的研究为主。

---

① ［英］昆廷·斯金纳：《政治的视界》第1卷，剑桥大学出版社2002年版，第180页，转引自［芬兰］凯瑞·帕罗内：《昆廷·斯金纳思想研究》，李宏图、胡传胜译，华东师范大学出版社2005年版，第5页。

（一）关于"国族"问题的相关研究

1."国族"一词的提出

"国族"一词在汉语世界古已有之，有学者考证，先秦时期，"国族"一词就已在典籍中出现。"在先秦文献中，'族'字的应用颇为广泛，十分多见。根据对《十三经》原文的粗略统计，'族'字在这些文献中（除《春秋公羊传》和《孝经》外）出现多达220余处，其中可以作为复合名词等释读的用法亦多达数十种，诸如'九族'、'宗族'、'世族'、'公族'、'王族'、'邦族'、'百族'、'国族'……"① 而"《御定佩文韵府》所收录的'族类'词语就达160余个，……区别社会地位的'皇族'、'帝族'、'王族'、'公族'、'贵族'、'豪族'、'强族'、'世族'、'国族'、'权族'、'望族'、'庶族'、'贱族'……"② 著名学者王国维曾用"国族"一词表示我国历史上代表一定民族的小国。这些小国都是由分散成自然部落的氏族发展而来。③

近代开始，部分革命人士与学者已经在国家层面上使用"国族"，并倡导用"国族"一词对应英文的"nation"。国族的这种提法，最早可见于孙中山1924年的《民族主义第一讲》，把"nation"表述为"国族"，称民族主义就是国族主义。④ 20世纪30年代，袁业裕也提出"国族者即居住同一区域、生产技术相同，以及其他个方面均相类似者谓之国族。民族为历史进行中自然演成之社会的形态，系由共同血统、生活、语言、宗教与风俗习惯而结合一致之群众集体"，提出"nation"大概系指有主权政治国家之人民，而"nationality"一字则专指"同语言与同习俗之民族"⑤，表示出把"nation"译作"国族"的意向。潘光

---

① 郝时远：《先秦文献中的"族"与"族类"观》，载《民族研究》，2004年第2期，第36—46页。
② 郝时远：《中文"民族"一词源流考辨》，载《民族研究》，2004年第6期，第60—69页。
③ 柯昌济：《中国上古的国族》，载《社会科学》，1984年第01期，第41—43页。
④ 《孙中山全集》第9卷，中华书局1986年版，第185页。
⑤ 袁业裕：《民族主义原论》，正中书局1936版，第19—21页。

旦 1936 年指出,"有三个名词是很容易相混的:一是国家,二是种族,三便是民族。'国家'容易和'民族'相混,例如西文的'nation'一字,便有人译作国家、民族,或国族。……国家的意义是政治的、法律的、经济的;种族的意义是生物学的与人类学的;民族则介乎二者之间"①。他认为"nation"既有生物学、人类学(体质、文化)含义,在欧洲还具有政治实体(国家)的含义;"state"更多地是具有政府机构的含义。

新中国成立后,学术界将"nation"、"nationalities"、"ethnic"等词,统一翻译为"民族",因此,"国族"一词相对沉寂。但进入 20 世纪末,由于全球化的加速推进和民族主义思潮的进一步泛起,民族认同与国家建设再度成为时代课题。部分学者也开始重新思考西方"族体"概念的差异,及其对应的中文译名问题。1995 年,宁骚在《民族与国家》一书中再度提出"国族",并试图厘清国家、国族、民族、族体等概念。他从族类共同体的概念出发,区分了"作为部落的民族"、"作为部族的民族"、"作为国族的民族"和"作为狭义民族的民族"。② 郑凡等学者,也提出把"nation"译作"民族"与我国通常关于"民族"的理解存在一定距离,也由此导致了许多概念上的混乱。认为,"当初要是'国族'得到学术界的重视和公认,它就正好与'nation'所包含的国家及现代民族两层意思相对应了;而'民族'一词也就可以只按民族学'ethnology'的标准去用它,专指'ethnic group'所包含的传统民族之义——那样的话,我们今天对两种民族概念的辨别也属多余了"③。周平也是最早关注国族问题的学者之一,在民族政治学的创新力作——《民族政治学导论》中,专门探讨了国族问题,并从民族与国家政权的关系来界定"国族",认为"国家民族"或"国族"是

---

① 潘光旦:《潘光旦民族研究文集》,民族出版社 1995 年版,第 48 页。
② 宁骚:《民族与国家》,北京大学出版社 1995 年版,第 15 页。
③ 郑凡、刘薇琳、向跃平:《传统民族与现代民族国家——民族社会学论纲》,云南大学出版社 1997 年版,第 60 页。

"执掌国家政权,并且能够代表国家的民族"①。此后,"国族"一词的使用逐渐增多,"国族"概念的提出,并在20世纪末重新进入学术主流,既是人们深刻反思民族与国家问题的重要成果,同时也为化解诸多争议,提供了一个新的视角与思路。

2."国族"概念的内涵

国族概念在20世纪末重新回归后,学者们对其内涵的阐释,基本上是从比较意义的层面切入,探讨"国族"与"民族"、"族群"之间的关系,而其概念的核心均指向了国家或政权。

宁骚认为国族(nation)与国家概念密切相连,而民族(nationality,ethnic group)是国族内部的组成部分,国族和民族是两个相互区别的概念,并且特别强调说:"在中国,只有一个民族才能称作民族(nation),这就是中华民族(the Chinese nation)。……现在,世界各国都普遍地在'全体国民形成一个统一的国族'这一含义上使用民族(nation)一词。"② 同时,"美国人"、"澳大利亚人"这类基于国家的身份认同,也可以归类于"国族"(nation)。郝时远也认为,"nation"应该理解为国族,他认为"民族(нация,nation)是人类共同体依托于民族国家(nation-state)而形成的现代形式。通俗地理解,一个民族就是一个民族国家的全体居民或全部享有该国国籍的人的总称。因此,将'nation'理解为'国族'是非常贴切的。"③

刘泓在《国族与国族的认同》一文中认为,近代以来在欧洲形成的国族概念,直接与国家的概念相关联。国族与民族的区别在于,前者"必须有国家的实质",后者"不必有自治权及国家形态"。西欧的"民族—国家"过程表明,国族是指有自己统一国家的人民,而民族则是指没有建立或失去独立国家形式的人民。相对"民族"而言,"国族"强

---

① 周平:《民族政治学导论》,中国社会科学出版社2001年版,第32页。
② 宁骚:《民族与国家》,北京大学出版社1995年版,第13—14页。
③ 郝时远:《重读斯大林民族(нация)定义》,载《世界民族》,2003年第4期,第1—8页。

调的是政治统一性与地域一体性。而政治统一性与地域一体性正是"国家"（State）的基本特征，因此，把英语中的"Nation"译为"国族"或"国家"、"国民"是适当的，而译为"民族"则不甚达意。①

朱伦对"国族"、"民族"和"族群"等概念在国外的演变，进行了比较深入和详细的考察。他指出，从国族的外部关系看，自11世纪起，随着欧洲人口增长对土地资源需求的压力，欧洲各族人民的"本地人"（native）与"外地人"（foreign）观念及其利益冲突和"地盘"（region）意识日趋增强。正是从中世纪后期开始，不彻底的罗马化所形成的地方语言文化资源，成了欧洲各地人民构筑以"本地人"为核心的政治共同体的基础，这种共同体就是后来的所谓"国族"（nation）。②而就内部实质看，在近、现代西欧人的观念中，所谓"国族"，也就是一个以主权国家形式实现政治统一的"人民"。③

周平从民族国家的视角研究国族，认为："国族，即国家民族，也就是取得国家形式（或披上了国家外衣）的民族，它随着西欧的民族国家构建而形成。西欧的民族（Nation），都是与民族国家联系在一起的人群共同体，都是国族"④。这一界定，抓住了国族问题的本质属性。在此基础上，周平对国家与国族的关系，进行了更为深刻的阐释。周平认为："国族内涵中显现出来并引起关注的常常是历史、文化、语言和地域，但国族并不是历史上形成的人群共同体自然演进的产物，而是由民族国家构建起来的，因而打上了深深的国家烙印。国族的根本特性并不是历史文化特性，而是国家特性或政治特性。国族都是具体的，是某个民族国家的国族。""因此，国家因素既是国族形成的根本条件，也

---

① 刘泓：《国族与国族的认同》，http://www.china.com.cn/xxsb/txt/2006 - 12/19/content_7531127.htm。

② 朱伦：《西方的"族体"概念系统》，载《中国社会科学》，2005年第4期，第83—100页。

③ 朱伦：《西方的"族体"概念系统》，载《中国社会科学》，2005年第4期，第83—100页。

④ 周平：《民族国家与国族建设》，载《政治学研究》，2010年第3期，第85—96页。

是解释国族的根本性因素。"①

周平也分析了国族的形成历程,认为:"西欧建立民族国家前,王朝国家已经将国内居民整合为民族。民族国家的构建,不仅标志着民族构建的完成,也使以国民身份为基础的民族成为了国族。"同时,也指出了与西欧国家不同的情况,即在民族国家的影响和建基于民族国家的世界体系的压力下构建起民族国家的国家,"这些国家,国内存在着作为历史文化共同体的多个传统民族,是将国内多个传统民族整合为统一的国族而建立起民族国家的"。② 在这样的国家,国族是由多个传统民族整合而成的。如何维系和巩固国族,是多民族国家面临的一项艰巨的任务。

3. 国族构建的路径

国族是民族国家存在和发挥制度优势的保证,同时国族又是建构的共同体。国族概念主要对应的英文是"nation"一词,西方学界对于"nation"的建构问题主要有三种倾向:第一种是强调"nation"的自然性,认为"nation"在人类历史的初期就已经产生,是具有血缘关系的家庭和部落自然演化而来,与地域、语言、宗教等有着紧密联系,并受客观规律的制约。如埃德华·希尔斯和克利福德·格尔茨论证了"原始"联系与世俗及市民联系之间的持久比肩共存,并认为即使在工业化社会也是如此。尤其是格尔茨还专门对原始的忠诚与在现代政体和社会的理性秩序下的市民联系作了对比。③ 第二种是强调"nation"的建构性,认为主观建构是"nation"形成的主要动因,如霍布斯鲍姆就认为:"并不是民族创造了国家和民族主义,而是国家和民族主义创造了民族。"④ 本尼迪克特·安德森认为:"它是一种想象的政治共同体——并

---

① 周平:《民族国家与国族建设》,载《政治学研究》,2010年第3期,第85—96页。
② 周平:《民族国家与国族建设》,载《政治学研究》,2010年第3期,第85—96页。
③ [英]安东尼·史密斯:《民族主义:理论意识形态历史》,叶江译,上海人民出版社2006年版,第55页。
④ [英]埃里克·霍布斯鲍姆:《民族与民族主义》,李金梅译,上海人民出版社2000年版,第9页。

且，它是被想象为本质上有限的，同时也享有主权的共同体。"① 第三种是在批判前两者基础上提出的"族群—象征主义"，以安东尼·史密斯为代表。他认为对"nation"的理解，必须突破主客观的谱系框架，"nation"（民族）的基础是"ethnic group"（族群），族群拥有持久的文化，这并非现代构建的产物。但这也并不否认"nation"的建构原则，因为"nation"（民族）至少要在相当的一个时期，必须通过拥有它自己的故乡来把自己构建成"nation"（民族）；而且为了立志成为"nation"（民族）并被承认为"nation"（民族），它需要发展某种公共文化以及追求相当程度的自觉。② 也因此，他将"nation"（民族）定义为："具有名称，占有领土的人类共同体，拥有共同的神话、共享的历史和普通的公共文化，所有成员生活在单一经济之中并且有着同样的权利和义务。"③

对于民族（国族）的构建，史密斯认为国族的构建主要包括以下环节："共同体的共同记忆、神话以及象征符号的生长、培育和传递；共同体的历史传统和仪式的生长、选择以及传递；'民族'共享文化（语言、习俗、宗教等）'可信性'要素的确定、培育和传递；通过标准化的方式和制度在特定人群中灌输'可信性'价值、知识和态度；对具有历史意义的领土，或者祖国的象征符号及其神话的界定、培育和传递；在被界定的领土上对技术、资源的选择和使用；特定共同体全体成员的共同权利和义务的规定。"④

国内学者对于国族构建的研究中，周平的研究准确而深刻地揭示了

---

① ［美］本尼迪克特·安德森：《想象的共同体——民族主义的起源与散布》，吴叡人译，上海人民出版社2003年版，第6页。

② ［英］安东尼·史密斯：《民族主义：理论 意识形态 历史》，叶江译，上海人民出版社2006年版，第13页。

③ ［英］安东尼·史密斯：《民族主义：理论 意识形态 历史》，叶江译，上海人民出版社2006年版，第14页。

④ ［英］安东尼·D. 史密斯：《全球化时代的民族与民族主义》，龚维斌、良警宇译，中央编译出版社2002年版，第107页。

国族构建的本质与核心。周平始终将国族构建与民族国家结合起来，"国族的形成与民族国家的构建是联系在一起的，是一种一体两面的关系。创建民族国家的过程，也就是构建国族的过程。民族国家建立之时，也就是国族形成之际"。他还指出了国家构建国族的基本途径，"为了维系和巩固这个共同体，国家必须采取多种方式来加强它的整体性，提升其一体化的程度，开展内容丰富的政治整合、经济整合和文化整合"。而且特别强调了国族认同的重要意义，"国族认同——对所属国族的认同就意味着对其他国族的不认同——是国族存续、稳定和巩固的基础性条件"。针对国族内部族体关系的情况，周平又特别强调了同质性国民身份的重要性，"构建和强化国民社会身份的同质性，是国族与国内传统民族间存在差异的国家的国族建设的根本所在。而强化国民社会身份同质性的过程，也就是建立以公民身份作为最基本社会身份的公民社会的过程"。①

杨雪冬从区别"国家构建"与"民族构建"的视角入手，认为"民族构建"（nation-building）就是民族作为文化—政治共同体的构建过程和民族认同的形成过程，并指出这一过程的三组关系，"社会个体—国家、族群—民族，以及族群之间"及互动结果的两个层面，"一是包括个体、族群在内的社会活动者共同'认同'感的达成。这需要共同的语言、共同的历史、共同的文化价值、共同的心理取向等要素的形成；二是这些行为者生存空间的确定化，这要求有共同的生活地域"。②

陈明明着重从政治建设的角度，论述族裔融入国族的过程，认为经济建设、文化建设、福利建设都在发挥着族裔融合的巨大功能，但国族的整合最终还得取决于政治建设的进步。这里的政治建设固然包括领土疆域、国家主权、政权体系等内容，但更为关键的是国民政治认同的形

---

① 周平：《民族国家与国族建设》，载《政治学研究》，2010年第3期，第85—96页。
② 杨雪冬：《民族国家与国家建构：一个理论综述》，载《复旦政治学评论》，2005年第3辑。

成。① 卢红飚认为，国族的共同价值与共同情感，是一种国族特质的必要成分（essential element of national character），并认为"共同的过去未必一定要是光荣的，族群被压迫、羞辱甚至屠杀的经验（或捏造），同样可以激发共同的乡愁，预示共同的任务"②。它们必须由国族观点去重新界定，而不应是各个族群文化的总和。"即使是先有各独立族群，再由它们基于共识而结合为国族，例如英语族群与法语族群各省于1867年协议建立加拿大联邦（Canadian Confederation），国族的共同价值也将因国家的成立而取代族群的个别文化价值，成为最高利益指标。"③ 在时间策略上，国家应该先建立国族认同，其后才发展多元族群认同。刘泓认为，国族的建构就是实现从民族认同到国族认同的转变，并且肯定了这种转变的可行性，"第一，民族认同虽然具有形成后的惯性和稳定性，但不是一成不变的，可根据环境和条件的变化而不断自我调整。……民族主义可以利用民族利益、民族安危等词句去动员人民服从国族这个集体。第二，民族利益与利益观念的变化与扩展，可使国族认同的出现成为可能。……国族化是近现代民族促进民族利益的手段，国族认同也是民族利益的建构结果，在族际互动过程中形成的共同利益观念建构着国族认同"④。

在国族构建的研究中，近年学术界还出现了处理少数民族问题的"政治化"和"文化化"的争论。以马戎为代表的学者认为，"在强调少数族群的文化特点的同时淡化其政治利益"。"在思考少数族群的有关问题时，应逐步把它们更看成是'文化群体'而逐步减少它们作为

---

① 陈明明：《从族裔到国族》，载《社会科学研究》，2010年第2期。

② 卢红飚：《从国族视角解读两个范式：国籍与效忠》，载《孝感学院学报》，2010年第4期，第97—102页。

③ 卢红飚：《从国族视角解读两个范式：国籍与效忠》，载《孝感学院学报》，2010年第4期，第97—102页。

④ 刘泓：《国族与国族的认同》，http://www.china.com.cn/xxsb/txt/2006 – 12/19/content_7531127.htm。

'政治群体'的色彩。"① 周平虽然没有使用"族群"一词，却表现出了相近的学术理路，周平将民族类型区分为"文化民族"和"政治民族"，认为："前一类民族，形成和维持的基础力量是共同的历史文化联系，因而从本质上看是一种历史文化共同体；后一类民族，形成和维持的基础力量是国家政权，因而从本质上看是一种政治共同体。"② 并且周平特别强调了我国民族政策的价值取向应从"民族主义"向"国家主义"转变。③

（二）近代中国国族构建研究

从鸦片战争到中华人民共和国成立的中国近代史，是中国国族构建极为特殊和重要的时期。学界已经关注到这一时期国族构建的研究意义，并呈现出一定的研究成果。

国外学者也对此进行了一定的研究，杜赞奇着重研究了 20 世纪初期的中国，探讨了民族国家、民族主义与线性进化史之间的密切关系。作者倡导"复线的历史"的观念，并希望以此取代"线性"历史。通过分析部分个案，勾勒出近代中国如何接受西方启蒙历史的叙述结构，并用它建构一个从远古向现代发展的民族主体的。④ 日本学者松本真澄的《中国民族政策之研究》，探讨了从清末到 1945 年的民族政策，以民族学的研究视野，对孙中山、毛泽东等不同时期少数民族的含义进行了分析，论述了国家与民族的关系，尤其对中国国民党和中国共产党的民族政策进行了深入的比较研究，具有一定的学术价值。⑤ 美国学者路康

---

① 马戎：《理解民族关系的新思路——少数族群问题的"去政治化"》，载《北京大学学报》（哲学社会科学版），2004 年第 6 期。
② 周平：《论民族的两种类型》，载《云南行政学院学报》，2010 年第 1 期。
③ 参见周平：《民族政策的价值取向及我国民族政策价值取向的调整》，载《云南学术探索》，2002 年第 6 期；周平：《政治学视野下的中国民族和民族问题》，载《思想战线》，2009 年第 6 期。
④ ［美］杜赞奇：《从民族国家拯救历史：民族主义话语与中国现代史研究》，王宪明译，社会科学文献出版社 2003 年版。
⑤ ［日］松本真澄：《中国民族政策之研究——以清末至 1945 年的"民族论"为中心》，鲁忠慧译，民族出版社 2003 年版。

乐的《满与汉：清末民初的族群关系与政治权力（1861—1928）》是关于满汉关系的前沿研究，对清末民初的族群关系与政治权力进行了详细的分析，尤其对清末的分析具有较高的创新价值和重要意义。①

台湾学者沈松侨着重研究了晚清时期的国族构建问题，在《振大汉之天声——民族英雄系谱与晚清国族想象》②一文中，研究晚清的知识分子如何通过报刊等舆论媒体，对于中国的历史进行了书写。同时，国族的形象又是如何通过选择一系列英雄人物而建立起来的。而在《我以我血荐轩辕——黄帝神话与晚清的国族建构》③中，通过黄帝神话在晚清知识界的广泛流传及其与传统黄帝传说的断裂，探索了近代中国国族建构的历史过程及其所蕴涵的矛盾与冲突。但其研究也存在一定程度的大汉族主义倾向，是需要注意的。黄克武梳理了明末至清末中国公私观念的演变，从公私观念重整的视角阐述了近代中国从追求正道到认同国族的转变。④

大陆学者的研究首推费孝通，费孝通创造性地提出了"中华民族多元一体格局"来表述中华民族的内部结构，"把中华民族这个词用来指现在中国疆域里具有民族认同的 11 亿人民。它所包括的 50 多个民族单位是元，中华民族是一体，它们虽则都称'民族'，但层次不同"⑤。"中华民族作为一个自觉的民族实体，是近百年来中国和西方列强对抗

---

① ［美］路康乐：《满与汉：清末民初的族群关系与政治权力（1861—1928）》，王琴、刘润堂译，中国人民大学出版社 2010 年版，第 32 页。

② 沈松侨：《振大汉之天声——民族英雄系谱与晚清国族想象》，载《中央研究院近代史研究所集刊》，2000 年第 33 期。

③ 沈松侨：《我以我血荐轩辕——黄帝神话与晚清的国族建构》，载《台湾社会研究季刊》，1997 年第 28 期。

④ 黄克武：《从追求正道到认同国族》，载《现代中国思想的核心观念》，许继霖、宋宏编，上海人民出版社 2011 年版。

⑤ 费孝通：《中华民族多元一体格局》（修订本），中央民族大学出版社 1999 年版，第 3 页。

中出现的，但作为一个自在的民族实体则是几千年的历史过程所形成的。"① 这确立了中华民族作为中国国族的一种实体性的存在，也阐明了研究近代国族构建的重要视角，为近代中国的国族构建研究奠定了坚实的理论基础。

周平从中国民族国家构建的角度分析了近代中国的国族构建，指出："在中华民族形成的过程中，中华民族的民族解放运动也随之形成。中华民族的民族解放运动是与民主革命结合在一起的，是中国共产党领导的新民主主义革命的重要组成部分。"这深刻把握了近代国族构建的本质，拓展了近代国族构建的研究视域；并将中华人民共和国的成立，作为国族构建成功的标志，"中华人民共和国的建立，也给中华民族披上了国家的外衣，具有了国家形式，成为国家民族"。②

高翠莲分析了中华民族自觉的阶段性发展和中华民族自觉意识的横向扩展轨迹，展现了中华民族共同体自觉与现代性自觉之间、共同体的政治自觉与文化自觉之间、民族精英自觉与民族大众自觉之间的矛盾运动过程与整合过程。③ 王建娥认为中华民族的现代建构的侧重点不是归属心理和文化统一，也不是法度的划一，而更侧重于政治的改造和社会的整合。④ 陈建樾从借鉴西方理论与处理本国历史遗产的角度，分析了近代的国族观念和国家构建。⑤

还有学者对近代国族构建的具体问题进行了分析，如高全喜从《清帝逊位诏书》这一文本出发，分析了清王朝在退位之时将帝国疆域连同各族对于清王室的忠诚、臣服和平转让于中华民国，从而为现代中国的

---

① 费孝通：《中华民族多元一体格局》（修订本），中央民族大学出版社1999年版，第3页。
② 周平：《多民族国家的族际政治整合》，中央编译出版社2012年版，第173页。
③ 高翠莲：《清末民国时期中华民族自觉进程研究》，中央民族大学出版社2007年版。
④ 王建娥：《族际政治：20世纪的理论与实践》，社会科学文献出版社2011年版。
⑤ 陈建樾：《国族观念与现代国家的建构：基于近代中国的考察》，载《云南民族大学学报》（哲学社会科学版），2011年第5期。

构建，为未来中国领土疆域的完整与巩固，作出了不可磨灭的贡献。①陈明更为关注传统文化在国族建构中的价值，认为国族意识的建构既不能脱离特定的历史和共同体，而国族意识本身却又内在地要求人们从各自的历史和小共同体中挣脱出来以确立更具有普遍性的认同意识，主张重新认识传统儒家文化的作用，以凝聚或塑造国族意识。②张淑娟对清末民初国族建构的困境进行了研究，认为"国族是指在知识精英利用原有文化资源进行建构的基础上，在政权的塑造下形成的文化共同体"。近代中国要实现国族建构的目标，就需要"完成从专制王权向民族国家主权的转变；结束地方军阀割据，完成国家的真正统一，形成统一的中央集权的统治；完成从文化沉沦向文化自立的转变；还要以国内环境的稳定为前提"。③这些都是近代中国国族构建的限制性条件。面对这些困境，中国人民进行了积极而艰难的理论与实践的探索。

储竞争研究了抗战期间，知识精英对西北历史的重新书写，以此强化国族共同体的认同和凝聚。④储竞争与杨永福还从国族构建的视角，研究了抗战期间的新疆开发问题，阐释了国人在边疆民族危机的压力下，通过整合各族群以形塑稳固的国族共同体。⑤常家树、韩伟研究了抗日战争与中华民族崛起间的关系，认为抗日战争是中华民族崛起和走向世界的重要里程碑。⑥

---

① 高全喜：《立宪时刻：论〈清帝逊位诏书〉》，广西师范大学出版社2011年版。
② 陈明：《国家建构与国族建构》，载《南风窗》，2012年第19期。
③ 张淑娟：《清末民初国族建构的困境》，载《华南师范大学学报》（社会科学版），2009年第2期，第90—95页。
④ 储竞争：《抗战时期汉族知识精英的西北书写与国族意识建构》，载《西北民族大学学报》（哲学社会科学版），2012年第4期。
⑤ 储竞争、杨永福：《抗战时期国族视野下的新疆族群问题与开发》，载《文山学院学报》，2011年第1期。
⑥ 常家树、韩伟：《抗日战争的胜利与中华民族崛起》，载《理论研究》，2006年第1期。

孙中山的国族思想在近代具有重要的影响，也有学者专门进行了关注，刘佳在其硕士论文中①，专门研究了孙中山国族主义的内容及其历史作用；高翠莲研究了孙中山的中华民族意识与国族主义的互动②；周靖程对孙中山和蒋介石的国族思想进行了比较研究，分析了异同之处。③

当前近代中国国族构建的研究，已经逐步受到学界的关注，也不乏有深度的研究成果。但对于近代国族构建的系统性论述尚未出现，研究更多地集中在国族构建的关键性节点上，缺乏近代历史的连续性梳理与分析；对于国族构建过程更多的是宏观层面的定性描述，缺乏具体构建措施与效应的分析；国族构建过程的研究更多地与族际问题和文化问题相结合，缺乏政治、经济、文化多视角相结合的综合性、立体性分析。这些是近代国族构建研究需进一步阐明的问题，也是本研究所努力的方向。

三、分析的思路与框架

（一）分析的思路

近代中国的国族构建是一项复杂的系统工程，而本书要回答的核心问题就是中国国族在什么背景下，通过何种措施与手段，实现了传统民族向现代民族即国族的转型。为了更好地揭示与呈现这一问题，研究始终贯穿着以下的思路：

1. 选用"国族"一词作为与英文"nation"相对应的族体概念

概念的选用既要学术自觉，更要本土意识，充分考虑文化或词语惯性的力量。族体概念的选用问题在我国学界一直存在争议，研究选用"国族"一词指称民族国家内部的全部人群共同体，与英文"nation"

---

① 刘佳：《浅析孙中山国族主义的内容及其历史作用》，中央民族大学硕士学位论文，2009年。

② 高翠莲：《孙中山的中华民族意识与国族主义的互动》，载《中央民族大学学报（哲学社会科学版）》，2012年第6期。

③ 周靖程：《孙中山与蒋介石的"国族"思想比较》，载《齐齐哈尔大学学报》（哲学社会科学版），2004年第6期。

相近。首先,"国族"一词在近代就被用来指称"nation"(前文已述),虽然一度沉寂,但近年来,又重新被学界发掘和重视,宁骚、周平等诸多学者对其进行过专门的论述。其次,国族的内涵与民族国家密切相关,选用"国族"能够直接解释其本质,俄国民族学家 A. M. 列舍托夫认为汉语"国族"一词"再好不过地"体现了这层含义,因为它能够确切地表示"全国所有族体在国家范围内的统一"①。再次,中文"民族"一词本身的所指过于复杂,这往往导致人们对于相关问题理解产生疑问和偏差。而"国族"一词内涵的单一性和明确性有助于降低人们误解的可能性,也能够对相关理论问题进行更为简易的阐释,防止别有用心的破坏分子故意利用"民族"一词的多义性。最后,需要说明的是,"国族"是作为学术概念对应"nation",但具体到某一国家,并不一定需要将其称为"××国族"。在中国,国族就是指中华民族,"中华民族"一词在我国已经成为固定符号,被国内外人士所认可和接受,如果改为"中华国族",反而容易引起不必要的误解。

对于我国的 56 个民族,仍然用"民族"一词较为合适,因为"民族"既是学术概念,也是社会公共用语,经过百余年的渲染,已经深入人心。加之我国民族政策产生的实质效果和导向作用,对于各族人民,特别是对于民族意识较强的民族精英群体,"民族"的意义和价值已经远远超过了一个简单的族体符号,"民族"一词已经具有某种神圣性,并且在一定程度上具有价值符号的作用。因此,选用"族群"取代"民族"则应较为谨慎。

2. 将国族构建视为连续性的动态进程,但又注重各阶段的不同特征

本研究将近代中国国族构建的时间跨度限定在鸦片战争到中华人民共和国成立,鸦片战争后,清王朝在迫于无奈中,开启了民族国家和国族的构建历程。在近百年的历史进程中,国族构建的范围在扩展,国族

---

① [俄] A. M. 列舍托夫:《论"中华民族"概念的内涵》,贺国安译,载《民族译丛》,1992 年第 4 期,第 9 页。

自觉的程度也在加深,直到中国共产党领导全国人民实现新民主主义革命的胜利,中华人民共和国成立,标志着近代国族构建的基本完成。但不同阶段的成功不能掩盖过程的连续性,王朝国家时期维护统一多民族国家的制度机制为近代国族构建提供了重要的历史资源。晚清王朝、南京临时政府、北洋军阀政府、南京国民政府也对国族构建作出了各自限度内的努力,在一定程度上推动了国族的自觉与独立进程。

3. 明确国族构建主体的多元性,但又着重分析政党—国家的主导作用

国族的形成是主观建构的结果,而要分析过程,首先需要明确的就是建构主体的问题。从某种意义上说,国族构建主体是多元的,包括国家政权、政党、军队、大众传媒、个体精英等等。但在诸多的建构主体中,国家政权由于对权力与资源在全国层面上的垄断,使其具有了对整个共同体进行渗透与动员的可能。也正如此,国家政权在国族构建过程中具有核心性和主导性,其他主体的建构效应与国家政权有着密切联系。而在近代中国,意识形态强烈的集权化政党成为领导中国革命与转型的权威性主体,由于其自身的组织特征和与政权的紧密联系,此类政党也成为国族构建的核心主体。在近代,具备这种特征的主要是国民党与共产党。

4. 从内外两个向度和政治、经济、文化等多个层面具体分析构建路径

国族构建并不是单纯的想象,而是具体政策、制度作用的结果。在近代国族的构建中,首先应注意的是在构建向度上具有对外和对内的双向性。西方列强的殖民入侵是国族构建的外部性因素,而完整意义的国族,必需首先是一个对外独立的共同体。其次,国族共同体要实现对自身和国家的认同,这就需要在政治上推翻压迫,实现宪政民主;经济上消除剥削,建立共同利益纽带;在文化层面上塑造共同的国族文化等综合性和系统性的措施。同时,中华民族是一个多民族的共同体,提升中华民族的认同感和凝聚力,必须制定恰当的民族政策,实现民族认同与国族认同的有效整合。

（二）研究的框架

本研究主要分为导论、正文和结语三大部分。

导论主要论述了研究问题的提出与意义、梳理相关主题的学术史，阐释研究的思路与框架，介绍研究的方法和创新等问题，为研究的展开进行铺垫。

正文部分共分五章。

第一章　迫于无奈的选择与国族观念的萌发，主要分析晚清王朝国家时期的国族构建，涉及王朝国家内部的一体化机制；王朝限度内的国族意识萌动；民族主义范式下的国族构想；政权自我转型中的国族构建等相关问题。

第二章　制度形式的移植与国族意识的催化，主要分析中华民国成立初期的国族构建，涉及孙中山的国族构建思想；南京临时政府的政策导向；北洋政府时期的国族构建实践等问题。

第三章　党国体制的确立与国族整体的自觉，主要分析南京国民政府时期的国族构建，涉及国族构建困境与政党体制的再选择：国民党的探索；国家形式统一下的国族一元化整合；全面抗战与中华民族的整体自觉；国族自觉与国家认同的失衡。

第四章　政党认同的获取与国家认同的强化，主要分析中国共产党领导下的国族构建，涉及组织准备与国族观念的初步形成；局部实践与国族意识的逐渐深化；区域施政与国族构建的自觉推进；政党认同与国族构建的基本完成等问题。

第五章　国族形成的模式与国族构建的效应，主要分析近代国族构建的基本模式和近代国族构建的主要效应等问题。

结语部分对近代中国国族构建进行了一定的总结与反思。

四、研究的方法与创新

（一）研究方法

研究方法的科学性和可行性是研究具体开展的有效保障。本文研究的问题涉及到政治学、历史学、民族学、民族政治学等多个学科和

领域。因此将运用多个学科的方法进行研究,主要包括以下三种方法:

1. 文献研究法

论文将运用文献研究方法,收集、整理国内外有关近代中国国族构建的各种文献和相关研究成果,并对其进行梳理和综合分析,更加全面掌握近代中国国族构建的研究进展,力图在学习、借鉴前人研究成果的基础上,能够拓展新的研究思路,提出新的研究观点。

2. 历史分析法

英国历史学家J. R. 希里把研究历史和研究政治之间的关系描述为,"没有政治科学的历史无果,没有历史的政治科学无根"①。近代中国国族构建研究本身就是一项回归历史的研究。因此,要在具体的历史条件下,才能深刻认识国族构建的相关理念、制度与政策,也才能准确把握国族构建的进程。

3. 比较分析法

比较研究是把握事物本质与特征的有效途径。比较不仅是一种方法,更是一种意识。论文在充分占有资料的基础上,通过对不同时期、不同主体的国族构建路径进行比较分析,揭示其理论特点和政策取向。通过比较不同路径的实际构建效应,为国族建设提供一定的历史参考。

(二) 研究的创新

1. 搭建较为系统的分析框架,具体阐释了不同阶段的政策体系

近代中国国族构建是一项复杂的综合性工程,需要系统性的分析框架对其进行全景式的立体型分析。而当前学界对此问题的分析视角还尚显单一,为此,本研究尝试构建完整系统的分析框架,首先是对外对内的双重向度,对外要实现民族独立,对内要消除剥削压迫;其次是政治、经济、文化多重建构路径的整合性分析;最后是将国族内部各民族的整合与认同,作为国族构建研究的一条重要线索贯穿其中。构建国族

---

① 转引自 [美] 莱斯利·里普森:《政治学的重大问题——政治学导论》,刘晓译,华夏出版社2001年版,第16页。

研究的综合性分析框架，能够丰富国族构建的理论体系，为全面、客观的认识和反思近代中国的国族构建提供了多元视角，也为推动当代中国的国族建设提供了理论借鉴。

2. 展示国族构建的完整进程，强调国族构建与国家构建的互动

近代中国的国族构建是中华民族发展历史的重要组成部分，但也是相对独立、完整的历史阶段和周期。从鸦片战争到中华人民共和国成立，是国族构建逐步深化的过程，具有内在的逻辑性和关联性，是紧密联系的整体进程。因此，本文在研究的过程中，对晚清时期、民国初期、南京国民政府时期和中国共产党领导革命时期进行了连续性的纵向分析，凸显了国族构建的渐进性和完整性。在一定程度上拓宽了国族构建研究的视域，弥补了学界对于近代国族构建整体性研究不足的遗憾。

3. 注重构建主体的内在分析，凸显构建主体的竞争与合作效应

近代中国国族的形成是主观构建的结果，而构建的进程、路径和成效与构建主体有着直接的联系。在国族构建的多元主体中，国家政权始终处于核心地位，其阶级基础、组织形态和构建能力都直接决定着国族构建的方向和效果。而且国族构建与民族国家构建是一体两面的关系，国家能否得到国族的认同，本身就是国族最终形成的关键环节和重要标志。因此，本研究中，具体分析了晚清政府、南京临时政府、北洋军阀政府、南京国民政府和中国共产党领导政权开展的国族构建，肯定了其对国族形成和发展的积极影响，也指出了其固有的局限性，从而将国族构建研究进一步推向深入。

第一章　迫于无奈的选择与国族观念的萌发

——晚清王朝国家时期的国族构建（1840—1911）

近代中国国族建构的开启，是晚清社会面对西方民族国家强势介入作出的痛苦而又无奈的抉择。原有的"天朝上国"心态和"天下体系"在一次次的失败和屈辱下，逐渐松动、蜕变，直至坍塌。为了实现富国强兵的愿望，晚清政府、知识精英和普通民众都作出了不同形式和程度的回应。而伴随着民族危机的加深，人们对中西差距的认识也更为深刻，构建民族国家，形成强有力的国族，成为中国摆脱落后，重新跻身世界舞台的最后选择。然而面对国族这一崭新的民族形式，人们对其名称符号、评判标准和构建方式都有着较大的争论。但在纷争的过程中，人们对国族的认识也逐步加深，并且诞生了国族名称——中华民族。同时，晚清政府也作出了自身限度内的努力，但最终没能实现英国"光荣革命"式的华丽转身，黯然离场。作为国族构建的初创阶段，这一时期的国族构建思想和措施，对于后来的国族构建与发展影响深远。

第一节　多民族王朝国家的一体化机制

费孝通认为："中华民族作为一个自觉的民族实体，是近百年来中国和西方列强对抗中出现的，但作为一个自在的民族实体则是几千年的历史过程所形成的。"① 而在近代之前，作为自在状态的中华民族是生活在王朝国家的体制内，"在这种国家形态中，国家政权掌握在君主手中，君主通过王朝实施政治统治"②。而多元起源的中华民族，不同群体却在几千年的时间里不断向一体化迈进，维持着和平、统一的主流，而且保持着对华夏文明的高度认同感，即使少数民族入主中原亦不例外。这种王朝国家内部的一体化现象确实值得深思，就连美国著名汉学家费正清也发出感慨："在欧洲和南北美洲生活的约10亿欧洲人分成约50个独立的主权国，而10亿多的中国人只生活在一个国家中。"③ 而且他认为："中国的地形本身并不有利于中央政权的崛起；相反，它的由来已久的统一是人的制度战胜地理条件的结果。"④ 由此可见，这种存在于王朝国家内部的超稳定机制，更多地体现为一种主观力量，是观念、组织、制度等方面有效契合而产生的综合效应。而分析多民族王朝国家的一体化机制，既是认识近代国族构建的重要视角，也是国族构建的重要本土资源。

一、观念使然

中国的历代王朝是以一种"天下"的观念解释并实现着自我的存在。正如梁漱溟所说："历史上中国的发展是作为一个世界来发展的，而不是作为一个国家。"⑤ 在由天下观念构建起天下体系中，既表现为"中心—边缘"的地理疆域观念，也暗含着一种世界主义的大一统观念。

---

① 费孝通：《中华民族多元一体格局》（修订本），中央民族大学出版社1999年版，第3页。

② 周平：《论中国民族国家的构建》，载《当代中国政治研究报告》第6卷，社会科学文献出版社2008年版。

③ [美]费正清：《剑桥中华人民共和国史》（1949—1965年），谢亮生等译，中国社会科学出版社1990年版，第14页。

④ [美]费正清：《剑桥中华人民共和国史》（1949—1965年），谢亮生等译，中国社会科学出版社1990年版，第16页。

⑤ 梁漱溟：《梁漱溟学术论著自选集》，北京师范学院出版社1992年版，第332页。

第一章　迫于无奈的选择与国族观念的萌发

天下观的产生与早期夏夷之间的文化地理差别有着直接的联系。在先秦文献中，"夷"可特指"东方之地"或东方之民，如《礼记·王制》说："东方曰夷"；《说文·大部》训"夷"为："夷从弓从大，东方之人也。""夷"也可泛指"四方之民"或四边偏远之地，如《左传·僖公二十三年》记载仓葛的话说："德以柔中国，刑以威四夷"，所谓"四夷"，范宁在《春秋·谷梁传》中指出："四夷者，东夷、西戎、南蛮、北狄之总号也"，"夷"的含义推广到和"中国"相对的四方。关于"夏"义，《说文》训为："夏，中国之人也。"这样，"夷"与"夏"成为对称的、有一定地域范围的文化地理概念，并形成了"中心"与"四方"的关系。这种"中心"与"四方"构成的"天下"，体现着华夏文明的优势地位，也呈现出一体化程度从中心到边缘的逐步弱化趋势，并且将中国、诸侯国、四夷分别纳入甸服、侯服、绥服、要服、荒服这"五服"体制中。《周礼》中记有："职方氏掌天下之图，辨其邦国、都鄙、四夷、八蛮、七闽、九貉、五戎、六狄之人民。"[①] 在这种天下体系中，王朝始终认为自身处于天下或世界的中心，其看待问题的视角也是世界的。建立世界帝国是中外古代王朝的政治追求，但其背后往往隐含着一种预设，即在法理上拒绝承认其他国家的平等性。因此，疆域的界限是变动不居的，并且与王朝国家当时的实力消长成正向关系。

而从中国文化的发展角度看，这一时期也恰恰处于中国文化的轴心时代。夏商周的典章制度和礼乐文化成为中华文化经典渊源。"以三代礼乐为主导，同时也吸收涵化了四夷文化，出现了诸子百家竞长文化蓬勃发展的新局面。……天下大一统成为历史发展的总趋势和主流。"[②] 而对于为何"大一统"思想能够成为中国文化的核心要素，费正清从当时的时代背景给予了解释："经典著作由于表达了在一个乱世的时代

---

① 《周礼·夏官司马》。
② 陈连开：《中华文化发展的基本特点》，载《中南民族大学学报》，2003年第2期。

对稳定秩序的强烈的渴望，因而把统一的理想传到了后世的千秋万代。"① 而从王朝追求世界帝国的视角看，当时王朝内部没有形成统一的民族，这直接制约着王朝内部的一体化程度和向外部扩张的进程，因此形成一种具有普世主义的文化传统，既能与世界帝国的追求相互辉映，又能维持王朝的一体性就显得尤为重要。

这种思想传统，孔子在《论语·子路》中概括为"君子和而不同，小人同而不和"。在《国语·郑语》中，史伯称之为："夫和实生万物，同则不继。以他平他之谓和，故能丰长而物归之，若以同裨同，尽乃弃矣。"司马迁在《史记·货殖列传》中研究各地风俗习惯，提出了这一思想传统的不同操作层次："泰善者因之，其次利导之，其次教诲之，其次整齐之，最下者与之争"。因此，这种思想传统最核心之处就表现为"和而不同"。中国古代的封建王朝能够维持庞大的天下体系处于大一统的局面，"和而不同"的思想发挥了重要的作用。这种文化追求的是顶层政治的一体化，而不拘泥底层或局部文化的一致性，从而也就保证了古代王朝国家中的王朝共同体认同与各自的群体或区域文化认同是并行不悖的关系，进而使古代中国在文化多元的基础上，维持了广阔疆域的一体化，并产生了强大而持久的内聚力。"中国的这种内聚性……从数千年前中国文明的早期阶段起就有了，并且一直存在到今天。"②

当然，天下观念和大一统思想的作用发挥是有限度的。在世界不同文明处于相对孤立发展的时期，这种以世界主义为基础的一体化过程才能生效。但当全球化加速推进，不同文明开始碰撞，王朝国家与民族国家正面对抗的时候，"普天之下，莫非王土；率土之滨，莫非王臣"③的天下观念就会影响着中国对内部和外部世界的判断。

大一统的理念维持了政治层面的统一，但支配着民众日常生活的仍

---

① ［美］费正清：《剑桥中华人民共和国史》（1949—1965年），谢亮生等译，中国社会科学出版社1990年版，第14页。
② 张海洋：《中国的多元文化与中国人的认同》，民族出版社2006年版，第163页。
③ 《诗经·小雅·北山》。

是乡土观念，这往往导致疆域界限和民众认同的模糊。周平曾指出："中国在长期的王朝国家发展中，已经把众多的民族单位整合到统一国家之中。可是，中国既没有形成把国家共同体内的这些民族整合为一个统一的民族共同体的思想，也没有形成这样的实际行动。"① 如清朝初年，清王朝就以越南黎氏王朝为藩属国为由，容忍并承认其对我国领土的侵占，认为"累世恭顺，方当奖励是务，宁与争尺寸之地！""凡臣服之邦，皆隶版籍，安南既列藩封，尺地莫非吾土。"② 而民众的态度从后来的鸦片战争中，就可见一斑。正如冯友兰所指出："人们或许说中国人缺乏民族主义，但是我认为这正是要害，中国人缺乏民族主义是因为他们惯于从天下即世界的范围看问题。"③

二、认同多元

古代中国作为多民族的王朝国家，要维护国家的一体和稳定，同样面临着如何认识和处理不同民族间关系的问题。而古代中国对这一问题的认识，集中表现在"夏夷之辨"的思想中。先秦时期，随着华夏民族与北方游牧民族的发展，两者逐渐接触、交融与对抗，形成了"夏""夷"有别的观念。华夏民族对周边民族保持着一种特有的文化优越观念，即"冕服采章曰华，大国曰夏"④。而其他民族则根据方位命名为"东夷"、"南蛮"、"北狄"、"西戎"，这些对外族的命名带有一定的贬义。

华夏与四夷之间"族体"意识的强化始于春秋时期，当时，"四夷"与华夏族在中原汇聚、交融，而且实力不断增强，而周王室则实力渐衰，周边民族开始形成了对周王朝的紧逼之势。同时，面对周王室的衰落，诸侯之间的争霸也愈演愈烈，并纷纷竖起"尊王攘夷"的旗号，

---

① 周平：《论中国民族国家的构建》，载《当代中国政治研究报告》第6卷，社会科学文献出版社2008年版。

② 尤中：《中国西南边疆变迁史》，云南教育出版社1987年版，第175—181页。

③ 冯友兰：《中国哲学简史》，涂又光译，北京大学出版社1996年版，第163页。

④ 《尚书·武成》。

作为逐鹿中原，获取霸权的策略，这也促使着华夏民族更加强调"夏""夷"之间的内外分界，认为："中国、戎夷五方之民皆有性也，不可推移"①，主张"裔不谋夏，夷不乱华"②，夏"不与夷狄之执中国"③。因此，夏夷之辨中的重要内容就是"夏夷大防"，就是要严格区分民族界限，防范其他民族对华夏族的入侵，对周边民族采取压迫和剥削的方式即以"要服"上贡天子，以"荒服"伏认天子；不服从则以"修刑"处理。④

春秋时期在强调"夏夷大防"、"内诸夏而外夷狄"⑤时，对"夏"与"夷"的区分，其标准是多元和动态的。华夏和夷狄的差别，不仅基于血缘和地域，更为重要的是以是否接受华夏文明的教化为判断依据。因此，孔子认为"有教无类"⑥，华夏文明的这种包容精神和文化认同机制对于维持庞大帝国的一体性具有重要的作用。对此，金耀基就认为，区别于现代民族国家的传统中国，"是一个以文化而非种族为华夷区别的独立发展的政治文化体，或者称之为'文明体国家'，它有一独特的文明秩序"⑦。费正清也认为："孔孟之道放之四海皆准的思想，意味着中国的文化（生活方式）是比民族主义更为基本的东西。……一个人只要他熟习经书并能照此办理，他的肤色和语言是无关紧要的。"⑧

从传统中国的"夏夷之辨"思想中，我们可以看到传统中国自我认同的要素中，文化纽带处于主导地位。只要汉族以外的少数民族能够认同和内化汉族文明的基本理念，汉族就可以与之建立起政治认同和政

---

① 《礼记·王制》。
② 《左传·定公十年》。
③ 《公羊传·隐公七年》。
④ 《周礼·大司马·大行人》。
⑤ 《公羊传·成公十五年》。
⑥ 《论语·卫灵公》。
⑦ 金耀基：《中国的现代文明的秩序的构建：论中国的"现代化"与"现代性"》，潘乃穆编：《中和位育》，中国人民大学出版社1999年版，第614页。
⑧ [美] 费正清：《美国与中国》，张理京译，商务印书馆1987年版，第73—74页。

治从属关系。中国历史上的少数民族政权能够入主中原，建立统一王朝统治汉族，就很好地说明了这一点。但这并不能忽视文化之外的要素，其中血缘与地缘的纽带仍有发挥作用的场景。传统中华民族的文化认同，并不是以不同文化之间的平等地位为基础，而是以华夏文明的强势和自信为前提。一种文化的自信，固然与文化本身的内容与结构有关，但也与享有这一文化的群体的实力紧密相连。当华夏文明实力上升时，加之大一统的政治追求，文化纽带就会处于主导地位；而当周边民族实力上升，潜伏于中华文化底层的自然性因素，如血缘、地缘等就会重新登台。

如南北朝、南宋、元朝及明清时期，汉族对周边民族的态度就曾出现过强调华裔之间体质与地缘差别的趋势。例如思想家王夫之就提出过"气类"与"种性"的观念。王夫之认为人与世界万物都是以气为底质构成的，但气不纯是物质性，而是兼有物质性与精神性。同样重要的是，气可以分为不同的类别。因此华夷之分可以代表不同的气，而鉴于气是兼有精神性与物质性，华夷之分可以代表精神与道德的差异，也即文化的差异，同时也可以代表体质性与血缘性的差异，也即王夫之所谓的"种性"的差异。因此他论华夷之别，有时主要指精神与道德的差异。例如他用"清气"与"贱气"来分别华夷。但有时主要指体质与生物性的差异。他认为蛮夷与禽兽很接近，甚至等同。他这种"气类"、"种性"的观念在传统文化里也有相当的代表性。①

其实，在任何一个大型政治共同体或国家中，在处理族际关系时，自然性与非自然性的因素都是共同存在的。这两者相结合共同构成国家应对内外部压力的机制。但值得注意的是，自然性因素与非自然因素之间并不以是否掺杂人为因素为判定标准，而更多的是体现在不同情势或对象下的工具性价值不同。从建构主义的观点看，历史或血缘的构建性并不亚于文化的构建性。以体质差异为例，即使在周朝时期，华夏族与周边民族已经存在着迁徙和通婚的现象，这在客观上缩小或模糊了血缘

---

① 张灏：《幽暗意识与民主传统》，新星出版社2006年版，170页。

的差别。而且血缘既可以是一种排斥的力量，也可以是一种整合的资源，例如，《史记》中认为匈奴祖先是"夏后裔之苗裔"，朝鲜族祖先是"故燕人"。南方许多少数民族如佤族、基诺族、阿昌族等也存在与汉族具有兄弟关系的传说。而在晚清，知识分子也构建了"黄种"，以抵抗"白种"列强的入侵。应该说，以"夏夷之辨"为代表的多元认同，不但是古代中国一体性的维系机制，也为近代国族建构的重要理论资源。

三、制度胜利

古代中国的大一统理念和夏夷之辨思想，不仅体现在意识形态层面，而且是依靠一系列制度进行支撑。其中核心的就是专制的中央集权制度，"公元前221年，秦始皇统一六国，结束了长期的诸侯割据，建立了统一的中央集权制国家。此后，中央集权制国家制度一直延续，直到辛亥革命"①。通过中央集权体制支撑着王朝国家内部在政治、经济、文化等方面的统一。具体而言，对于维护多民族统一体发挥着直接作用的制度，主要包括科举制度、和亲制度和多元一体的区域行政设置。

首先是科举制。科举制是中国古代统治者为选拔人才资源而设置的考试制度。但它的价值却远远超过选拔人才本身，费正清就认为，维持古代中国统一的制度就是"中央集权制度和通过科举制造就的官僚体制"②。科举制的一体化功能首先体现在同质文化，主要是儒学的广泛传播。这种传播方式相比"焚书坑儒"和"罢黜百家，独尊儒术"更具诱导性，通过介入国家政权的方式，激发了普通民众特别是中下层群体的自觉吸收，政策执行的阻力更小，成本更低。其次，政权体系向包括少数民族在内的社会各个阶层开放，加强了不同地域、不同文化群体与中央政权之间的联系，增强了对中央政权的认同度。以少数民族为

---

① 周平：《论中国民族国家的构建》，载《当代中国政治研究报告》第6卷，社会科学文献出版社2008年版。

② ［美］费正清：《剑桥中华人民共和国史》（1949—1965年），谢亮生等译，中国社会科学出版社1990年版，第16页。

例,"明朝在南方诸省少数民族地区开科招考,使一部分少数民族知识分子通过科举考试进入封建仕途官场,到中央政权机关或汉族地区当官任职,这有助于改变封建统治阶级民族成分单一的情况,推动汉民族与少数民族的政治文化交往,促进民族融合"①。再次,科举制在执行过程中,注意到了地区、民族之间的发展不平衡,并采取了一定的倾斜政策。汉朝推行的察举制就已经考虑到边缘地区的差异问题,规定"缘边郡口十万以上岁举孝廉一人,不满十万二岁举一人,五万以下三岁举一人"②。此后的历朝历代,对于边疆民族地区的照顾政策一直存在,以清朝对云南的政策为例,为了鼓励少数民族子弟参加科举,"除国子监在学的士族生员外,每三年特批25名学额让云南土官族属及一般士人参加考试,考中者报经礼部核查后即视为生员"③。同时,还可以在落榜者中,选取部分考生直接授予官职。这些措施增强了边疆多民族地区对统一多民族国家的认同。

其次是和亲政策。和亲是古代中原王朝与少数民族政权之间进行的政治联姻活动。在家国同构的体制下,和亲经过漫长的演变,成为古代民族政策中的重要内容。据有关学者研究,"从汉到清总计,共得和亲131起,其中不同少数民族之间的和亲80起,汉族同少数民族的和亲51起"④。和亲在先前时期就已存在,但其影响增大却始于汉朝初年,由于西汉在与匈奴的对抗中处于劣势地位,刘敬向高祖刘邦建议:"陛下诚能以適长公主妻之,厚奉遗之,彼知汉適女,送厚,蛮夷必慕以为阏氏,行子必为太子,代单于……冒顿在,固为子婿;死,则外孙为单于。岂闻外孙敢与大父抗礼者哉?"⑤ 从此,汉朝开始了与匈奴等少数民族进行和亲的历史。而到了唐朝,和亲政策被更为广泛地推行,其中最典型的例子就是文成公主出嫁松赞干布,为汉藏两族加入了姻亲关

---

① 黄明光:《明代南方少数民族地区教育状况探议》,载《民族研究》,1991年第2期。
② 《后汉书》卷4《孝和帝纪》。
③ 张学强:《明清多元文化教育研究》,民族出版社2006年版,第154页。
④ 张正明:《和亲通论》,见《民族史论丛》(第1辑),中华书局1987年版,第78页。
⑤ 《史记·刘敬叔孙通列传》。

系。以致尺带珠丹在奏章说:"外甥是先皇帝舅宿亲,又蒙降金城公主,遂和同为一家,天下百姓,普皆安乐。"①

应该说,不同朝代推行和亲政策,其目的都是为了提升实力、巩固统治。"封建王朝与边疆诸族的和亲,在形式上是仿照中原地区的封建宗法制度"②,由于中国历来重要以血缘为基础的家族观念,这种和亲政策可以为不同民族和政权之间构建起姻亲一家的关系,同时,民族上层之间的和亲关系也会推动中下层民众之间的通婚交往,促进民族之间的交往与融合,并且为民族之间注入亲属意识,增强了多民族共同体之间的认同性和凝聚力。不同民族之间的和亲历史,也是国族构建重要的历史资源,有助于塑造中华民族"和同一家"的理念。

最后是多元一体的区域行政设置。国家内部的区域行政设置是大型国家一体化中的重要政治因素。地域是人们自我认知的基础条件,并且人们会对自我生存的区域产生本能的归属感。这种区域性的认同感既是国家整体认同的基础,但又与国家认同存在着一定程度的张力。正如亚历山大·汉密尔顿所指出的:"人性的情感通常随着对象的距离或散漫情况而减弱。根据这一原则,一个人对家庭的依附性胜于对邻居的依附,对邻居的依附胜于对整个社会的依附。各州人民对他们的地方政府往往比对联邦政府怀有更强烈的偏袒,除非这一原则的力量为后者的大为优越的管理所破坏。"③应该说,古代中国的王朝政权进行区划设置和管理时,尽可能地将二者的张力控制在一定程度。首先,行政区划的设置以维护国家统一前提,基本不以地理和文化差异为界限,而且对不同的地理和文化单位进行最大限度的整合。例如,状似哑铃的甘肃省从陕西一路延伸到新疆,一举连接起中国五个主要民族自治地方中的三个(内蒙古、宁夏、新疆)。又如安徽省,兼跨黄河、淮河与长江三大流

---

① 《旧唐书·吐蕃传》。
② 周平:《中国边疆治理研究》,经济科学出版社2011年版,第50页。
③ [美]汉密尔顿、杰伊、麦迪逊:《联邦党人文集》,程逢如等译,商务印书馆1995年版,第83页。

第一章　迫于无奈的选择与国族观念的萌发

域且延伸到长江以南,连接起南北方两个主要气候带,很难说它是北方还是南方省份。省内的淮北与江南徽州两个方言基本不能通话。① 其次,为了维护政治上的大一统局面,在少数民族聚居区域设立特殊的行政单位,任用少数民族首领为"土官土吏",赋予少数民族一定的自主管理权限。秦汉时就在少数民族聚居地区设置"道"和"属国"二级特殊的地方行政单位。唐代明确设立羁縻府州,元明时期则改为土司制度。清朝实行"改土归流",但在管理方式上仍然尊重了当地的风俗习惯。王朝国家对边疆少数民族的这种带有羁縻性的管理方式,一定程度上制约了民族地区的发展,但却维护了多民族国家的统一,是具有重要的历史价值的。

四、经济驱动

多民族形成的王朝国家,之所以能够超越地域、语言、信仰等局限因素,认同于共同的文化传统,很重要的原因就是大家有着共同的利益追求,特别是经济利益。而古代这种经济利益的驱动作用,首先是建立在中华文明特殊的地理环境之上的。"中华大地第一个地理特点是四周都有天然限隔,内部构成体系完整的地理单元。"② 而且中华文明又远离其他文明,这就在一定程度上阻断了内部群体向外拓展的空间。如青藏高原特殊的地理条件就影响着藏族向南的发展,并且印度半岛一直处于分裂状态,没有形成统一的强大国家,致使该地区的吸引力也较低。因此,藏族在发展的过程中,向东进入四川和向北占据河西走廊相对容易。③ 而中华大地的内部则在完整的地理单元基础上,形成了类型多样,且具有互补功能的经济类型。秦岭—淮河以南,是以稻作农业为代表的水田农业和南方以种植水稻为主的农业民族分布之区;秦岭—淮河以北至秦长城以东以南是农业起源以粟黍为代表的旱地农业区。汉族起

---

① 张海洋:《中国的多元文化与中国人的认同》,民族出版社2006年版,第165页。
② 费孝通:《中华民族多元一体格局》,中央民族大学出版社1999年版,第112页。
③ 葛剑雄:《统一与分裂:中国历史的启示》,生活·读书·新知三联书店1994年版,第116—117页。

源与早期发展以旱地农业为主，春秋战国楚与吴、越、巴、蜀华化，以及自东汉以来多次南迁，于是在黄河、长江、珠江等大河的中游、下游及淮河流域，汉人成为兼容旱地与水田农耕的农业民族。秦长城以西以北是草原游牧区和森林游猎区，是游牧民族和狩猎、渔猎民族分布发展的区域。①

在自然经济占主导地位的时代，不同地区往往侧重内部的自给自足，而对区域之间商品交换的依赖性较低，形成经济共同体的可能性也较小。但古代中国的情况却恰恰相反。由于地理因素导致了中国内部形成了区域性的较为单一的经济类型，而这些区域中的人们为了满足自身生存与发展的需要，就需要与其他经济类型进行产品的交换，由此，不同地域、不同民族之间形成了一种共生性的贸易关系。如"茶马互市"就是这种共生关系的典型例子，"茶马互市"起源于唐、宋时期，是中国西部历史上汉藏民族间一种传统的以茶易马或以马换茶为中心内容的贸易往来。之所以产生这种贸易，就是不同经济类型之间相互需要的结果。北方牧区以肉类为主要食物，但肉食较难消化，需要茶叶中的咖啡碱、鞣酸等物质帮助消化，因此，游牧民族对茶叶有着较强的依赖性。但茶树却只能在中原一带生长。而中原地带的农耕民族则对马有着较大的需求，大量优质的马匹对于生产和军事都有着重要作用。农牧生活的相互需求催生了"茶马互市"这一贸易形式，并且突破了国家政权层面，成为普通民众的一种生活方式。②

当然不同经济类型之间的交换贸易，既是各自生存的需要，但也与中央王朝的大力推动有着直接联系。首先是投入大量的人力物力兴建交通体系。如丝绸之路的开辟，沟通了中原与西域；大运河的修筑，连接了大江南北等等。其次，中原王朝的统治者为了扩大政治经济利益也采取措施吸引其他经济类型进行贸易活动。如明朝为了"怀柔远人"和调动不同经济类型与中原贸易的积极性，就对前来"朝贡"的女真等

---

① 费孝通：《中华民族多元一体格局》，中央民族大学出版社1999年版，第114页。
② 张海洋：《中国的多元文化与中国人的认同》，民族出版社2006年版，第233页。

族予以特别优待,沿途设站供应吃住,各州县派人护送。这些措施,使女真等族特别乐于"借贡兴贩",有时一次所带行李"多至千柜,少亦数百"。①

中央王朝的努力使得边疆不同经济类型的民族向内交往的成本远低于向外拓展或形成内部完整的经济分工,这种全国范围的交换市场又进一步增强了不同地域和民族之间的依赖性,他们可以不形成本民族的独立经济形态,可以不在民族内部形成完善的社会分工,完全通过借助整个王朝国家范围内的社会分工和市场交换,维持生存与发展。甚至这种依赖性已经影响到了社会生活的其他方面,许多民族没有单独形成语言或文字,是因为借助中原的语言文字起到了本地区或本民族交往共同语的作用。②

王朝国家时期的统一市场,并不是建立在社会化大生产基础上的社会分工体系,而是在特定地理条件下,一种带有自发色彩、程度较低的市场交换机制。在自然经济占主导地位的古代中国,它更多的是对自给自足的自然经济的一种补充。但即便如此,这种全国范围内的社会分工和贸易交换对于古代王朝维持一体化和形成向心力仍然发挥着强大的驱动作用,而且这种驱动机制是以满足普通民众的现实生存需要为基础,对于统一多民族国家的形成更具直接性、主动性和持久力。

第二节　王朝限度内的国族意识萌动

王朝国家以一种天下观念想象着世界,但却忽视了外部世界自我想象的方式早已发生了转变。近代资本主义在国族基础上建构的民族国家体系已在西欧基本确立,并进行着急剧的对外扩张。而此时的大清王朝却以闭关锁国的方式维持着帝国表面上的辉煌。最终,大清王朝对世界的回避并没有换来世界对他的遗忘,西方国家用枪炮叩开了大清国门,

---

① 傅朗云、杨旸:《东北民族史略》,吉林人民出版社1983年版,第6—8页。
② 张海洋:《中国的多元文化与中国人的认同》,民族出版社2006年版,第238页。

将其从天朝迷梦中惊醒。而大清帝国面对着"数千年未有之奇局"也开始被迫应对，在这一进程中，近代中国的国族意识也开始在传统的限度内萌动。

一、王朝向民族国家体系的妥协

天下观念是王朝国家构建自身与外部关系的基本态度，但对于国族构建而言，这种观念却是需要首先击碎或清除的。王朝国家的内部构成是不确定的，或者说具有想象为无限的可能。因此，对于王朝国家而言，对等、有限并且稳定的"他者"是不存在的，通过接受儒家文明都可以转变成自我的存在。而民族国家成为世界体系的基本组成单元，是以相互间确认对方的主权和领土界限为前提的。"民族国家就是以民族对国家的认同为基础的主权国家"，"拥有主权是民族国家的前提条件。一个没有独立主权的国家，不可能成为民族国家。"① 因此，从本质上讲，民族国家在特定时空条件下总是有限的。而这也决定了，作为民族国家内部人群共同体的国族也是有限的。如同安德森所言，"民族（nation）被想象为有限的，因为即使是最大的民族，就算他们或许涵盖了十亿个活生生的人，他们的边界，纵使是可变的，也还是有限的。没有任何一个民族会把自己想象为等同于全人类"②。"世界史并不是过去一直存在的，作为世界史的历史是结果"③，"中国近代思想史的大部分时期，是一个使'天下'成为'国家'的过程"④，而这一过程却始终在一种拒斥与无奈中进行着。

应该说，伴随着中原王朝对外交往的扩大，天下观念就开始屡受冲击，但辉煌文明的惯性使统治者不能也不愿实现自我观念的更新，或者

---

① 周平：《对民族国家的再认识》，载《政治学研究》，2009 年第 4 期。

② ［美］本尼迪克特·安德森：《想象的共同体——民族主义的起源与散布》，吴叡人译，上海人民出版社 2003 年版，第 6—7 页。

③ 《经济学手稿（1857—1858 年）》，《马克思恩格斯全集》第 46 卷上册，人民出版社 1979 年版，第 48 页。

④ ［美］列文森：《儒教中国及其现代命运》，郑大华译，中国社会科学出版社 2000 年版，第 87 页。

第一章 迫于无奈的选择与国族观念的萌发

视而不见,或者进行着理论的勉强修补。佛教从印度传入中国之后,佛教的世界图像曾一度影响了中国中心的天下观念。但这丝毫没有动摇中国中心的观念,对于多数知识分子来说,四夷仍然处于中国文明的周边。① 明朝开始,伴随欧洲殖民者和传教士的来华,开始带入地理大发现之后的世界地理知识。如利玛窦的《坤舆万国全图》、艾儒略的《职方外纪》、南怀仁的《坤舆图说》等,这些书籍对当时的知识界产生了一定的冲击,部分有识之士开始相信其他文明的存在,但仍坚持中国的世界中心位置。理学家李光地认为,"中国不可言地之中,……可言得地之中气,所以形骸端正,文物盛被"②。《皇朝文献通考》中的"四裔考"认为,"大地东西七万二千里,南北如之,中国居大地之中,瀛海四环,其缘边滨海者,是谓之裔,海外诸国亦谓之裔"③,从中我们可以看出,当时的清王朝虽然认识到了存在其他文明,但把这种文明也看做是"夷",希望用华夷之辨思想处理中国与西方的关系。

明末清初,先进的科技知识和军事技术也已经传入中国,并引发了不小的关注。但对于清朝的统治者,不但执着文化上的优越性,也不甘心科技层面的落后,所以炮制出了"西学中源",与之抗衡。西方国家的对外扩张,本质上为了追逐贸易利益,为了实现这一目标,西方殖民者在初期刻意迎合了中国的自负心态,"清初与荷兰、葡萄牙的直接交往,是严格按照传统朝贡礼仪进行的,清廷将西方国家视作朝贡国,加以怀柔,并用贸易作为羁縻的手段。而此时的西方国家力求得到清政府给予贸易方便和特权,因此不惜为清廷效力,或讨好清廷,自认为属国"④。

但对于已经确立起民族国家体制的西方列强而言,"资本主义得到

---

① 邹小站:《华夷天下的崩溃与中国近代思想的变迁》,见《中国近代史上的民族主义》,社会科学文献出版社2007年版。

② 《理气》,见《榕村语录》,中华书局1995年版,第461页。

③ 《皇朝文献通考》卷293,第1页。

④ 万明:《中国融入世界的步履:明与清前期海外政策的比较研究》,社会科学文献出版社2000年版,第420页。

迅速发展，国家实力得到迅速而显著地增强。随后，这些国家便凭借其强大的国家实力，争先恐后地对外进行殖民扩张"①。这种非常态的对外交往方式始终是西方国家无法忍受的，伴随着双方实力的消长，为了进一步打开中国市场，他们终于动用了最后的政治手段——战争。正如马克思所言："一个人口几乎占人类三分之一的大帝国，不顾时势，安于现状，人为地隔绝于世并因此竭力以天朝尽善尽美的幻想自欺。这样一个帝国注定最后要在一场殊死的决斗中被打垮。"②而这场决斗正是从1840年的鸦片战争开始的。两次鸦片战争的惨败，一系列丧权辱国条约的签订，使晚清王朝不得不在被迫与自觉中重新审视自身与外部的关系问题，其结果就是由天下观念向国家体系的收缩，这为国族的构建奠定了有限度的外围想象空间。

鸦片战争之前的中西交往是在华夷之辨的逻辑中展开的，例如将英国称为"英夷"，视英国的使臣为"贡使"，并强迫其遵行贡使的礼节。而当清王朝认为英国使臣"贡表失词"、"抗若敌体"时，竟昭示英王，"中国为天下共主，岂有如此侮慢倨傲甘心忍受之理，是以降旨逐其使臣回国"③。而在鸦片战争后签订的《中英江宁条约》中，"英夷"已改称"大英国"，并且规定，两国官员来往"必当平行照会"。而《中英天津条约》更明确规定，"嗣后各式公文，无论京内外叙大英国官民，自不得提书'夷'"④。"英国自主之邦，与中国平等"⑤。依据最惠国待遇原则，中英之间的平等关系也意味着与其他签约国之间的交往享有同样原则。1861年，清王朝设立专门机构处理西方国家事务——

---

① 周平：《论中国民族国家的构建》，载《当代中国政治研究报告》，第6卷，社会科学文献出版社2009年版。

② 《马克思恩格斯选集》第1卷，人民出版社1995年版，第716页。

③ 王之春：《清朝柔远记》，中华书局1989年版，第170页。

④ 王铁崖：《中外旧约章汇编》第1册，生活·读书·新知三联书店1982年版，第102页。

⑤ 王铁崖：《中外旧约章汇编》第1册，生活·读书·新知三联书店1982年版，第96页。

"总理各国事务衙门",并出资翻译《万国公法》,开始接受国际公法并以此来分析中外关系。同时,在西方列强入侵的过程中,边疆地区是首先遭到冲击的区域,据学者统计,近代列强共侵占了我国 340 万平方公里土地①,并不断挑动边疆的少数民族同胞,妄图分离中国。"这使中国人在逐步认识到'落后就要挨打'的同时,也从反面强化了中国的主权和领土的观念。"② 而面对边疆危机,清政府也更加明晰了边疆地区的主权意识,对其加强管理,对比清朝初年,这也是国家观念增长的重要表现。

总之,承认国际交往上的国家平等,重视边疆领土的主权意义,逼迫清王朝具有了一定的民族国家观念。这是国族构建重要的初始动力,同时也为中国近代的国族构建确立了一个强势的他者。国族作为有限的共同体,是要通过他者来实现自我的确认,同时,他者的强势存在,又会成为国族凝聚的重要动力,并在一定程度上削弱或转移内部异质性因素的影响。如在与西方的交往中,"他者"的形象逐渐由夷转变成洋,而且也开始采用"华人"、"中国"、"华民"等词汇作为自称,显然包括当时清朝范围内所有民族同胞。

二、接受新技术与坚守儒家文化

王朝国家的天下观念是以儒家文化的普世性和至高性为依托的。对于封建王朝的统治者而言,文化的优越性是其维持天下体系的信心来源。而对于文化的理解,主流知识界采用了整全式的方式,认为文化是人类文明的全部成果,包括价值信仰、制度设计、科技知识等方面。传统的华夷之辨思想,也是建立在文化差异的基础上。对于国族构建而言,文化是其核心要件,"构建和发展国族的共同文化,是国族建设的基础"③。但这种文化并不要求其具有普世意义,相反,国族之间的文

---

① 马大正:《清代边疆史研究刍议》,载《清史研究》,1998 年第 2 期。
② 周平:《论中国民族国家的构建》,载《当代中国政治研究报告》第 6 卷,社会科学文献出版社 2008 年版。
③ 周平:《民族国家与国族建设》,载《政治学研究》,2010 年第 3 期。

化差异往往成为国族自我认同的资源。但是，这种国族文化却必须具有国家内部层面上的公共性，安东尼·史密斯就认为，"族群不必拥有公共文化，只拥有某些共同的文化因素——可以是语言、宗教、习惯或共享的制度——然而，共同的公共文化则是民族的关键特征"①。无论是王朝国家还是民族国家，国家内部的文化群体都是多元的，而为了实现国族文化的这种公共性与多元性的统一，其中的重要思路就是将文化进行类型化的处理，将公共性的范围进行收缩，主要集中于价值信仰层面，从而使文化认同的塑造成为可能。

中华文明的优越性被两次鸦片战争的失利所击碎，面对着列强的步步紧逼，统治阶层和知识精英首先开始了保国与强国的思考，因为"前者端拱而处巍巍朝堂，各种冲力震波最终都要汇归此处，而危楼百尺尤易察觉到此基础部位加倍厉害的振幅。后者则凭其见微知著而精审妙谛的能力，尝一脔肉而知全鼎之味，见一叶而知天下之秋"②。而先进的知识分子开始睁眼看世界，提出了"师夷长技以制夷"的思想，而师夷的前提是知夷，因此，一批介绍西方知识的著作应运而生。魏源的《海国图志》认为："非谓本国而外，凡有教化之国皆谓之夷狄也"，"诚知远客中有明礼行义，上能天象、下察地理、旁彻物情、贯穿古今者，是瀛海奇士，域外之良友，岂可称之曰夷狄乎。"③徐继畬的《瀛环志略》认为西方文明与中国文明是有着不同渊源的两种不同类型的文明，西方文明是起源于古希腊、古罗马，而并非中华文明的教化。④ 王韬的《西学原始考》，梳理了西方文明发展的历史，其目的为"亦欲世

---

① ［英］安东尼·史密斯：《民族主义：理论 意识形态 历史》，叶江译，上海人民出版社2006年版，第14页。
② 唐文权：《觉醒与迷误：中国近代民族主义思潮研究》，上海人民出版社1993年版，第15页。
③ 《西洋人玛志士〈地理备考〉序》，见［清］魏源：《海国图志》卷78。
④ 章鸣九：《〈瀛环志略〉与〈海国图志〉比较研究》，见任复兴主编：《徐继畬与东西方文化交流》，中国社会科学出版社1993年版。

第一章　迫于无奈的选择与国族观念的萌发

之考求西学者，知其滥觞所自尔"①。

随着民族危机的不断加剧，"师夷长技以制夷"的观念逐渐为统治阶级内部的有识之士所接受，并壮大成为影响深远的洋务运动。作为比较系统的应对王朝危机的探索，洋务运动在学习西方时，对文化进行了类型化的处理，将师夷的目标主要定位于器物层面。而对于精神层面，洋务派仍然坚守着儒家传统文化，并将其作为维系民族认同的"身心性命之学"。张之洞将其总结为"中学为体，西学为用"，认为："中学为内学，西学为外学；中学治身心，西学应世事。不必尽索之于经文，而必无悖于经义。如其心圣人之心，行圣人之行，以孝弟忠信为德，以尊主庇民为政，虽朝运汽机，夕驰铁路，无害为圣人之徒也。"②

"中体西用"的思想也使洋务派在学习西方科技的过程中，对西方文化，特别是宗教文化保持着较为敏感的警惕性。王韬就认为，"瀚观西人教中之书，其理诞妄，其说支离，其词鄙晦，直可投于溷厕，而欲以是训我华民，亦不量之甚矣。顾瀚窥其意，必欲务行其说而后止，行之则人心受其害矣"③。在镇压太平天国运动中，也列举了太平天国破坏儒家传统文化的罪状，曾国藩在《讨粤匪檄》中称："举中国数千年礼义人伦诗书典则，一旦扫地荡尽。此岂独我大清之变，乃开辟以来名教之奇变，我孔子、孟子之所痛哭于九原，凡读书识字者，又乌可袖手安坐，不思以为之所也。"④ 虽然，镇压太平天国更多的是站在阶级立场，维护专制统治的需要。但从侧面反映出清王朝对儒家文化作为民族认同根本的一种固守和对西方宗教思想的拒斥。张之洞更是将"保教"上升为救国的核心，而教就是旧学中的儒学。"我圣教行于中土，数千年而无改者。五帝三王，明道垂法，以君兼师，汉、唐及明，宗尚儒

---

① 王韬：《西学原始考》，第50页，收入王韬辑：《西学辑存六种》。
② 《会通》，见《劝学篇》下篇。
③ 《弢园老民自传》，江苏人民出版社1999年版，第72页。
④ 中共中央党校文史研究室中国近代史组编：《中国近代政治思想论著选辑》上册，中华书局1983年版，第225页。

术，以教为政。"① "夫不可变者伦纪也，非法制也；圣道也，非器械也；心术也，非工艺也。"②

洋务派"中体西用"的思想实际是在王朝向国家转型中，维持民族认同的理论概括，既为学习西方科技进行了合理性论证，又捍卫了传统儒家思想——这一民族认同符号与资源的神圣性。虽然，客观历史阶段决定了这一思想有其局限性，但影响是巨大的，它兼具了政治民族主义与文化民族主义的某些特性，追求在传统文化的基础上，将强国和强文化联系起来，对当时与后世的国族构建有着深远的影响。

三、政权层面上的满汉关系调整

中国自古以来作为统一的多民族国家，以文化认同的方式构建了天下体系，实现了想象中的大一统格局。王朝国家时期，大多数统治者以儒家文化为核心，采取多种措施加速着民族之间的交流与融合。但这并不能掩盖国家内部不同民族之间的差异，甚至冲突。特别是在中原王朝衰弱，少数民族入主中原的时候，为了维护自身的统治利益，往往更加凸显民族认同中的自然因素，将民族认同与等级特权结合起来，通过各种正式的制度在民族之间制造隔离、特权，阻碍民族之间的交往与融合。清王朝作为少数民族建立的统一王朝，也不可避免地将政治权力与民族特性联系起来，从而陷入了维护满族特权与维持王朝统一的两难困境，而其中满族与汉族之间的关系影响最大。

清朝入关初期，汉族利用华夷之辨中的种族色彩对清王朝的统治，表现出了较强的抵抗意识。这也导致了清朝在满汉关系上，采取了较为激进的措施，竭力维护满族的特权地位，对汉族采取了强制性的镇压、同化政策。如"扬州十日"、"嘉定三屠"以及"剃头留辫"、"文字狱"等等，使满汉畛域在社会生活的方面凸显出来。同时，为了维护自身的统治，清王朝在文化上又不得不向儒家文化靠拢，通过科举制向汉族开放权力系统，倡导满汉共治。应该说，在清朝统治的前期，由于统

---

① 《同心》，见《劝学篇》上篇。
② 《变法》，见《劝学篇》上篇。

第一章　迫于无奈的选择与国族观念的萌发

治者的励精图治，国力强盛，民族矛盾被控制在一定范围内。但在多民族的国家内，民族差异如果被一味地强调，并且处理民族问题是以政治权力为导向，那么民族矛盾就会始终如影随形，在社会出现不稳定因素时，就会加速激化社会矛盾，导致政权的合法性危机。

清王朝中期开始，社会危机就已经初见端倪，政治腐败、财政紧张等问题突出。民间的反清思潮也随之涌动，而民族矛盾就成为反清直接和有效的动员手段。鸦片战争的惨败，西方殖民者的入侵，进一步激发了民众的反清浪潮，将不满直接指向由满族建立的清王朝，"灭清扶明"、"反清复明"等口号开始在民众和秘密结社组织中流传。而其中规模最大，影响最深的当属太平天国运动。太平天国的反清仍然坚持了"夷夏之防"的原则，在《奉天讨胡檄布四方谕》中，称满人为"胡虏"，认为清朝的统治是盗取了"中国之天下"，并认为"满洲之所以愚弄中国，欺侮中国者，无所不用其极，巧矣哉！"[①] 因此，太平天国运动"对内视满族为异类，欲彻底消灭之，以恢复汉民族的自主自尊地位，建立单一的汉民族国家"[②]。

太平天国为代表的反清运动对清王朝产生了巨大的冲击，虽然以失败告终，但却促使清政府思考满汉关系的调整问题。同时，八旗制度衰落，满族军队战斗力下滑，为了维护统治，清王朝开始更加倚重汉族官僚，这也成为清朝在当时调整满汉关系的主要举措。这可以从下表1860—1872年之间的满汉总督、督抚的数量变化中得以印证。[③]

---

① 中共中央党校文史研究室中国近代史组编：《中国近代政治思想论著选辑》上册，中华书局1983年版，第161页。

② 李国祁：《近代中国思想人物论——民族主义》，时报文化出版事业有限公司1982年版，第30页。

③ 马艾民：《试论洋务运动时期的满汉联合》，载《吉林大学社会科学学报》，1993年第2期。

国家范式转换与国族构建

年代	总督 满：汉	巡抚 满：汉
1860	6：9	6：18
1862	6：11	3：19
1864	2：10	0：17
1866	2：13	1：12
1868	3：11	1：17
1870	2：12	1：12
1872	2：11	1：15

从表中我们可以看出，汉族官员在总督与巡抚的数量分配上占据了较为明显的优势，同时在统治阶级内部，皇帝与满族大臣对曾国藩、胡林翼、李鸿章等汉族上层官僚也更为器重，"平时与座客谈论，常心折曾文正公之识量，胡文忠公之才略"①。由此可见，为了缓和满汉之间的矛盾，清王朝的统治者采取了更大限度分配权力的方式，联合汉族上层精英，从而制造出"满汉共治"的表象。这也确实在一定程度上缓和了满汉之间的矛盾，但即使如此，清王朝对汉族官员也始终怀有戒心，如咸丰皇帝就以"尚未先例"、"步骤繁琐"推搪为曾国藩封王的许诺，同时扶持清流派进行抑制地方督抚的权力。②

但满汉之间的隔离与权利差异不仅表现在政治权力的享有方面，在民众日常生活中也非常突出。虽然在这些方面的调整，清王朝也有一定的尝试③，如1865年，同治皇帝颁布天下，认可了山西巡抚沈桂芬关于彻底改革八旗制度的奏请。沈桂芬建议：

> 嗣后旗人有愿出外营生者……准由该都统给照前往。如愿在外省落业，准其呈明该州县编为旗籍。……所有诉讼案件，统归该州县管理。如有不安本分滋生事端者，即由该地方官照民人一律惩

---

① 薛福成：《庸庵笔记》第1册（下），文海出版社1988年版，第7页。
② 徐永志：《中国近现代民族政治与社会研究》，民族出版社2011年版，第99页。
③ [美]路康乐：《满与汉：清末民初的族群关系与政治权力（1861—1928）》，王琴、刘润堂译，中国人民大学出版社2010年版，第32页。

治。其愿入民籍者，即编入该地方民籍。

但实际上，这种在社会生活方面的改革并没有产生实际的效果，这道谕旨根本没有被认真执行。在 1865 年之后，直到 19 世纪末期，满汉继续和以前一样隔离而且不平等。[①] 满汉隔离主要体现在：行政制度、职业、居住地、社会生活。旗人相比非旗人而言，在司法、政治、经济三大领域享受优待。

从清朝建立到 19 世纪中期，虽然存在着某些隔离和强化民族差异的政策，但由于现实政治需要和共同生活环境，满汉民族处于不断融合的状态。而清政府始终将种族观念与政治特权联系在一起，并没有顺势而为，进一步推动民族之间的融合，而是继续坚持和强化民族间的差异，这使得王朝内部的民族矛盾始终无法消解，直至成为清朝灭亡的最后推手。而清王朝对民族关系的调整，也只能在其固有的范式内展开，即通过调整政权在民族之间分享的比例关系，在一定程度内防止民族矛盾的激化。但这种文化与权力结合的方式，对于国族构建却存在着隐患，不利于公共文化的形成和公共权力的一体性，而且"民族差异的政治化、法定化和固定化会迟滞作为国族的中华民族的内部融合"[②]。

四、社会普通民众的自发性回应

清王朝的内忧外困不仅对统治者和精英阶层产生触动，也对社会普通民众产生了影响，但相比统治者与精英阶层，普通民众对危机的回应更具自发性。由于王朝国家的天下观念和自然经济的影响，王朝政权的触角并没有延伸到基层民众中，相应的政治动员能力较差，而社会普通民众也没有现代国家的理念，无法理解以国族为单位的民族国家的利益争夺。但当列强的入侵和清政府的腐败无能，触动到了民众的自身利益，影响其原有的生产和生活时，一种本能的抵抗就会随之爆发。而边

[①] ［美］路康乐：《满与汉：清末民初的族群关系与政治权力（1861—1928）》，王琴、刘润堂译，中国人民大学出版社 2010 年版，第 33、39 页。

[②] 周平：《中国民族政策价值取向分析》，载《当代世界与社会主义》，2010 年第 2 期。

疆民族地区，由于最先遭受到了列强的入侵和压迫，其反抗程度也尤为强烈。

对于大清王朝的普通民众而言，列强的入侵并没有引发其最初的敌意与反抗，在鸦片战争中，面对清军与英军的殊死争斗，民众却表现了异常的漠然，将其与原有的改朝换代联系在一起，"静观事变，让皇帝的军队去与侵略者作战"①。当英军突破虎门防线，继续北上之时，普通民众也更多的是持观望态度，仿佛在观赏与己无关的一场争斗。亲身经历鸦片战争的魏源曾在《道光洋艘征抚记》中记载："当洋兵攻城，居民多作壁上观。"② 不仅如此，为了谋取个人利益，许多民众还主动为英军提供便利，在整个鸦片战争期间，英军虽有一时的供应不足之虞，但在总体上不觉困难。一些民众向他们出售粮食、畜禽、淡水，以图获利，另一些民众为他们充当苦力，从事运输，以求工值。这些被清方文献斥为"汉奸"的民众，在交战地区几乎无处不有。而在三元里抗英事件之前，英军曾统治舟山长达半年，虽有俘获安突德的义民，而绝大多数还是作了顺民甚至"良民"。③

但列强毕竟是为了获取利益而来，当民众切实感受到自身利益受到威胁的时候，也就开始了保卫家园的抵抗。而第一次鸦片战争中的三元里抗英就是典型的事例，英军行进至三元里时，对当地民众犯下了种种罪行，如"开棺暴骨"、劫掠财物、强奸、调戏妇女等④，这触犯了民众乡土利益，也违背了伦理道德要求。当地民众随之武装起来挫败英军，并警告英军，"倘再犯内河，我百姓若不云集十万众，各出草筏，

---

① 马克思：《波斯和中国》，转引李世涛主编：《知识分子立场：民族主义与转型时期中国的命运》，时代文艺出版社2000年版，第299页。

② 姚薇元：《鸦片战争史实考——魏源"道光洋艘征抚记"考订》，人民出版社1984年版，第99页。

③ 茅海建：《天朝的崩溃：鸦片战争再研究》，生活·读书·新知三联书店1995年版，第323页。

④ 茅海建：《天朝的崩溃：鸦片战争再研究》，生活·读书·新知三联书店1995年版，第294页。

第一章　迫于无奈的选择与国族观念的萌发

沉沙石，整枪炮，截尔首尾，火尔艘舰，歼尔丑类者，我等即非大清之子民"①。

伴随殖民者的持续入侵，民众对"洋人"这一"他者"的认识也逐渐加深，形成了感性的"自我"与"他者"的区别。而由于对立面的明确，这促使了内部群体对外反抗的一致性。少数民族与汉族相互协作，共同参与到反抗外来侵略的斗争中，在抵抗沙俄侵占新疆的过程中，哈萨克、锡伯、蒙古等各族人民同仇敌忾，共同捍卫新疆。在中法战争期间，苗、瑶、壮、汉等族人民协调一致，与抗法清军配合作战，面对法国入侵者，苗族青年项崇周义正词严，说"连牛皮大的地方也不卖给法国人"②。由此可见，边疆各族人民在抵御西方列强的斗争中，不但有了更明确的国家疆域观念，而且为了维护共同的利益，各民族作为命运共同体的认同感显著增强。

各民族作为统一共同体的意识，也是国族意识萌发的重要表现。而国族意识往往具有向外与向内的两个向度。当向外的意识明确时，向内的要求自然也就会高涨起来，这既是自我确认的需要，也是向外争取独立的力量源泉。当然，由于历史的局限，这时各民族对内的向度不可能上升到掌控国家政权的高度，但却要求政府能够维护各族利益，抵抗外来侵略。但此时清王朝的对外战事节节失利，而内部的阶级矛盾和民族矛盾日益激化，这促使各族人民参与到反清浪潮之中。据统计，鸦片战争后十年间，汉、壮、苗、瑶、回、藏等各族人民的起义和抗租抗税斗争，多达百余次，几乎遍及全国。而其中影响最大的当属太平天国运动，在太平天国起义之处就得到当地壮、瑶、苗等少数民族的大力支持和拥护，许多人直接参加了太平军队伍，成为太平军的有生力量。③

太平天国运动在一定程度上体现了国族意识和国家观念，在对外方

---

① 姚薇元：《鸦片战争史实考——魏源"道光洋艘征抚记"考订》，人民出版社1984年版，第103页。

② 尤中：《中国西南边疆变迁史》，云南教育出版社1987年版，第581页。

③ 杨策、彭武麟：《中国近代民族关系史》，中央民族大学出版社1999年版，第73页。

面，主张与西方国家是独立、平等关系，拒绝承认侵略者与清政府签订的不平等条约。杨秀清在《谕英使文翰》中说："准尔英酋带尔人民自由出入，随意进退，无论协助我天兵歼灭妖敌，或照常经营商业，悉听其便。"① 当时的美国驻华公使麦莲也认为："天王兄弟及其臣下，当他们成为这个中华帝国的主人后，是否会承认清政府与英、美、法三国已签订的条约义务呢？这是极不可能的。"② 对内方面，反抗民族之间的歧视与压迫（前文已述），并且在国家的政治、经济发展方面，进行了具有资本主义色彩的探索。但太平天国在斗争理论方面，却借用了西方基督教观念，反映了其对当时民众主流文化认识的偏单，这也成为太平天国运动失败的重要原因，正如章炳麟所言："太平洪王之兴，则又定一尊于天王，烧夷神社，震惊孔庙，遂令士民怨，为虏前驱。"③

普通民众是国族的主体，也是国族构建的主要对象，"民族意识是民族由自在走向自觉和自为的关键和表现"④。任何国族构建的理念与措施都是以民众的认同感和凝聚力为指向的。而从鸦片战争到甲午中日战争，由于内外因素的作用，整个民众的国族意识虽有所萌发，但更多的还是一种自发性回应，但这也具有历史进步意义，为国族构建的进一步开展奠定了基础。

第三节 民族主义范式下的国族构想

清帝国在传统限度内的努力，并没有延缓整个王朝的颓势，甲午中日战争的失败，终于使整个国家陷入"亡国灭种"的边缘。这也宣告在传统中进行变革的希望破灭了，那唯一的选择就是在传统外求变。因此，具有开放心态的精英群体开始关注西方在物质之外的成功经验，特

---

① 中共中央党校文史研究室中国近代史组编：《中国近代政治思想论著选辑》上册，中华书局1983年版，第165页。
② 卿汝楫：《美国侵华史》第1卷，生活·读书·新知三联书店1956年版，第113页。
③ 汤志钧编：《章太炎年谱长编》（上），中华书局1979年版，第229页。
④ 周平：《民族国家与国族建设》，载《政治学研究》，2010年第3期。

别是引入了西方的民族主义和民主思想,并进行了广泛的传播。民族主义开始成为国族构建的理论框架,但维新派和革命派却在国族组成、掌权方式等方面展开了激烈的争论。并且这一时期更加重视历史在国族构建的价值,在文化层面依然固守着传统文化作为国族文化的核心,但对传统文化的认识已经由保教向存学转变。

一、民族主义引入与传播

民族主义作为一种理论形态,首先诞生于近代西欧,是与民族国家的构建直接相关的。在现当代人类政治的演变过程中,无不渗透着民族主义的色彩,以赛亚·伯林曾说,民族主义"控制了 19 世纪欧洲的思想和社会运动,它无所不在、人人皆知,因此只需略加思量,我们就明白根本不能想象一个缺了它的世界。但不夸张地说,它是当今世界现有各种思想社会运动中最强大之列,在一些地方还是唯一强大的运动;没有预见到的人则为此付出了代价,失去了自由,事实上失去了自己的生命。这个运动就是民族主义"①。

但民族主义影响的广泛性也为人们理解增加了难度,以至于霍布斯鲍姆认为,"对于一个初入门的学子而言,姑且抱着不可知的态度方为上策"②。但梳理有代表性的民族主义观点,对我们的理解仍是具有价值的。汉斯·柯恩和卡尔顿·海斯被誉为民族主义理论双父,汉斯·柯恩认为民族主义是一种思想状态,"它要求对民族国家怀有至高无上的忠诚"③。卡尔顿·海斯把民族主义视为一种历史与时代交融的产物,认为"民族主义是两种及其古老的现象—民族性和爱国主义的现代感情的融合和夸大"④。厄内斯特·盖尔纳认为:"民族主义是一种关于政治合法性的理论,它要求族裔的疆界不得跨越政治的疆界,尤其是某一个

---

① [英] 以赛亚·伯林:《论民族主义》,秋风译,载《战略与管理》,2001 第 4 期,第 45—46 页。

② [英] 埃里克·霍布斯鲍姆:《民族与民族主义》,李金梅译,上海人民出版社 2000 年版,第 9 页。

③ 汉斯·科恩:《民族主义:它的涵义和历史》,纽约 1955 年版,第 89 页。

④ 卡尔顿·海斯:《民族主义论文集》,纽约 1926 年版,第 6 页。

国家中，族裔的疆界不应该将掌权者与其他人分割开。"① 吉登斯认为："'民族主义'这个词主要指一种心理学的现象，即个人在心理上从属于那些强调政治秩序中人们的共同性的符号和信仰。"② 而在国内学者中，周平的观点比较深刻地把握了民族主义的本质，认为民族主义是建立在民族共同体成员对自己民族根深蒂固的热爱和对自己民族利益深切关怀基础上的关于民族的生存、发展和民族权利的思想观念，是一种内容复杂的族体意识体系，包括两个方面的基本要求：一是要求民族的成员对民族保持至高无上的忠诚，二是要求实现民族的自主和独立。③

从中外学者的研究可以看出，民族主义作为一种政治原则，就是要将民族认同与政治认同统一起来，建立民族国家。而其中主要核心之处在于两点，一是构建强有力的国家内部共同体，即国族；二是国族享有政治权力，具有掌控国家政权的资格。但民族主义这种理性化的追求，却是以民族感情这一非理性因素为素材，从本能的感情出发直接导向最终的政治追求，使民族主义具有异乎寻常动员能力，这也使得民族主义不需更多严密的理论论证，或者说可以容纳不同的价值取向。只要能够实现民族统一和国家独立的目标，民族主义可以和不同的意识形态资源相结合，正如安东尼·斯密斯所说："民族主义的核心原则仅仅提供了一个宽泛的抽象框架；我们必须用每个特定民族共同体的次级概念和特殊概念来充实抽象的框架，……这就是为什么民族主义常常'栖息'于其他意识形态和信仰体系，并且借助它们来达到民族主义的目的。"④ 而从国族构建的角度看，民族主义这种韧性和弹性，也意味着国族构建理论与方式的可选择性和多元性，在不同的历史时期，国族构建与保守

---

① 厄内斯特·盖尔纳：《民族与民族主义》，韩红译，中央编译出版社 2002 年版，第 1 页。

② ［英］安东尼·吉登斯：《民族—国家与暴力》，胡宗泽等译，生活·读书·新知三联书店 1998 年版，第 141 页。

③ 周平：《民族政治学》（第二版），高等教育出版社 2007 年版，第 229 页。

④ ［英］安东尼·史密斯：《民族主义：理论，意识形态，历史》，叶江译，上海世纪出版集团 2006 年版，第 25 页。

主义、自由主义、社会主义均有过交集,并为国族构建选定了不同的价值标准。

甲午中日战争之后,中国的民族危机骤然加剧,先进的知识分子开始意识到,单纯的技术手段不足以立国强国,而必须学习西方强国在技术之上更为本质的要素,这时民族主义就成为人们视野中的最新利器,"在中国与这些西方国家交往的过程中,西方近代的民族主义也对中国产生了影响,促成了中国民族主义的产生。这样的民族主义反过来又对中国的国家演进造成深刻的影响"[1]。所以梁启超曾发出这样的感慨:"民族主义者,世界最光明正大公平之主义也。不使他族侵我之自由,我亦毋侵他族之自由。其在于本国也,人之独立,其在于世界也,国之独立。"[2] 晚清时期,对民族主义的引入涉及诸多内容,但对于国族构建影响较大的当属进化论思想和伯伦知理的民族理论。

严复翻译了《天演论》,使"物竞天择"、"适者生存"的进化论思想得以传播,特别是在"种族"观念的基础上,提出了"合群"的主张,对于近代国族的构建影响甚大。"民民物物,各争有以自存。其始也,种与种争,及其成群成国,则群与群争,国与国争。而弱者当为强肉,愚者当为智役焉"[3],而保种的界限为中国内部的所有人群,"今之满、蒙、汉人,皆黄种也。由是言之,则中国者,遂(邃)古以还,固一种之所君,而未尝或沦于非类,区以别之,正坐所见隘耳","然而至于至今之西洋,则与是断断乎不可同日而语矣","争自存而欲遗种者,固民所受于天,不教而同愿之者也。语曰:'同舟而遇风,则胡

---

[1] 周平:《论中国民族国家的构建》,载《当代中国政治研究报告》第 6 卷,社会科学文献出版社 2007 年版。

[2] 梁启超:《国家思想变迁异同论》,见《饮冰室合集·文集》之六,中华书局 1989 年版,第 20 页。

[3] 严复:《原强》原载天津《直报》(1895 年 3 月 4—9 日),见丁守和主编:《中国近代启蒙思潮》上卷,中国社会科学文献出版社 1999 年版,第 165—166 页。

越相救如左右手'"①，这实际上是通过"种"的观念，将中国内部构想为统一的共同体，并且通过保国的方式，实现抗拒白种的目标。

而梁启超、汪精卫等翻译介绍的伯伦知理的民族思想，则成为维新派和革命派论战的直接理论来源。1899年，梁启超首先在《东籍月旦》文中使用"民族"一词，其后又介绍了伯伦知理的民族概念。伯伦知理的民族概念要素包括八个方面："（一）其始也同居一地。（二）其始也同其血统。（三）同其支体形状。（四）同其语言。（五）同其文字。（六）同其宗教。（七）同其风俗。（八）同其生计。"②伯伦知理还阐释了民族建立国家的条件和国家内部民族构成与国家构建之间的关系。③ 特别是指出合多个民族为一个国家利弊兼有，但好处是可以取长补短，并且多民族建立国家必须以强有力的民族为中心统御众多民族；对于民族小而国境大的情况，可以谋求联合国内众多的民族而陶铸成一新民族。

民族主义作为一种政治思潮，天生就是为政治服务的，具有特定的政治功能，能够为民族共同体确立基本的政治价值。④ 民族主义的引入与传播使得国家内部共同体的构建开始具有了现代国族的色彩，而且国族构想的范式发生了彻底的转变，从天下观念转入的民族国家体系。在此之后的国族构建理念和方式之争，不再是天下和国家之争，更多的是在民族国家的架构内的具体方式之争。

二、满汉一体与排满兴汉

民族主义被知识精英接受和认可后，形成国内统一的民族共同体，以此对抗列强的入侵成为明确的目标。但由于民族概念是从西方引入，

---

① 严复：《原强》原载天津《直报》（1895年3月4—9日），见丁守和主编：《中国近代启蒙思潮》上卷，中国社会科学文献出版社1999年版，第170、171、174页。

② 《政治学大家伯伦知理之学说》，见《梁启超全集》第2册，北京出版社1999年版，第1067页。

③ 汪精卫：《伯伦知理氏论民族与国民》，《研究民族与政治关系之资料》，载《民报》第13号，第17—37页。

④ 周平：《民族政治学》（第二版），高等教育出版社2007年版，第248页。

而当时西方的民族（nation）概念仍然受到血缘关系的影响，如在1925年的《西班牙皇家学院辞典》中，民族仍被界定为："拥有共同族群根源的人群，他们说着共同的语言，承袭相同的文化传统。"① 当时清王朝内部已经存在诸多不同血缘和文化的民族共同体，并且民族之间的矛盾依然明显，特别是满汉关系。这也使人们对国族组成群体产生了不同的理解，其中影响最大的就是维新派的满汉一体主张和革命派的排满兴汉思想。

维新派对于国族的构想始终坚持多民族共同体的立场，这既是中国的实际，也是保国的需要。"凡集结一群者，必当先明其对外之界说，即与吾群竞争之公敌何在是也。"② 而西方列强无疑是当时中国最大的敌人，而要能够抵御列强入侵，就必须"合群"，因为"分则弱，合则强，法治之公理也"③，所以，维新派提出了"满汉平等"、"满汉合一"的主张，他们认为，相对于中国所面临的外部压力，内部满汉之间并不存在民族差异，而且也必须消除民族差别，"宜合举国之民心，以为对外之政策，不宜与一国民之内示有异同，更不宜有满汉之分"④。

这时期一项重要的成果是，"中华民族"作为现代中国国族符号开始诞生。1901年，梁启超首先在《中国史叙论》中使用了"中国民族"一词，在1902年的《中国学术思想变迁之大势》中直接使用了"中华民族"概念，并在《新史学》中出现"国族"一词，"……自结其国族而排他国族。此实数千年世界历史经过之阶级，而今日则国族之相结相排之时代也。"⑤ 而在1903年，梁启超进一步界定了"中华民族"的内

---

① ［英］埃里克·霍布斯鲍姆：《民族与民族主义》，李金梅译，上海人民出版社2000年版，第15页。

② 梁启超：《新民说·论合群》，见《饮冰室合集·专集》之四，中华书局1989年版，第77页。

③ 康有为：《请君民合治满汉不分折》，见《戊戌变法》（二），上海书店2000年版，第233页。

④ 康有为：《请君民合治满汉不分折》，见《戊戌变法》（二），上海书店2000年版，第233页。

⑤ 《梁启超全集》第2册，北京出版社1999年版，第741页。

涵，他在伯伦知理民族主义理论的基础上提出了"小民族主义"与"大民族主义"的概念，"吾中国言民族者，于小民族主义之外，更提倡大民族主义。小民族主义者何？汉族对于国内他族是也。大民族主义者何？合国内本部属部之诸族以对于国外之诸族是也。……合汉合满合蒙合回合苗合藏，组成一大民族"①。1905年发表的《历史上中国民族之观察》，"中华民族"一词（简称为"华族"）出现7次之多，并认为"今之中华民族，即普通俗称所谓汉族者"，它是"我中国主族，即所谓炎黄遗胄"。并且梁启超研究了先秦时期的华夏族与其他民族之间的融合过程，进而阐述中华民族在形成过程中的融合特性。最终，他"悍然下一断案曰：中华民族自始本非一族，实由多数民族混合而成"。②

应该说，维新派的大民族理论和中华民族理论，是立足本土实际的基础上，对西方民族理论的一次超前解读，为国族构建奠定了重要的理论基础。

与此同时，以孙中山为首的革命派精英群体，也将构建民族国家作为革命目标，但他们认为民族国家强大的力量源泉首先是内部共同体的同一性和同质性，而这只能建立在单一民族建国的基础之上，"合同种，异异种，以建一民族国家，是曰民族主义"③。"两民族必不能并立于一政府之下"④。在这一理论前提下，革命派认识到中国的屈辱首应归因于清王朝自身的腐朽，并将此与满汉矛盾结合起来，"满汉二族利害关系全然相反，欲求自存，非先除去满人不可，由是汉满种族之问题渐生，而排满之风潮起矣"⑤，并据此提出了排满兴汉的革命思想。孙中

---

① 梁启超：《政治学大家伯伦知理之学说》，见《饮冰室合集·专集》之十三，中华书局1989年版，第75—76页。

② 梁启超：《历史上中国民族之观察》，见《饮冰室合集》（专集之四十一），中华书局1989年版，第4页。

③ 余一：《民族主义论》，载《浙江潮》，1903年1月。

④ 张枬、王忍之：《辛亥革命前十年间时论选集》第一卷下册，生活·读书·新知三联书店1960年版，第588页。

⑤ 陶成章：《浙案纪略》，见汤志钧编：《陶成章集》卷五，中华书局1986年版，第332页。

山在创立兴中会时,就明确提出"驱除鞑虏、恢复中国"的口号。而革命派人士邹容和章太炎更是排满的骁将,邹容认为:"吾同胞今日之所在朝廷,所谓政府,所谓皇帝者,即吾畴昔之所谓曰夷、曰蛮、曰戎、曰狄、曰匈奴、曰鞑靼,其部落居于山海关之外,本与我黄帝神明之子孙不同种族者也。其土则秽壤,其人则擅种,其心则兽心,其欲则毳俗,其文字不与我同,其语言不与我同,其衣服不与我同。"① 章太炎更是认为:"非我族类,不能变法当革,能变法亦当革;不能救民当革,能救民亦当革。"②

革命派的排满主张,将国内民族压迫与推翻清王朝统治结合起来,对于社会大众具有很强的动员作用,"但由民族主义所进行的政治动员,既可以为高尚的政治目的服务,也可以被导向某种有损于其他民族利益的目标"③。排满主张极容易激化国家内部的民族矛盾,毕竟中国是多民族的统一国家,这种刻意的民族排斥,甚至有导致国家分裂的危险,这一局面也是革命派所不能接受。因此,在与维新派的论战中,革命派也对自己的理论进行了修正和完善,尝试将国内的民族压迫与阶级压迫相剥离,对满人进行区别化对待。在1905年成立同盟会时,革命派就对革命宗旨进行了一定的调整,将建立共和、推翻专制统治作为首要目标,而不是一味的排满,所以同盟会的名称定位"中国同盟会",而反对采用"对满同盟会"。④ 并且对革命与排满做了进一步的阐释:"惟是兄弟曾听见人说,民族革命是要尽灭满洲民族,这话大错。民族革命的原故,是不甘心满洲人灭我们的国,主我们的政,定要扑灭他们的政府,光复我们民族的国家。""我们并不是恨满洲人,是恨害汉人的满

---

① 邹容:《革命军》,见[英]冯客:《近代中国之种族观念》,杨立华译,江苏人民出版社1999年版,第108页。
② 汤志钧:《章太炎年谱长编》(上),中华书局1977年版,第171页。
③ 周平:《民族政治学》(第二版),高等教育出版社2007年版,第250页。
④ 《中国近代史资料丛刊·辛亥革命(二)》,上海人民出版社1957年版,第6页。

洲人。假如我们实行革命的时候,那满洲人不来阻害我们,决无寻仇之理。"① 但应该注意的是,革命派虽然调整了对满族的态度,但这更多的是为了消除革命阻力,对于国族的内部组成,多民族统一体的构建始终让位于革命动员的需要。因此,在中华民国成立之前,仍然主张建立单一民族的汉族国家,这也使革命派的国族思想始终存在着导致国家分裂的实践风险。

三、改良立宪与民主共和

民族国家框架内的国族与王朝国家内部的多民族共同体之间存在着本质的区别,而这种区别在国家政权层面就表现为人民主权,即国族作为整体能够掌控国家政权,而且国族成员能够享有自由、民主的权利。这既是国族的应有内涵,也是国族自我认同与国家认同的需要。"民族国家在通过一整套维护和保障民族成员即人民的民主权利来维系和巩固民族对国家的认同的同时,也将国家权力置于民族的手中,将国家权力结构变成维护民族权利的基本结构,从而使民族成为国家的主体和国家的掌控者,在实现了民族与国家的结合的同时,也使民族成为了国族。"②

无法掌控政权的国族,也就无法掌控自己的命运,是虚幻和离散的状态。戈林费德曾这样描述民族主义与自由主义的相互作用,"主权属于人民这一概念,承认不同阶层在根本上平等这一观念,组成了现代民族思想的精义,而同时它们就是民主的基本原则。民主的诞生,伴随着民族性的自觉。……民族主义是民主呈现在这个世界上的形式,民主被包含于民族的概念,恰似蝴蝶生于茧中。最初,民族主义就是作为民主而发展的"③,法国思想家拉·布吕耶尔在17世纪时就喊出了"专制之

---

① 中国社会科学院近代史研究所中华民国史研究室等编:《孙中山全集(第一卷)》,中华书局1981年版,第325页。
② 周平:《民族国家与国族建设》,载《政治学研究》,2010年第3期。
③ 转引自郭洪纪:《文化民族主义》,扬智文化事业股份有限公司1997年版,第62页。

第一章　迫于无奈的选择与国族观念的萌发

下无祖国"的口号,富兰克林也有过"哪里有自由,哪里就是我的祖国"的名言。

如果"哪里有自由,哪里就是我的祖国"是普通民众的自发选择,那么对于精英阶层而言,就应将其转换成,"这里是我的祖国,我要让其自由"。因此,对于晚清的知识分子而言,自由、民主已经成为一种自觉的追求,是对内"合种"、对外抗争的双重需要。而面对专制的晚清王朝,获取国族权利的首要问题就是对政权体系进行必要的变革,这一点维新派和革命派的取向是一致的。但争议的问题是这种变革的具体路径,即通过维新改良实现君主立宪还是通过暴力革命争得民主共和。

维新派认为,人类社会中的政治形态是线性发展的,必然经历专制统治、君主立宪和民主共和。据此,康有为就认为,清末中国只能立宪而不能共和,因为当时中国正处于"由小康而大同,由君主而至民主的过渡时代","中国则由君主专制,必须历立宪君主,乃可至革命民主也"[①],"即当过渡之时,只得行过渡之事"[②]。并且,康有为通过对欧美各国的考察,主张通过非暴力的和平手段实现民主政治,反对通过暴力革命推翻清帝,他认为:"今欧、美各国,所以致富强,人民所以得自主,穷其法治,不过行立宪法、定君民之权而止,为治法之极则矣。""今革命民主之方,适与中国时地未宜,可为理想之空言,不能为施行之实事也"[③]。而革命派则争锋相对,驳斥了只能立宪,不能共和的观点,"此说亦谬……所以我不可谓中国不能共和,如谓不能,是反夫进化之公理也,是不知文明之真价也"[④]。革命派从清王朝对内专制、对外软弱的表现出发,"积渐而知和平之手段不得不稍易以强迫",也正因此,"完全打到目前极其腐败的统治","革命为唯一法门。"[⑤]

实际上,从西方民族国家的发展历程来看,不论是君主立宪还是民

[①] 《康有为政论集》上册,中华书局1981年版,第476页。
[②] 《康有为政论集》上册,中华书局1981年版,第486页。
[③] 《康有为政论集》上册,中华书局1981年版,第475—484页。
[④] 《孙中山全集》第1卷,中华书局1981年版,第283页。
[⑤] 《孙中山全集》第1卷,中华书局1981年版,第88、220页。

主共和，也不论是改良还是革命，都能够实现国族掌控政权的目标，而选择的标准大多是本土环境和各方政治力量的实力对比。但清末对此问题的争论，背后隐含着更为深层的矛盾，即国族的构成群体问题。维新派坚持国族为多民族共同体，而且强调满汉之间可以并且已经同化的历史和事实。康有为认为，"国朝久统中夏，悉主悉臣，一切礼义皆从周、孔，久为中国之正统矣"，"纯为中国矣"。[①] 梁启超认为，"彼满洲人实已同化于汉人，而有构成一混同民族之资格者也"[②]。并且立宪派还从多民族发展不平衡的角度论证君主立宪的合理性，"宗法社会之人"，"国家之为何物，非彼所知，见君主而以为国家也，见民主而亦以为国家。彼之所服从之君主与民主者去，斯其服从之心从而去矣。试问今蒙、回、藏人对于今日中国为何等观念乎？必也惟有一清朝大皇帝在其脑中，此外皆非彼之所知。……欲保全领土，则不可不保全蒙、回、藏；欲保全蒙、回、藏，则不可不保全君主，君主既当保全，则立宪亦但可言君主立宪，而不可言民主立宪"。[③] 而且可以通过各族议员共同组建国会，通过使用汉语，"去其种族即国家之观念"，"去其君主即国家之观念，而后能为完全之国民，庶乎中国全体之人混化为一，尽成为中华民族，而无有痕迹、界限之可言"[④]。

而革命派则固守着满汉异族的观念，汪精卫认为满汉在血缘、语言文字、住所、习惯、宗教、精神体质等方面存在不同，因此满汉仍为异族。[⑤] 面对着专制政府的民族压迫，革命派始终将种族革命和政治革命结合在一起。这种方式虽然动员成本较低，但国家统一和族际整合的成本却增加了。这也导致了在辛亥革命期间，革命派中甚至出现了主张建

---

① 康有为：《海外亚美欧非澳五洲二百埠中华宪政会侨民公上请愿书》，见《康有为政论集》上册，中华书局1981年版，第611页。

② 梁启超：《申论种族革命与政治革命之得失》，见《饮冰室合集·文集》之十九，中华书局1989年版，第31页。

③ 刘晴波主编：《杨度集》，湖南人民出版社1986年版，第382—383页。

④ 刘晴波主编：《杨度集》，湖南人民出版社1986年版，第371—372页。

⑤ 汪精卫：《民族的国民》，载《民报》第2号，1906年4月。

第一章 迫于无奈的选择与国族观念的萌发

立18省范围的汉族国家的言论，而满、蒙等少数民族地区则排除在外。① 但维新派的主张在实践上也是步履维艰，君主立宪的完成必须以王朝的自我转型为前提，虽然清王朝也作出了一定的努力，但最终没有摆脱满族利益的局限。这也导致了维新人士的失望和转向，最终维新派与革命派的观点相互借鉴和吸纳，为多民族国家——中华民国的成立奠定了基础。

四、重塑历史与保教存学

民族主义形塑下的国族，是理性与感性的统一。理性的层面预示着国族作为利益共同体，需要通过掌控政权维护自身的利益，这也暗含着国族认同国家的可选择性。但国族作为民族国家的动力来源和稳定机制，仅靠功利性的选择是不够的，必须有其感性机制的维系，甚至有克服功利导向的可能，成为人们坚信的命运共同体。正如德勃艾所言："是的，我生而为法国人是相当偶然的；然而，毕竟法兰西是永恒的。"② 而共同的历史就成为命运共同体构建的基本素材。如本尼迪克特·安德森指出的，"假设如果民族国家确认公众所认的，是'新的'而且是'历史的'，则在政治上表现为民族国家的'民族'的身影，总是浮现在遥远不复记忆的过去之中，而且更为重要的是，也同时延伸到无限的未来之中，正式民族主义的魔法，将偶然化成命运"③。因此，国族塑造就需要从历史中寻求资源，对过去甚至是遥远的历史记忆与神话传说，进行选择、重组或再诠释，"挖掘各个民族之间的历史文化联系的基础上提炼出国族文化的基本精神和核心价值"④，创造出自身的历史传统和其他国族相区别的本质，从而维系国族内部的凝聚。历史在

---

① 张永：《从"十八星旗"到"五色旗"——辛亥革命时期从汉族国家到五族共和国家的建国模式转变》，载《北京大学学报》（哲学社会科学版），2002年第3期。
② [美] 本尼迪克特·安德森：《想象的共同体——民族主义的起源与散布》，吴叡人译，上海人民出版社2003年版，第10页。
③ [美] 本尼迪克特·安德森：《想象的共同体——民族主义的起源与散布》，吴叡人译，上海人民出版社2003年版，第10页。
④ 周平：《民族国家与国族建设》，载《政治学研究》，2010年第3期。

这种追忆的过程中，真实性并不是最主要的标准，它往往让位于可行性和目的性。

晚清的知识精英们在构建中国国族的过程中，也选用了这种带有建构色彩的方式，通过重塑中国的历史，来为国族寻求何以存在的坚实依据，并且通过整理挖掘传统文化，塑造国族精神，以抵御列强在文化层面的侵蚀。由于不同派别在政治导向上的差别，他们为建立国族认同，所选择的历史记忆也不尽相同，而其中孔子和黄帝是影响最大的。

面对甲午战争之后的民族危机，维新派倡导以"保教"为核心的民族文化认同，并将孔子誉为"泰东教主、中国第一之人物，此全国所公认"①。主张用孔子的诞辰作为历史纪念，"使人起尊崇教主之念，爱国思想亦油然而生"②。维新派通过尊崇孔子，希望达到弘扬民族文化和强化民族认同的目的，"使中国之人皆知孔子之大，并切实有用，自然尊信我教，不致遁入彼教，使外国人知孔子之大，并切实有用"③。维新派还将孔子塑造成托古改制的先师，并且具有一定的民本思想，这为改良立宪的推行降低了成本。同时，孔子成为国族的指称符号，与改良派对国族认同的标准有着紧密联系。在维新派看来，孔子所代表的是一套特定的道德、文化秩序，这是中国存在的根本。而某一文化共同体能否成为中国国族的成员，关键在于能够接受这种儒家的文化秩序。这实际上也为多民族共同组建国族奠定了理论基础。但将尊崇孔子上升到保教的程度，通过保教而实现保国，这种理论设想与政治世俗化发展的趋势是相违背的，而且理论的严密性也不足，带有一点的牵强成分。

梁启超后来就转变观点，成为保教的有力批判者。他在1902年撰写《保教非所以尊孔论》一文，认为孔子"不能尽知二千年以后之事理学说"，"取近世之新学理以缘附"，"万一遍索之于四书、六经，而

---

① 梁启超：《中国史叙论》，见《梁启超全集》第1册，北京出版社1999年版，第452页。
② 梁启超：《新史学》，见《梁启超全集》第2册，北京出版社1999年版，第752页。
③ 皮锡瑞：《申辨孔门四千年之旨》，载《湘学报》第37号，光绪二十四年三月二十八日。

第一章　迫于无奈的选择与国族观念的萌发

终无可比附者,则将明知为铁案不易之真理,而亦不敢从矣;万一吾所比附者,有人从而剔之,曰孔子不如是,斯亦不敢不弃之矣"①。梁启超的观点,实际上点出了传统诠释与现实需要之间的张力,传统是维系国族的重要资源,但这种诠释的对象越具体,其解释力度也就越发有限,对政治实践的容纳限度也就越低。因此,知识界对民族文化的探求,逐渐由"保教"转向了"存学",国粹派异军突起。

国粹派也将着眼点立足于民族文化,但他们已经不局限于孔子本身,而是民族发展史中的可资利用的优秀成果。通过整理和弘扬,以塑造民族共同的文化心理。国粹派从史学入手,撰写了一系列中国各民族发展、融合和抵御外敌入侵的史学著作,如梁启超的《新史学》、章太炎的《中国通史》、刘师培的《中国民族志》和《西力东侵史》、《国耻小史》、《中东战纪》等,以此来唤起民族认同的自觉性。但这些著作的国族构建指向是不同的,有的是凸显中国各民族的融合与一体化,有的则刻意强调汉族自觉,以此作为反满的理论依据。其中最具代表性的就是"黄帝"形象的尊崇。刘师培在1903年发表《黄帝纪元论》,认为"凡一民族,不得不溯其起源。为吾四百兆汉族之鼻祖者谁乎?是为黄帝轩辕氏。是则黄帝者,乃制造文明之第一人,而开四千年之化者也。故欲继黄帝之业,当自用黄帝降生为纪年始"②。"黄帝"符号的凸显,是与排满反清联系在一起的,目的在于构建单一汉族的国族结构。但符号一点诞生,也就为对它的诠释与再诠释提供了空间,成为权力斗争的场域。例如康有为就曾挟"淳维为夏后苗裔"之旧说,以重建满洲族源历史记忆,并为满汉同种作辩解。③

从不同派别对远古祖先的选择、追忆与解释,可以显现其内在的张

---

① 梁启超:《保教非所以尊孔论》,见《梁启超全集》第2册,北京出版社1999年版,第768页。

② 无畏:《黄帝纪年论》,见《国民日报汇编》第1集,上海东大陆图书译印局1904年版。

③ 沈松侨:《我以我血荐轩辕——黄帝神话与晚清的国族建构》,载《台湾社会研究季刊》,1997年12月第28期。

力，为了凝聚民族共同体，这种符号需要久远的历史性，并对本族的内部具有包容性，对制造的"他者"具有排斥性；但这种模糊的久远性，则在一定程度上降低了其确认的可能性，为不同价值取向上的争论提供了理论空间。应该说，这是建构论路径的优势所在，也是其易于被解构的劣势之处。

第四节 政权自我转型中的国族构建

清政府作为当时中国的统治者，面对着内忧外患的局面，为了挽救岌岌可危的统治，王朝自身也在尝试进行自我的转变。这些转变虽有迫于无奈的成分，但客观上推动了中国现代化的进程，为整个中国近代的转型奠定了基础，以至于西方学者认为，清末十多年的改革使这一时期成为1949年前150年或200年内，中国出现的"最有力的政府和最有生气的社会"①。而对于国族构建而言，晚清的改革也有许多裨益之处，特别是在其退出历史舞台之际，为共和国家的国族维系与建设留下了丰厚的历史遗产。

一、满汉关系的继续调整

作为少数民族入主中原建立的专制国家，满汉关系始终是晚清国族构建中的重大议题。虽然太平天国运动之后，清王朝对于满汉关系进行了一定的调整，但仍然强调的是满汉差别之上的满汉共治，两者在政治、经济、社会生活等方面依然存在着诸多刻意的区别。这种民族关系的状态，特别是满汉关系，与西方民族主义的理论追求是无法相容的，而且成为革命派动员群众，排满兴汉的重要舆论武器。对于维新派而言，满汉一体也是其改良立宪理论的基础。为了巩固统治，抵御革命威胁，清王朝被迫在更大程度上调整满汉关系。这些调整突破了以往单纯的政权取向，涉及政治、经济和社会生活的多个方面。

---

① ［美］费正清：《剑桥中国晚清史》下卷，中国社会科学院历史研究所编译室译，中国社会科学出版社1985年版，第566页。

第一章 迫于无奈的选择与国族观念的萌发

在政治方面,逐步向汉族官员开放原有的权力禁区,尝试打破满汉共治的权力结构。清朝原有的官职设置是与民族身份直接对应,追求满汉之间的相对平衡,这种方式虽然实现了政治权力在不同族体之间的划分,但也强化了满族对政权的掌控,并且使国族内部的族体差异进一步强化。为此,清王朝开始逐步调整满汉共治的政权模式。1903 年清朝开始废除满人对八旗系统的职位垄断,任命汉人军官程德全为黑龙江齐齐哈尔驻防的副统帅,后被提升为黑龙江将军,另一位在地方驻防任职的汉人是李国杰,1907 年担任广州汉军驻防军的副统帅。[①] 汉人官员也首次在驻京八旗中任职。1906 年,冯国璋担任陆军贵胄学校总办,同时他还署理蒙古正黄旗副统帅,随后又进行了行政机构调整重组,一些去职的汉人高官被调往蒙古八旗和汉军八旗中担任了品级相等的职位。对于满族传统的保留地东北,也是汉人徐世昌担任第一位东北总督,其中的三位巡抚也是汉人。以至于代表满人利益的《北京女报》评论认为,这些以前由满人垄断的地方要职,现在都任命了汉人,这证明了朝廷"对满汉并无偏见"[②]。王朝政权内部的满汉共治模式也开始松动,在原有六部的基础上,新设立四部,并且每部只设立一名尚书,这打破了原有的两名尚书,在满人和汉人之间平均分派的模式。应该说,政权体系向国族成员平等的开放,以能力和民意为选择取向,而不以国族内部的族体差异为先天标准,这种改革是符合现代民族国家建设需要的,也是消除内部族体隔阂,增强国族凝聚力的重要方式。

其次,满汉关系的调整从政权层面扩展到日常的经济社会生活领域。清末对满汉关系的调整,很多方面涉及到了民众的日常生活,这有利于消除普通民众之间的满汉隔离与不平等之感。在居住地问题上,清朝不再把东北作为满族单独的保留地,禁止汉人进入满洲的命令在 19

---

① 魏秀梅:《从量的观察探讨清季驻防副都统之人事嬗递》,载《"中央研究院"近代史研究所集刊》,1984 年第 13 集,第 427 页。

② [美] 路康乐:《满与汉:清末民初的族群关系与政治权力(1861—1928)》,王琴、刘润堂译,中国人民大学出版社 2010 年版,第 96—97 页。

世纪晚期开始逐渐放宽,并最终废除。从此大量汉族居民开始从中原涌入东北地区,这为民族之间的交往和融合提供了条件。"旗民不交产"的禁令也在1905年被废除。①并在1907年下令,各省驻防八旗在十年内解散,旗人准备自谋生路。分配给旗人足够的田地和工具,使其通过自食其力养家糊口,这样就与一般平民无异。

1902年,清朝颁布谕令,允许满汉通婚,并且在满汉朝廷要员中开始联姻,如内阁学士那桐把自己的女儿嫁给了李鸿章的孙子——李国杰、铁良和袁世凯的儿女联姻等等。高层的联姻对于下层官员和普通民众能够起到一定的带动作用。对于多民族的共同体而言,通婚在民族融合中发挥着举足轻重的作用,它既是多民族间一种自然融合的方式,也是消解种族主义分裂倾向的有效途径。1907年清朝进一步调整了满汉之间在习俗和法律上的差异,例如服丧时间的长度和减刑,能够适用于皇族以外的所有满人和汉人。②

应该说,清政府通过政权力量在多个层面调整满汉关系,希望达到"平满汉畛域"的目的,对当时满汉之间的紧张关系起到了一定的缓和作用。但这种调整对于专制王朝而言,始终是一种工具价值,是有其底线的。统治者如果没有民主的信仰,那么独占的权力就只能寄希望于先天的血缘联系,这是唯一看似牢固的统治基础。如果"王朝国家只属于王朝而不属于人民,是无法实现民族认同与国家认同的统一"③。也正因此,越触及改革的核心,这种矛盾也就更为凸显,最终"皇族内阁"的成立,使得维新派的希望也最终破灭,革命成为唯一的选择了。

二、边疆民族地区的开发

民族国家既是国族维护自身利益的权力架构,也是国族生存和自我认同的空间结构。边疆的明确与稳定,能够为国族形成提够稳定的空间

---

① 衣保中:《试论清代满族士兵土地所有制的演变》,载《满族研究》,1987年第4期。
② [美]路康乐:《满与汉:清末民初的族群关系与政治权力(1861—1928)》,王琴、刘润堂译,中国人民大学出版社2010年版,第134页。
③ 周平:《对民族国家的再认识》,载《政治学研究》,2009年第4期。

第一章 迫于无奈的选择与国族观念的萌发

标示，边疆的开发与繁荣，也能够为国族在政治、经济、文化等方面的一体化奠定基础性条件，从而为国族形成一个明晰的生存范围、利益范围和统一的归属对象。"在中国的历史上，历朝历代都十分注重边疆问题，并运用国家的力量去解决这些问题，形成了'经营边疆'、'治理边疆'、'治边'等概念。"① 伴随列强入侵的加剧，清王朝在边疆地区不仅开展了一系列抵御入侵的军事活动，而且更为重视了对边疆地区的开发与建设。由于历史因素，中国的边疆地区同时也是少数民族的主要聚居区，边疆地区和民族地区天然的联系在一起，从而使得这种开发与建设具有了"边疆"与"民族"的双重意义。

首先，清朝对少数民族事务的管理机构进行了调整。面对列强的不断渗透，清王朝越发重视边疆民族事务，认为"各国竞争，殖民为要，蒙、藏、青海，固圉防边，其行政事宜实与各部并重，故易理藩院为理藩部"②。在将理藩院改为理藩部之后，清朝还对理藩部内部的机构设置和职能进行了调整。把蒙古官学扩充为藩言馆，为了适应理藩部部务所需，大力培植精通满、蒙语言人才。在理藩院内，设立调查、编纂两局，其后改为调查、编纂两科，合为宪政筹备处，筹备藩属地区宪政事宜。后来，又以藩属地区人民程度不齐，教育未备，家族政体未尽改，游牧旧习未尽除，决定在宪政筹备处内附设藩务研究所，筹商藩属地区宪政诸事。③ 理藩院的设立适应了边疆民族地区发展的需要，加深了对边疆民族地区的调查，培养了大量熟悉边疆情况，精通民族事务的官员，为边疆民族地区的开发与建设提供了重要条件。

其次，加快边疆民族地区的经济发展，促进内地与边疆之间的交往。历朝历代对边疆民族地区的定位基本是以稳定为首要原则，边疆民族地区的开发问题往往不为中央政府所关注，甚至出于各种原因而阻碍

---

① 周平：《中国边疆治理研究》，经济科学出版社2011年版，第50页。
② 故宫博物院明清档案部汇编：《清末筹备立宪档案史料》上册，中华书局1979年版，第470页。
③ 李鸣：《中国近代民族自治法制研究》，中央民族大学出版社2008年版，第52页。

边疆与内地的交往，例如清王朝就曾禁止汉人前往东北地区从事经济活动。这种政策导向不仅不利于边疆民族地区经济的发展，也不利于整个国族共同体的发展。因此，在边疆开发的过程中，清王朝逐步放弃了禁垦政策，采用移民殖边办法，鼓励开发蒙疆；允许汉人到民族地区垦荒、务农、经商，在新疆移民屯边，在川边改土归流。

清末新政期间，主张发展工、矿、交通等实业，这一热潮也影响到了边疆民族地区。边疆民族地区通过兴办实业的方式建立起本地区本民族历史上的第一批工厂、矿山、公路、邮电等基础设施。在蒙疆，振兴实业的主要形式是办厂和开矿。1905年，肃亲王善耆提出了改革蒙政的八项主张，其中办厂和开矿得到较快实施。在川边，赵尔丰利用改土归流的契机，推行新政，兴办实业，包括办厂、开矿、筑路、通邮的内容。这些措施都有效地促进了地区经济的发展和边疆与内地之间的联系。①

再次是清政府对边疆民族地区进行直接的财政补贴。边疆民族地区经济发展相对落后，靠本地开发和兴办实业有时不能满足地区发展的需要，这就要求中央政府必须对边疆民族地区进行直接的财政补贴。以清朝中央政府对西藏的财政补贴为例，财政支持一直是清朝帮助西藏地区发展的重要制度。特别是在鸦片战争之后，西藏地方财政日趋恶化，1881年清朝下令从四川盐厘中每年给西藏地方增拨白银一万二千两充作驻藏大臣办公之费用。② 1907年，清王朝又从四川、广东两省拨银五十万两资助西藏新政。③ 财政补贴政策既能直接支援边疆民族地区的发展，也加强了中央与边疆之间的联系。

最后，发展文化教育，促进汉文化和少数民族文化的传承与交流。清朝对边疆民族地区的开发，不仅仅停留在物质层面，对文化的传播与

---

① 李鸣：《中国近代民族自治法制研究》，中央民族大学出版社2008年版，第54页。
② 《清穆宗实录》卷140，转引自李鸣：《中国近代民族自治法制研究》，中央民族大学出版社2008年版，第55页。
③ 《清德宗实录》卷591，转引自李鸣：《中国近代民族自治法制研究》，中央民族大学出版社2008年版，第55页。

保护也给予了重视。这种文化措施也体现着多元与一体的关系,既传播主流文化,加强国族内部的文化认同;也注重保护各地少数民族的自身文化。在发展文化教育的措施中,设立民族学校具有较为典型的意义。1907年,清朝在川边分设学区,创办官话学堂和初等小学堂;同年,在西藏寺庙中设立学堂,第二年又设立汉藏文半日学堂,招收汉藏学生。边疆民族学校的建立也为全国性民族学校建立奠定了基础,1908年,清政府在京师设满蒙文高等学堂,并附设藏文科,从此中央和地方设立民族学校的教育体制正式形成。①

清王朝对边疆民族地区的开发,有效地促进了地区经济、文化的发展,并且加强了内地与边疆、中央与地方、各民族之间的交往与联系。这种联系既是物质的,也是情感文化的,同时,国家力量对边疆民族地区的扶持与开发,易于催生边疆民族地区的国家认同感,这些都是国族构建的重要纽带。

三、大众传播媒介的采用

国族作为现代国家的共同体,不仅是资本主义政治经济的产物,而且与近代科技的发展有着密切的联系,特别是印刷、报纸等大众传播媒介的采用,对国族的构建意义重大。因为国族构成的前提条件就是人们对于时间理解的转变,由"一种过去和未来汇聚于瞬息即逝的现在的同时性"转变成一种"同质的,空间的时间"的观念,在这种观念中,"同时性是横向的,与时间交错的;标示它的不是预兆与成就,而是由时钟与日历所测量的,时间上的一致"。② 在这种时间观念的支配下,"穿越同质而空洞的时间的想法,恰恰是民族这一理念的准确类比,因为民族也是被设想成一个在历史中稳定地向下(或向上)运动的坚实

---

① 李鸣:《中国近代民族自治法制研究》,中央民族大学出版社2008年版,第56页。
② [美]本尼迪克特·安德森:《想象的共同体——民族主义的起源与散布》,吴叡人译,上海人民出版社2003年版,第23页。

的共同体"①，而报纸和小说等传播形式，恰好为国族想象的时间方式提供了技术手段。

同时国族作为建构的产物，要对传统进行发明，对集体记忆进行再造，大众传媒是必不可少的手段。通过大众传媒可以将直线梳理的历史和暗含价值导向的历史事件进行广泛的传播，这种传播不仅在精英阶层，而且能够渗透到普通民众，发挥一种动员和凝聚作用。以至于本尼迪克特·安德森认为："人们寻找一个能将博爱、权力与时间有意义地联结起来的新办法。也许没有什么东西比印刷资本主义更能加快这个追寻的脚步，并且使之获得更丰硕的成果了，因为，印刷资本主义使得迅速增加的越来越多的人得以用深刻的新方式对他们自身进行思考，并将他们自身与他人关联起来。"②

晚清时期的大众媒介在第二次鸦片战争后就已经出现，并形成一定规模和数量，其中在1865年至1895年之间，清朝范围内发行中文报刊86种、外文报刊91种，多数报刊以商业、宗教等为主要内容，极少涉及时政评论和政治改革问题。③ 但从中日甲午战争后，报纸的数量急剧上升，并且开始大量传播救国保种的相关思想。这对民族主义的传播和国族意识的形成起到了积极的作用。应该说，清末大众传媒的发展是多种因素共同推动的，但政府本身对大众传媒的认识与态度起着直接作用。例如在短暂的戊戌变法之后，大众传媒就因查封而一度陷入低谷。但在清末新政推行过程中，言论自由、出版结社已经成为民众的基本权利而得到认可。1906年，清廷发布的《宣示预备立宪先行厘定官制谕》中，就明确提出了"庶政公诸舆论"的原则，《钦定宪法大纲》规定了公民享有"言论、著作、出版、集会、结社"等诸种权利和自由。清政

---

① [美]本尼迪克特·安德森：《想象的共同体——民族主义的起源与散布》，吴叡人译，上海人民出版社2003年版，第24页。

② [美]本尼迪克特·安德森：《想象的共同体——民族主义的起源与散布》，吴叡人译，上海人民出版社2003年版，第33页。

③ 李俾宇、钱培荣：《晚清报刊的发展历程》，载《杭州大学学报》，1996年第26卷第4期。

第一章　迫于无奈的选择与国族观念的萌发

府还颁布《大清报律》、《钦定报律》、《集会结社律》等法律规范这些权利和自由。

大众传媒本身更多的是一种技术手段，它所产生的价值指向是以其具体的载体为依据的，这也使得清末不同的政治派别都将传媒作为理论宣传和政治动员的重要方式，在这一场域中展开论战。如革命派的《国民报》、《湖北学生界》、《游学译编》和《民报》等，发表了大量兴汉排满的革命言论；维新派则以《新民丛报》为阵地，宣扬满汉一体思想。就清王朝自身而言，并没有回避大众传媒的影响，而是积极地参与其中，创办了天津的《大公报》、京城的《北京女报》、东京的《大同报》等来表达对时事的看法，通过舆论宣传和引导，进而抵御革命排满的危险，如《大同报》就提倡"五族大同"，促进满汉之间的平等与融合，主张"统合满、汉、蒙、回、藏为一大国民"，并认为整个中国人，包括满汉已经是"同民族异种族之国民"。①

大众传播媒介的备受重视，实质上说明了权力精英和知识精英对普通民众力量的承认，无论是保国还是革命，都必须有效地动员广大民众，形成具有强大凝聚力的共同体。但精英宣传与民众接受之间也存在着张力，如霍布斯鲍姆所说："虽然知识分子跟平民大众的世界并非完全没有交集可言，可是知识分子的影响力最多也仅及于读书识字阶层，难以穿透社会大众的日常生活当中。"② 也正因此，晚清大众传媒在运行的过程中，也有意识的向普通民众靠拢，兴起了白话报刊、教材和历史小说等等。据统计，到20世纪初约有140余份白话报刊，并还有20种难以确定创刊时间，还有大量的白话教材和1500多种白话小说。③ 采用白话方式虽然没有完全，但在一定程度上拉近了传媒与普通民众的距

---

① 黄兴涛：《现代"中华民族"观念形成的历史考察》，载《浙江社会科学》，2002年第1期。

② ［英］埃里克·霍布斯鲍姆：《民族与民族主义》，李金梅译，上海人民出版社2000年版，第56页。

③ 刘增合：《媒介形态与晚清公共领域研究的拓展》，载《近代史研究》，2000年第2期。

离，对形成国族凝聚力有着积极的影响。

清王朝不仅允许、参与，而且对大众传媒进行了一定的监管。应该说，清王朝作为当时的合法政府，对社会舆论进行必要的引导和监督是合理的。但作为专制政府，这种监管又无法不渲染着一种专制的氛围，清王朝曾颁布命令："裁决舆论，仍自朝廷主之。民间集会、结社暨一切言论、著作，莫不有法律为之范围。"《大清报律》则直接规定："诋毁宫廷之语，淆乱政体之语"，"报纸不得揭载"。这些规定也显现了清王朝希望借助传媒的力量，强化满族专制统治的目的。

四、立宪与和平移交政权

清末的改革，特别是预备立宪的十年期间，采取了一些措施来推进王朝国家向民族国家的转型。虽然最终"共和"取代了"君主"，但清末立宪的价值却不容忽视，这一期间的改革为中国国家的转型和国族构建奠定了深厚的基础。

首先，民主原则的确立为国族自我认同和国家认同确立政治基础。清末立宪改革的目标是由君主专制向君主立宪过渡，而君主立宪的核心就是限制君权，保障民权。民族国家的建立要"坚持政府权力有限原则，建立人民控制国家权力的渠道，防止国家权力的滥用"[①]。限制君权首先是从权力的分立与制衡入手，在预备立宪的方案中设计了三权分立的原则，"盖立宪之精意，即以国家统治之权，分配与立法、行政、司法之三机关"[②]。责任内阁制度取代了军机处，也在一定程度上限制的皇权，虽然后来变成皇族内阁，但这也恰恰说明了制度设计的初衷，才使得满清皇族只能在人员结构上绞尽脑汁。在立宪设计中的国会、资政院、咨议局，也拥有一定的立法和监督的权力。《钦定宪法大纲》就规定，议院拥有，"国家之岁入岁出，每年预算，应由议院之协赞"，

[①] 周平：《对民族国家的再认识》，载《政治学研究》，2009 年第 4 期。

[②] 故宫博物院明清档案部编：《清末筹备立宪档案史料》下册，中华书局 1979 年版，第 840 页。

"指实弹劾","建议之权"①。在限制君权的同时,也将民权问题作为预备立宪的重要内容。考察国外立宪的大臣达寿曾上书认为:"夫立宪之国家,其人民皆有纳税、当兵之义务,以此二义务,易一参政之权利,君主得彼之二义务,则权利可以发展,国民得此一权利,则国家思想可以养成。"②在《钦定宪法大纲》中,就首次以法律文件的形式,公开承认民众拥有一定的权利。资政院和咨议局在一定程度上体现了民众的参政权利,在第一届资政院的98名议员中,"绝大多数是具有传统功名的官绅,其中进士22人,举人37人,贡生21人,生员8人,其他10人,各占22.4%、37.8%、21.4%、8.2%、10.2%"③。

当然,清王朝的立宪本质仍然是为了维护自身的统治,这从王朝内部对立宪和责任内阁的认识可以看出,经过1905年的立宪考察,考察成员认为应该仿效日本经验,设立责任内阁,这样不但不会削弱反而会加强皇帝的权力,因为政治批评会转嫁给责任内阁和内阁总理大臣,而不会直接指向皇帝本人。因此,端方还向慈禧承诺,立宪则皇上可世袭罔替。④但这种对民权的宣传和动员效果却不是清王朝所能控制的,当民主权利成为国族成员的应有之义时,专制行为就必然要遭到反抗,这从清末和民国期间的一系列政治事件中,均得到印证。

其次,增强教育文化领域中的国民同性质。国族不仅是利益的共同体,也是文化的共同体。文化的同质性是增强国族稳定性和凝聚力的基础性条件,这种文化同质性的形成有赖于多种因素,其中同质性的国民教育是最为重要的手段。清末在教育文化领域仍然坚持"中体西用"

---

① 故宫博物院明清档案部编:《清末筹备立宪档案史料》下册,中华书局1979年版,第59—60页。

② 故宫博物院明清档案部编:《清末筹备立宪档案史料》下册,中华书局1979年版,第30页。

③ 张朋园:《立宪派的阶级背景》,见虞和平主编:《中国现代化历程》第一卷,江苏人民出版社2001年版,第318页。

④ [美]路康乐:《满与汉:清末民初的族群关系与政治权力(1861—1928)》,王琴、刘润堂译,中国人民大学出版社2010年版,第116—117页。

的思想，在官方教育体系中，经学依旧占据主要地位。而为了实现强国的追求，也必须培养多种专业技术人才，而即使在专业培养过程中，清政府也极力将官方的主流价值形态渗透其中。在新式学堂教育的教材选用问题上，清政府就制定了较为严格的教材编写与审查制度，与官方主导意识形态相悖的教科书，严禁使用。如何琪所编《初等女子小学国文》，因倡导"平等"观念被学部查禁；麦鼎华翻译日本学者元良勇次郎的《中等伦理学》，被认为"中西说杂糅其中，且有蔡元培序文，尤多荒谬，下令查禁"；刘长城所编写《历史》课本被学部"以措词多不伦"为由批斥。① 并且，清末国语统一的思潮盛行，清政府也尝试在全国范围内推行统一的语言，清王朝于1904年颁布的《新定学务纲要》中认为："各国言语，全国皆归一致。故同国之人，其情易洽，实由小学堂及字样拼音始。中国民间各操土音，致一省之人彼此不能通语，办事动多扞格。兹拟以官音统一天下之语言，故自师范以及高等小学堂均于中国文一科内附入官话一门。"② 1909 年，清政府以"声气不易相通，感情无由联络"为由，继续倡导和推行国语统一政策。语言的统一是国族成员有效沟通的重要工具，也是国族构建的基础性工作。

最后，和平方式移交政权，维系了国族的完整与统一。清王朝追求自我转型的努力最终没有成功，1911 年辛亥革命爆发，使得中华民族走在了完整与分裂的十字路口。随着革命形式的推进，满清贵族中不乏退回东北，建立满洲政权的声音，革命党人中也有建立南方汉族政权的主张。而西方列强也趁机煽动少数民族上层，加速了分裂中国的步伐。而最终结果是，一场武装革命转化成了和平的政权交接，这展现了各方政治力量以中华民族利益为重的博弈过程。清王朝在其中也展示了一个曾经辉煌王朝的智慧与潇洒。在可以通过武力作最后抵抗之时，选择了和平方式移交政权，避免了战争对整个国家和民族所带来的创伤。而且

---

① 《教科书之发刊概况》（1868—1918 年），见《中国近代教育史资料汇编·普通教育》，第 177—178 页。

② 《新定学务纲要》，载《东方杂志》，1904 年 6 月第 1 年第 4 期，第 84 页。

第一章　迫于无奈的选择与国族观念的萌发

将中华民族作为一个统一的整体,通过《清帝逊位诏书》这一法定文件的方式移交给了中华民国。《清帝逊位诏书》中的重要内容就是清王朝以主人身份,稳定、安抚满蒙回藏各族之心,尤其是各族上层王爷贵族之心,以便将清帝国之全部统治权以及其法统,禅让与中华民国。[①] 诏书中明确写到,"总期人民安堵,海宇乂安,仍合满、汉、蒙、回、藏五族完全领土,为一大中华民国","特行宣示皇族,暨满蒙回藏人等,此后务当化除畛域,共保治安,重睹世界之升平,胥享共和之幸福"。这份诏书在当时就产生了积极的作用,基本平定了满蒙回藏各族上层贵族的离乱之心,善耆等个别清室贵族独立退守东三省的设想不攻自破,蒙古也平定了个别王公投靠俄国的叛乱,追随清帝归顺中华民国。[②] 而且这份诏书带有一定的宪政性质,肯定了中华民国为清王朝疆域和民众的合法继承者,也为中华民族这一多民族共同体在国家性质发生变化之时,保持其共同体的稳定性和合法性奠定了理论基础,成为中华民国时期国族构建的重要法理依据。

小　结

近代中国的国族构建,既是中华民族作为自在的民族实体,几千年发展基础上的一种延续,同时又是民族国家范式下的一种国族自觉过程。王朝国家时期,统治者通过政治、经济、文化等多种途径,维持着和平统一的主流,也推动着多元起源的中华民族在几千年的时间里不断向一体化迈进,保持着对中华文明较高的认同感。王朝国家时期的内部一体化机制为近代国族构建塑造了诸多同质性因素,提供了理论资源和历史素材,是近代国族转型成功的重要基础。

---

① 高全喜:《立宪时刻:论〈清帝逊位诏书〉》,广西师范大学出版社2011年版,第138页。

② 高全喜:《立宪时刻:论〈清帝逊位诏书〉》,广西师范大学出版社2011年版,第139页。

国家范式转换与国族构建

　　国族是与民族国家互为依存的人群共同体，而王朝国家时期的中华民族，即使同质化程度再高，与民族国家框架内的国族仍有着质的差别。从近代中国的历史看，中华民族发展的这种国族转向，无疑与西方列强的入侵有着直接性的联系。两次鸦片战争的惨败，已经使清王朝从天朝上国的迷梦中惊醒，被迫开始接受民族国家体系。为了应对内外危机，清王朝内部的部分精英开始逐步向西方学习，调整内部的统治方式，使得中华民族的国族意识在传统框架内有所萌动。但这种王朝体制下的修补式调整，在与列强对抗的惨败中宣告破产。先进的精英群体在探索救国道路中，逐渐接受了民族主义的理论框架，并以此进行民族国家构建和国族构建的宣传动员。在这一过程中，不同派别也存在着激烈的争论，尤其是维新派和革命派从各自角度阐述了国族内部的组成结构，国族构建的途径与方式等重大问题，双方的理论都存在一定价值，但也有着明显的缺陷，而双方在论战中也相互借鉴启发，为国族构建提供了丰富理论资源。

　　近代中国的国族构建是在晚清王朝统治时期开启的，尽管晚清政府仍以王朝的姿态出现，但为了应对危机和维持自身统治，清王朝也进行了一定程度的改革，这客观上推动了近代中国的民族国家构建和国族构建。虽然清王朝最终没能突破自身的局限，但改革过程中的进步举措和王朝终结时刻对维护中华民族统一所作出的历史贡献是应该肯定的。

　　从鸦片战争到清王朝覆灭，是近代国族发展的转型时期，也是国族构建的初创阶段。在这一时期，构建民族国家和国族已经成为精英群体普遍接受的理念，也成为救亡图存的方向与途径，但对于国族的构建方式仍存在重大争议，尤其是单一民族共同体还是多民族共同体的问题。同时，国族理念和意识的自觉主要集中在社会上层的知识精英群体，普通民众的国族意识虽在反抗侵略的过程中有所萌发，但总体上看，其自觉程度依旧极为有限。因此，从近代国族发展的历史进程看，晚清王朝统治时期的国族构建，其重要成果就是确立了国族构建的方向与目标，但由于民族主义引入时间有限，加之在王朝国家体制内，国族构建缺乏制度支撑，也不可能进行深层次的社会动员。所以，中华民族的国族观念从整体上看自觉程度较低，仍处于一种发展的萌芽阶段。

第二章 制度形式的移植与国族意识的催化

——中华民国成立初期的国族构建（1912—1928）

辛亥革命的爆发，结束了中国历史上的最后一个封建王朝，开启了中国国家演进的崭新历程。中华民国的建立，标志着中国进入了民主共和的时代，西方民主制度的移植，为国族构建奠定了基础性的政治框架。南京临时政府基本承接和延续了中国统一多民族国家的国族完整性，确立了对于国族构建具有重要价值的诸多原则和政策。而北洋军阀政府的统治对于国族构建而言，也具有独特的历史价值，它既在一定程度上延续并实践了南京临时政府的国族政策，并从负面刺激着整个中华民族的情感，国族构建的意识更加自觉，国族构建的道路逐渐明晰。

第一节 孙中山的国族构建思想

近代中国国族构建历程中，孙中山的国族构建思想具有重要的历史地位。其国族构建思想不仅具有重要的理论价值，而且始终影响着当时国族构建的具体实践，南京临时政府、北洋军阀政府、南京国民政府的国族政策都是以其思想为理论基础，并且对于中国共产党的国族政策也有着直接的影响。伴随具体的革命实践，孙中山的国族思想也始终在不断探索、不断创新，梳理并再认识孙中山的国族构建思想，既有助于增强对近代中国国族的历史认知，也有助于加深对民国政府国族政策的理解。

一、国族内部的族体组成结构

孙中山关于民族或国族的思想体系，始终是以其对民族概念的理解为基础的。他在1904年的《中国问题的真解决》中，就已经开始使用"民族"一词，"中国人的本性就是一个勤劳的、和平的守法的民族，而绝对不是好侵略的种族，……如果中国人能够自主，他们即会证明是最爱好和平的民族"①。这时，孙中山还没有提出"国族"一词，但也表明其已经在国族层面上使用民族一词。对于什么是民族，孙中山提出了民族识别的五项基本要素和特征，即血统、生活、语言、宗教和风俗习惯。"我们研究许多不相同的人种，所以能结合成种种相同民族的道理，自然不能不归功于血统、生活、语言、宗教和风俗习惯这五种力。这五种力是天然进化而成的，不是用武力征服得来的，所以用这五种力和武力比较，便可以分别民族和国家。"②孙中山对民族的理解有其深刻的一面，他把握了民族形成的多种因素，并且强调了这些因素的自然进化层面。但在多种因素中，孙中山也特别强调了血统的因素，"中国人黄色的原因，是由于根源黄色血统而成。祖先是什么血统，便永远遗传成一族的人民，所以血统的力是很大的"③。这也在一定程度上制约了其对国族本质及其构建路径的理解。

在民族概念的基础上，孙中山的国族构建思想首先体现在他对国族内部结构的认识层面，在不同的历史阶段，这种认识也呈现出不同的特点，大致可以划分为"种族论"、"五族共和论"和"民族同化论"。

首先是"种族论"。这种观点主要出现在辛亥革命之前，当时以孙中山为首的革命派的主要目标就是推翻清王朝的统治，并且在这一过程中，借用了华夷之辨的传统思想，将反抗封建压迫和民族压迫结合起

---

① 孙中山：《中国问题的真解决》，见《孙中山全集（第一卷）》，中华书局1981年版，第253页。

② 《国父全集》第一册，近代中国出版社1989年版，第5—6页。

③ 孙中山：《民族主义》，见《孙中山选集（下）》，人民出版社1957年版，第592页。

第二章 制度形式的移植与国族意识的催化

来。在1894年成立兴中会时,就将其政治纲领定为:"驱除鞑虏,恢复中华,创立合众政府。"① 并通过唤起民众对清朝入关后所采取的强制性同化政策的追忆,在社会大众中进行广泛的革命动员,"满清以建州贼种入主中国,夺我土地,杀我祖宗,据我子女玉帛……要之,今日非废灭满清,决不足以光复汉族"②。"我们一定要在非满族的中国人中间发扬民族主义精神,这是我毕生的职责。这种精神一经唤起,中华民族必将使其四亿人民的力量奋起,并永远推翻满清王朝。"③ 这种从种族观念出发的"反满兴汉"的主张,虽然对于汉族民众有着较强的动员能力,但却容易在满族民众中产生革命阻力。为此,孙中山将单纯的"排满"转变成"排满清贵族",并专门进行解释:"惟是兄弟曾听见人说,民族革命是要尽灭满洲民族,这话大错。民族革命的原故,是不甘心满洲人灭我们的国,主我们的政,定要扑灭他们的政府,光复我们民族的国家。""我们并不是恨满洲人,是恨害汉人的满洲人。假如我们实行革命的时候,那满洲人不来阻害我们,决无寻仇之理。"④

但无论是"排满"还是"排满洲贵族",这一时期,孙中山追求的都是建立单一汉族为主体的民族国家,满族并不属于国族的组成部分,东北作为满族的发源地和主要聚居区也不属于国家的疆域范围。"我中国已被灭于满洲二百六十余年,我华人今日乃亡国遗民……故今日欲保身家性命,非实行革命,废灭鞑虏清朝,光复我中华祖国,建立一汉人民族的国家不可也。"⑤ 孙中山这种汉族单一性的国族结构,具有较强的反清动员能力,但却无法承接清王朝遗留下的多民族共同体的国族结

---

① 《檀香山兴中会盟书》,见《孙中山全集(第一卷)》,中华书局1981年版,第20页。

② 中国国民党党史史料委员会摘:《国父年谱(上册)》,台北中华民国各界纪念国父百年诞辰筹备委员会1966年编,第72页。

③ 孙中山:《在檀香山正埠的演说》,见《孙中山全集(第一卷)》,中华书局1981年版,第227页。

④ 中国社会科学院近代史研究所中华民国史研究室等编:《孙中山全集(第一卷)》,中华书局1981年版,第325页。

⑤ 孙中山:《在旧金山蝉戏院的演说》,见《孙中山全集(第一卷)》,中华书局1981年版,第441页。

构，并且存在促使中华民族走向分裂的风险。

其次是"五族共和论"。清王朝作为统一的多民族王朝国家，其统治得到了蒙、藏、回等少数民族特别是少数民族上层人士的认同，但单一汉族为主体的国族结构，无法容纳多民族共同体对民国政权的认同，加之帝国主义势力的鼓动与干涉，使得当时中国的边疆危机不断加剧。面对这一严峻形势，孙中山修正了原有的国族理论，提出了"五族共和"的思想。1912年1月1日，孙中山在《临时大总统宣言书》中指出："国家之本，在于人民，合汉、满、蒙、回、藏诸地为一国，即合汉、满、蒙、回、藏诸族为一人，是曰民族之统一。"① 在随后的《劝告北军将士宣言书》中，孙中山进一步提到："此次战事迁延，亦既数月，涂炭之惨，延桓各地；以满人窃位以私心，开汉族仇杀之惨祸，操戈同室，贻笑外人，我诸同胞不可不注意者。"② 即使在孙中山辞去临时大总统后，仍不遗余力的宣扬"五族共和"的思想，1912年9月在北京举行的一系列欢迎会上，孙中山进一步阐发了"五族共和"的思想："今我共和成立，凡属蒙、藏、青海、回疆同胞……今皆得为国家主体，皆得为共和国之主人翁，即皆能取得国家参政权……与吾内地同胞一致进行，以共享共和之幸福。"③

孙中山"五族共和"的思想，是其对国族结构认识上的一次飞跃。这一思想不但为多民族国家的国族构建铺平了道路，而且在当时迅速地发挥实践意义，维持了边疆多民族地区的政治稳定，强化了各民族对新建立的民国政权的认同。如在1913年，蒙古王公就发表声明："蒙古疆域与中国腹地唇齿相依，数百年来，汉蒙久为一家。我蒙同系中华民

---

① 孙中山：《临时大总统宣言书》，见《孙中山全集（第二卷）》，中华书局1982年版，第2页。

② 孙中山：《劝告北军将士宣言书》，见《孙中山全集（第二卷）》，中华书局1982年版，第11页。

③ 孙中山：《在北京蒙旅统一政治改良会欢迎会的演说》，见《孙中山全集（第二卷）》，中华书局1982年版，第430页。

第二章 制度形式的移植与国族意识的催化

族，自宜一体出力，维持民国。"① 但"五族共和"思想的提出更多的还是应对边疆危机的需要，并不是孙中山对国族构建的系统思考。民族国家框架内的国族，"是由多个传统民族整合而成的"②，并不是多个民族简单联合的结果，而是在多个民族相互融合基础上的更高层次的认同，如果在国族结构上只强调民族实体之间的联合，而忽视了在族际整合基础上的国族塑造，那么其实际效果往往是凸显了内部具体的群体，而在一定程度上消解了国族概念本身。

最后是"民族同化论"。民国成立后，整个中国仍处于四分五裂的割据局面，孙中山在分析这一问题时，认为国内"五族共和"之说的提倡，阻碍了国家的内部团结与统一。他甚至认为象征"五族共和"的五色国旗是民国不幸的象征。"此民国之不幸，皆由不吉之五色旗有以致也。"而且当时中国内部的民族构成并不仅局限于五族，"五族共和"的主张并不能涵盖国内所有的民族群体，这也不利于民族平等与民族团结。因此，孙中山放弃了"五族共和论"，开始提倡"民族同化论"，"而且孙中山先生特别倡导民族主义，将其列为三民主义之首"③，认为民族主义就是国族主义。1919 年以后，孙中山发表了一系列宣扬"民族同化"的言论，认为："我们中国许多的民族也只要化成一个中华民族，并且要把中华民族造成很文明的民族，然后民族主义乃为完了。"④ 而在民族同化过程中，孙中山又特别强调了汉族的地位与作用，认为："盖藏、蒙、回、满，皆无自卫能力，发扬光大民族主义，而使藏、蒙、回、满，同化于我汉族，建设一最大之民族国家者，是在汉人

---

① 《西盟会议始末记》，转引自费孝通主编：《中华民族多元一体格局》（修订版），中央民族大学出版社 1999 年版，第 349 页。

② 周平：《多民族国家的族际政治整合》，中央编译出版社 2012 年版，第 229 页。

③ 周平：《多民族国家的族际政治整合》，中央编译出版社 2012 年版，第 237 页。

④ 孙中山：《在上海中国国民党本部会议的演说》，见《孙中山全集（第五卷）》，中华书局 1985 年版，第 394 页。

之自决。"① 因此,"本党尚须在民族主义上做功夫,务使满、蒙、回、藏同化于我汉族,成一民族主义的国家"②。

在民族同化的过程中,孙中山特别推崇美国的民族政策,认为中国应该学习和效仿美国的民族熔炉政策。"美国人的种族,比那一国都要复杂,各洲各国的移民都有;到了美国之后,就镕化起来,所谓合一炉而冶之,自成一种民族……可以叫做美利坚民族。"③ "我们讲民族主义,不能笼统讲五族,应该讲汉族底民族主义。仿美利坚民族底规模,将汉族改为中华民族,组成一个完全底民族国家。"④

孙中山的民族同化主张,是对国族认识的进一步深化。这一观点接受了中华民族的概念,将其作为中国国族的指称,并进而指出了国族的实体性,即国族并不是多个族体之间的简单联合,而是族体之间相互融合的产物;同时孙中山借鉴美国的民族熔炉政策,看到了国族构建过程中的非血缘因素的力量,比如共同的文化对于民族融合的作用。但孙中山对于中华民族的理解,并不是各个民族相互融合的结果,而是汉族同化其他民族的产物,"汉族当牺牲其血统、历史与夫自尊自大之名称,而与满、蒙、回、藏之人民相见以诚,合为一炉而冶之,以成一中华民族"⑤。这种国族结构的实质仍然是一元的,并且带有一定的大汉族主义的痕迹,忽视了"在民族国家中,非主体民族是国族不可或缺的组成部分"⑥,国族的一体框架内,多元存在具有必然性与可行性。因此,民族同化论对于国族内部的民族平等和民族团结也容易产生负面效应。

---

① 孙中山:《在桂林对滇赣粤军的演说》,见《孙中山全集(第六卷)》,中华书局1985年版,第24页。

② 孙中山:《在中国国民党本部特设驻粤办事处的演说》,见《孙中山全集(第五卷)》,中华书局1985年版,第473页。

③ 孙中山:《民族主义》,见《孙中山选集(下)》,人民出版社1957年版,第598页。

④ 孙中山:《在中国国民党本部特设驻粤办事处的演说》,见《孙中山全集(第五卷)》,中华书局1985年版,第475页。

⑤ 孙中山:《三民主义》,见《孙中山全集(第五卷)》,中华书局1985年版,第187页。

⑥ 周平:《多民族国家的族际政治整合》,中央编译出版社2012年版,第238页。

第二章　制度形式的移植与国族意识的催化

二、边疆民族地区的开发设想

孙中山作为"革命先行者",其思想中不仅有革命推翻旧世界的一面,还蕴涵着革命后如何建设一个新世界的完备构想。就国族构建而言,孙中山既对国族结构进行了政治性安排,也从经济、文化、教育等多个方面制定了具体的国族建设方案,尤其体现在孙中山对中国西部地区,特别是边疆民族地区的开发设想方面。

孙中山对西部边疆地区的开发设想是其长期构思的结果,1891年的《农功》一文就曾指出:"俄国移民开垦西北,其志不小。我国与彼属毗连之地,亦鱼宜造铁路,守以重兵,仿古人屯田之法。"① 在1894年的《上李鸿章书》中,进一步表明了自己西部开发的思想与决心,表示要"游历内地、新强、关外等处,察看情形,何处宜耕,何处宜牧,何处宜蚕,详明利益,尽仿西法,招民开垦,集商举办,此于国计民生大有裨益"②。当然这时的思想还处于零散、朦胧的状态。辛亥革命之后,孙中山进一步关注西部开发问题,多次撰文和发表演讲,并试图通过政府力量推动有关西部开发的实业团体组织的发展,"拓殖协会之组织,自是谋国要图,国家应予协助"③。而在1918年之后,孙中山更为深入地研究了国家建设问题,1919年的《实业计划》,较为全面地阐述了西部开发的思想,并逐步具体化。

孙中山的西部边疆开发是一项系统性工程,包含着多方面的规划和措施,其中交通业处于基础性地位。交通网的发达与完善,对于一个国家的内部建设具有重要意义,"古人有言,工欲善其事,必先利其器。予为转一语曰:民欲兴其国,必先修其路"④。"予之计划,首先注重于

---

① 孙中山:《农功》,见《孙中山全集(第一卷)》,中华书局1981年版,第6页。
② 孙中山:《上李鸿章书》,见《孙中山全集(第一卷)》,中华书局1981年版,第18页。
③ 孙中山:《批黄兴等呈》,见《孙中山全集(第二卷)》,中华书局1982年版,第294页。
④ 孙中山:《〈铁路杂志〉题辞》,见《孙中山全集(第二卷)》,中华书局1982年版,第567页。

铁路、道路之建筑，运河、水道之修治，商港、市街之建设。盖此皆为实业之利器，非先有此种交通、运输、屯集之利器，则虽全具发展实业之要素，而亦无由发展也。"① 而在交通建设方面，孙中山对于铁路建设尤为重视，设计了七大铁路系统，并且都包含西部铁路建设。同时，在地理条件相对恶劣，不适宜修建铁路的区域，则大力发展公路交通；在水利条件较好的地区，则注意整治水路，发展水上交通。铁路、公路、水路交通网的实现，不仅促进了东西部之间的资源流通，更有助于增进不同民族之间的交流，最大限度地消除自然因素所导致的民族之间的隔阂，让国族不仅成为想象的共同体，而且能够成为具有现实交往可能的共同体，如同孙中山预言的那样："今后将敷设无数之干线，以横贯全国各极端，使伊犁与山东恍如毗邻；沈阳与广州语言相通，云南视太原将如兄弟焉。迨中国同胞发生强烈之民族意识，并民族能力之自信，则中国之前途，可永久适存于世界。"②

其次，推动人口流动，合理配置人力资源的空间分布。孙中山认为在交通等基础性设施建设之后，开发西部边疆就需解决人力资源空间分布不均的问题。清末民初的中国，不仅人口基数较大，而且空间分布极不均衡，据统计，1911 年全国人口达 40961 万，1919 年达 44039 万，1925 年达 48385 万，新疆、西藏、青海、甘肃、内蒙古五省区面积占全国 55%，而人口却只占 5.7%，人口密度每平方公里不到 10 人，而沿海地区却超过 300 人，个别地区达到 500 人。③ 因此，孙中山借鉴了西方国家进行边疆开发的经验，在《实业计划》中提出了移民垦边的设想，认为"殖民蒙古、新疆，实为铁路计划之补助，盖彼此互相依

---

① 孙中山：《中国实业如何发展》，见《孙中山全集（第五卷）》，中华书局 1985 年版，第 134 页。

② 孙中山：《中国之铁路计划与民生主义》，见《孙中山全集（第二卷）》，中华书局 1982 年版，第 491 页。

③ 谢彬：《新疆游记》，新疆人民出版社 1990 年版，第 1 页。

第二章 制度形式的移植与国族意识的催化

倚，以为发达者也"①。孙中山认为这不仅有利于解决人口空间分布不均的问题，而且也是安置裁撤军队的有效手段。裁撤官兵的安置问题事关重大，处置不当会直接影响国家和社会的稳定，因此孙中山认为："此弊不可不防，尤不可命名防之无效，移民实荒，此其至善者矣。"②孙中山的移民垦边思想对于民族交往与融合也有着深远的意义，国族形成需要内部族体之间的交流与互动，相互学习，相互理解，才能在各自民族认同的基础上形成一种中华民族的认同感，而不同地区之间的移民为这种融合提供了平台和条件。

再次，立足区域优势，构建特色产业结构。西部边疆地区的开发，其基础性任务就是促进地区经济发展，提高民众的物质文化生活水平。西部边疆虽然经济基础相对落后，但自然资源却极为丰富，因此孙中山对西部边疆经济开发的构想，主要是立足西部地区的优势资源，着力推动农牧业和采矿业。孙中山认为西部边疆地区"潜在地中之农业富源"③，蒙古、新疆、西藏、青海等地是中国"最富之农业与最美之牧场"④。通过运用科学方法和现代化手段，边疆民族地区有望建成为"最大食物之生产地方"⑤。同时西部地区还拥有丰富的牧业资源，但当时的畜牧产业还只是停留出口原材料和初级产品的程度，在国际贸易中处于劣势地位，"因工艺不发达，商业不振兴，所用货物多仰外国，是

---

① 孙中山：《建国方略》，见《孙中山全集（第六卷）》，中华书局1985年版，第264页。
② 孙中山：《建国方略》，见《孙中山全集（第六卷）》，中华书局1985年版，第265页。
③ 孙中山：《建国方略》，见《孙中山全集（第六卷）》，中华书局1985年版，第337页。
④ 孙中山：《建国方略》，见《孙中山全集（第六卷）》，中华书局1985年版，第379页。
⑤ 孙中山：《建国方略》，见《孙中山全集（第六卷）》，中华书局1985年版，第361页。

以每年出口之货多生货，进口之货多熟货，又至利权外溢"①。因此，畜牧产业的发展也需要依靠科技手段，增加产品的附加值。西部资源的另一优势就是矿产资源，当时在西部地区已经发现了铁矿、玉矿和油田等，孙中山认为矿产业的发展，不仅对于西部地区发展有着直接的推动作用，而且对于整个国家经济实力的提升都有着重要意义。边疆民族地区的经济开发能够提升民族地区民众的生活水平，促进地区间的均衡发展，而且合理的产业结构布局能够增强国内经济的一体化程度，这些对于国族建设都有着积极意义。

最后，重视科技教育，培养各类建设人才。孙中山对于西部开发的设想始终是以现代科技手段为支撑，他曾指出："今日文明已进于科学时代……一切人类进步，皆多少以知识即科学计划为基础。"② 而科学技术的应用需要大量的科技人才，这又只能通过发展教育事业进行培养。因此，孙中山的西部开发思想中，给予教育以很高的定位，认为教育为立国之本。在教育体系中，孙中山对初级教育的普及尤为重视，认为国民不分贫贵、性别、民族都享有接受义务教育的权利。1912 的《中国同盟会总章》中就明确规定了普及义务教育，并进一步指出："惟教育主义，首贵普及，作人之道，尤重童蒙，中小学校之急应开办，当视高等专门为尤要。"③ 为了普及义务教育，孙中山强调了师范教育的重要性，"欲兴办中小学校，非养成多数教员不可；欲养成多数教员，非多设初级师范学校不可"④。而且非常重视少数民族师范教育，高度肯定了中华民国大同会创办蒙藏回师范学校的举动，"该会以联合五族

---

① 孙中山：《在桂林广东同乡会欢迎会的演说》，见《孙中山全集（第六卷）》，中华书局 1985 年版，第 56 页。

② 《民国日报》，1921 年 1 月 11 日。

③ 《南京临时政府公报》第 42 号。

④ 孙中山：《令教育部通告各省优初级师范开学文》，见《孙中山全集（第二卷）》，中华书局 1982 年版，第 253 页。

为主义，复创设蒙藏回师范学校，旨在广施教育，共同进化，深堪嘉尚"①。在此基础上，孙中山也注意发展高等教育，例如在桂林期间，十分重视广西大学的发展，并多次勉励学生刻苦求学，报效祖国。统一的国民教育的发展，既提高了边疆民族地区民众的文化素质，为边疆开发提供了优质的人力资本，又传播了同质的国族文化，对于国族建设，形成统一的国族认同有着重要的意义。

三、面对西方列强的心态变化

国族构建既有对内的向度，也有对外的向度。就其对外而言，首要的前提就是在民族国家体系中获得独立、自主的地位，一个遭受"他者"控制的民族，"无法作为一个正常的国际行为主体与其他国家交往和参与国际事务"②，也就无法形成真正意义的国族。摆脱列强的欺辱，获得民族的独立始终是近代中国国族构建的重要任务。孙中山的国族构建思想中，自始至终保持着对帝国主义的关注，但他对帝国主义的态度是变动的，有时甚至是矛盾的，从最初对帝国主义寄予希望，最终逐步认清帝国主义的侵略本质，明确提出了反帝的革命目标。

近代中国的国族构建是以列强入侵为直接诱因，而这一目标的实现又必须也只能以西方列强的国族构架为目标，向西方学习，构建类似的国族样式。这种对列强亦敌亦师的定位，在一定程度上模糊和淡化了列强的侵略本质。对于以孙中山为首的革命党而言，革命初期就对帝国主义的危害有一定的认识和警惕，在兴中会的章程中指出："我中华受外国欺凌，已非一日"，"方今强邻环列，虎视鹰瞵，久垂涎于中华五金之富、物产之饶。蚕食鲸吞，已效尤于接踵；瓜分豆剖，实堪虑于目前。"③但他们认为中国革命的目标主要还是推翻清王朝的统治，解决

---

① 《教育部关于中华民国大同会创设蒙回藏师范学校请拨开费批》，见《中华民国史档案资料汇编（第二辑）》，江苏古籍出版社1991年版，第479页。
② 周平：《多民族国家的族际政治整合》，中央编译出版社2012年版，第227页。
③ 孙中山：《檀香山兴中会章程》，见《孙中山全集（第一卷）》，中华书局1981年版，第19页。

内部的阶级压迫和民族压迫。反帝并不是当时革命的目标设定，至少不是首要的目标。而且为了实现这一目标，就必须最大限度地争取西方列强对于革命的支持，孙中山及其领导的革命党公开声明，认可清王朝与列强签订的不平等条约，并承诺未来的民国政府仍然会履行这些条约。孙中山在1905年中国同盟会的对外宣言中就曾表示："所有中国前此与各国缔结之条约，皆继续有效。"① 在辛亥革命胜利后的《对外宣言书》中，孙中山再度表示："凡革命以前所有满政府与各国缔结之条约，民国均认为有效，至于条约期满而止；凡革命以前，满政府所借之外债及所承认之赔款，民国亦承认偿还之责，不变更其条件；凡革命以前满政府所让与各国国家或各国个人种种之权利，民国政府亦照旧尊重之。"②

孙中山对于帝国主义列强的这一态度，既是争取列强承认民国的策略需要，"深望各国既表同意于先，更笃友谊于后，提携亲爱，视前有加；当民国改建、一切未备之时，务守镇静之态，以俟其成，且协助吾人，俾种种大计，终得底定"③；也源于对近代中国革命性质与任务判断的偏差，"今日满清退位，中华民国成立，民族、民权两主义俱达到，惟有民生主义尚未着手，今后吾人所当致力的即在此事"④。然而孙中山等人对列强既得利益进行保护的承诺，并没有换来帝国主义对中国革命的认可与支持，帝国主义对于南京临时政府仍然保持着敌意，政治上拒绝承认，经济上封锁限制，甚至动用军事力量进行武力威胁。并且其后利用军阀割据的局面，进一步扩张在中国的利益。孙中山在与北洋军阀的斗争中，逐渐认识到了民国之所以徒有"共和"之表，而无"共

---

① 孙中山：《中国同盟会革命方略》，见《孙中山全集（第一卷）》，中华书局1981年版，第310页。

② 孙中山：《对外宣言书》，见《孙中山全集（第二卷）》，中华书局1982年版，第10页。

③ 孙中山：《对外宣言书》，见《孙中山全集（第二卷）》，中华书局1982年版，第11页。

④ 孙中山：《在南京同盟会会员饯别会的演说》，见《孙中山全集（第二卷）》，中华书局1982年版，第319页。

第二章 制度形式的移植与国族意识的催化

和"之实;之所以军阀专制统治,割据混战,其背后都与帝国主义的干涉、控制有着直接的联系。在经历二次革命、护国运动、护法运动之后,孙中山重新审视自己的革命思路,认为"十二年来,所以有民国之名,而无民国之实者……余请以简单之义语而说明之,曰:此不行革命方略之过也",缺失了"荡涤旧污,促成新治所必要之历程"。①

但这时的孙中山并没有完全抛弃对帝国主义列强的幻想,他在1917年时仍然认为解决中国问题需得益于美、日的援助。"美国之地,虽与我隔,而以其地势,当然不侵我而友我。况两国皆民国,义尤可以相扶。中国无发展之望则已,苟有机会,必当借资于美与日本。无论人才资本材料,皆当之于此两邦……于美国,以政治论又为师弟之邦。"②他于1918年又直接致电当时美国总统威尔逊:"北方官场消息,谓美国愿中国止息内争,如南方不同意,北派武人将引美国势力压抑南方云云。兹为正义、民主、以及为中国和平,特以个人名义声明吾人和平条件之立场。吾人唯一条件,即国会必须能完全自由行使其职权。"③ 在对日本的态度上,孙中山也采取了类似的策略:"日本与中国之关系,实为存亡安危两相关联者……为两国谋百年之安,必不可于其间稍存芥蒂。……日本与我同文同种,其能助我开发之力尤多。必能使两国能相调和,中国始蒙其福,两国亦赖以安,即世界之文化,亦将因此以大昌。"④ 同时也致函日本首相寺内正毅:"至此时期,贵国能彻底援助主持正义之一方,使其革新遂行无阻,自足以收永远和平之效,而人民亦

---

① 孙中山:《中国革命史》,见《孙中山全集(第七卷)》,中华书局1985年版,第66页。

② 孙中山:《中国存亡问题》,见《孙中山全集(第四卷)》,中华书局1985年版,第94页。

③ 孙中山:《致美国总统威尔逊电》,见《孙中山全集(第四卷)》,中华书局1985年版,第513—514页。

④ 孙中山:《中国存亡问题》,见《孙中山全集(第四卷)》,中华书局1985年版,第94—95页。

感激了解贵国之诚意,亲善之实举。"①

而1919年1月召开的巴黎和会则彻底暴露了帝国主义的侵略本质,中国的合理权益不但没有得到维护,反而将德国在山东的特权全部让与日本,所谓的"民族自决"最终演变成帝国主义之间的分赃骗局,这给予孙中山以极大的触动,对于帝国主义的仅存幻想也彻底破灭了。因此,在1919年中国国民党成立之时,又重新提出了民族主义的主张,并将反对帝国主义作为民族主义的目标之一。这一时期,孙中山思想的转变也受到苏俄政府对华政策,以及列宁帝国主义和殖民地理论的影响。列宁曾论述到:"帝国主义的特点就是现在全世界已经划分为两部分,一部分是人数众多的被压迫民族,另一部分是人数甚少的、拥有巨量财富和强大军事实力的压迫民族。"② 因此,对于被压迫的民族和国家,民族民主革命的首要目标就是反对帝国主义的殖民压迫。而此时的苏维埃俄国也用实际行动展示了其与帝国主义的不同之处,1919年7月25日,苏俄政府发表了《俄罗斯苏维埃联邦社会主义共和国对中国人民和中国南北政府的宣言》,主动废除了沙皇政府与中国签订的不平等条约及享有的特权。这让孙中山更为认清了帝国主义的本质,同时也从苏俄人民那里,看到了中国革命成功的希望和道路。

从此,孙中山对于帝国主义的态度发生了彻底而明确的转变,1921年,孙中山指出:"今则满族虽去,而中华民国国家尚不免成为半独立国……满清虽已推翻,而已失之国权与土地仍操诸外国,未能收回。"③并且进一步提出了武力反抗帝国主义的主张:"有凌辱我同胞、蔑视我国权者,以推倒满清之手段排之,故不论其为某国抑或任何国也。"④

---

① 孙中山:《致日本首相寺内正毅函》,见《孙中山全集(第四卷)》,中华书局1985年版,第108页。

② 《列宁选集》第4卷,人民出版社1972年版,第333页。

③ 孙中山:《在桂林对滇赣粤军的演说》,见《孙中山全集(第六卷)》,中华书局1985年版,第24页。

④ 孙中山:《在广东省第五次教育大会上的演说》,见《孙中山全集(第五卷)》,中华书局1985年版,第559页。

第二章 制度形式的移植与国族意识的催化

1924年的中国国民党第一次全国代表大会上,孙中山对民族独立,反抗帝国主义进行了全面而深刻的阐释:"国民党之民族主义,有两方面之意义:一则中国民族自求解放,使中国民族得自由独立于世界,二则中国境内各民族一律平等。……盖民族主义对于任何阶级,其意义皆不外免除帝国主义之侵略。其在实业界,苟无民族主义,则列强之经济的压迫,自国生产永无发展之可能。其在劳动界,苟无民族主义,则依附帝国主义而生存之军阀及国内外之资本家,足以蚀其生命而有余。故民族解放之斗争,对于多数之民众,其目标皆不外反帝国主义而已。"①

晚年孙中山对帝国主义本质的深刻理解,是其民族民族革命思想的辉煌一笔,是中国国族构建的一种深刻的理论自觉。为近代中华民族争取独立指明了正确的方向,也为民国政府和中国共产党的国族建设政策奠定了理论基础。

第二节 南京临时政府的政策导向

辛亥革命推翻了清王朝的统治,结束了在中国延续两千多年的封建帝制,从此,中国进入了民主共和的时代。1912年1月1日,南京临时政府成立,标志着中国历史上第一个资产阶级民主共和国的建立。虽然南京临时政府存在仅短短数月,但对于近代中国国族的构建却发挥着承前启后的重要作用。南京临时政府基本承接和延续了中国统一多民族国家的国族完整性,并且颁布了一系列的法律文件,特别是具有宪法性质的《中华民国临时约法》,其中诸多原则和政策对于国族构建具有重要价值。虽然由于各种因素的限制,这些原则和政策在当时没能落实,但却基本上被北洋政府和南京国民政府所延续,成为国族构建遵循的重要原则,对其后国族构建的具体政策具有重要的导向作用。

---

① 孙中山:《中国国民党第一次全国代表大会宣言》,见《孙中山全集(第九卷)》,中华书局1986年版,第117—118页。

一、维系过渡时期的领土和国族完整

辛亥革命的爆发，其目的是推翻满清王朝的统治，建立资产阶级的民主共和国家，因此，就其政权性质而言，是积极和进步的，而且"辛亥革命终结了王朝国家的历史进程，开启了中国国家演进的一个新的历史阶段，同时为民族国家的建立创造了条件"[1]。但对于维系统一的多民族国家和国族共同体也增加了更大的风险。对于革命派而言，其革命宣传与动员始终是站在种族论的基础之上，将民族革命与民主革命捆绑在一起，即使在辛亥前后仍然追求建立单一汉族的民族国家，因此其国族理论的基本架构是无法与作为多民族国家的清王朝相对接的。面对这样的革命形势，加之帝国主义的挑拨与鼓动，当时中国面临着领土和国族双重分裂的威胁。满族内部出现了退回东北，建立独立政权的声音；部分蒙古上层在俄国的挑拨之下，制造了外蒙古"独立"的分裂事件；西藏地区的达赖喇嘛在英国的唆使下，煽动藏族群众发起了"驱汉"风潮，企图将西藏分裂出去。甚至可以说，当时的中国大有分崩离析的可能。

在这一危机时刻，各方政治力量最终以中华民族整体利益为重，通过和平方式实现了政权的更迭，并且避免了国族分裂的危险。这一过程中，革命派为主成立的南京临时政府功不可没，正是革命派主动调整了国族理论，并对满族、藏族、蒙古族等少数民族采取了积极的妥协政策，从而打消了少数民族同胞，特别是少数民族上层的顾虑，实现了各个民族由对王朝君主认同向对民族国家认同的转变。

南京临时政府对于领土和国族完整性的维系，首先基于其国族组建理论的重大调整，即由"反满兴汉"为口号的单一汉族建国理论，转变为汉、满、蒙、回、藏为基础的"五族共和"理论，这为南京临时政府以和平方式促成政权过渡，维护国家统一和领土完整奠定了理论基础。南京临时政府的《临时大总统宣言书》中指出："武汉首义，十数

---

[1] 周平：《多民族国家的族际政治整合》，中央编译出版社2012年版，第174页。

第二章　制度形式的移植与国族意识的催化

行省先后独立。所谓独立，……，对于各省为联合，蒙古、西藏意亦同此行动既一，决无歧趋，枢机成于中央，斯经纬周于四至。是曰领土之统一。"① "国家之本，在于人民，合汉、满、蒙、回、藏诸地为一国，即合汉、满、蒙、回、藏诸族为一人，是曰民族之统一。"② 在《中华民国临时约法》中，南京临时政府进一步以法律条文的形式确认了各个少数民族为民国国民的组成部分，蒙古、新疆、西藏等少数民族聚居区为中华民国领土不可分割的部分，"中华民国领土，为22行省、内外蒙古、西藏、青海"③。既明确了内外蒙古、西藏、青海属于中华民国的领土范围，又通过单列强调其特殊地位。

　　南京临时政府在"五族共和"理论的基础上，为了最大限度地降低革命对整个国家造成的损伤，对于满清政权和其他少数民族上层采取了一定程度的妥协和让步。为了达成清帝退位的目的，同意了《关于大清皇帝辞位之后优待之条件》、《关于清皇族待遇之条件》、《关于满、蒙、回、藏各族待遇之条件》等协议，较为详细地规定了清帝和满、蒙、回、藏各族在赞成共和国体的前提下，所享有的权利和待遇。《关于大清皇帝辞位之后优待之条件》中规定："关于大清皇帝宣布赞成共和国体，中华民国于大清皇帝辞位之后，优待条件如左：一、大清皇帝辞位之后，尊号仍存不废，中华民国以待各外国君主之礼相待。二、大清皇帝辞位之后，岁用四百万两，俟改铸新币后，改为四百万元。此款由中华民国拨用。三、大清皇帝辞位之后，暂居宫禁，日后移居颐和园。侍卫人等，照常留用。四、大清皇帝辞位之后，其宗庙、陵寝，永远奉祀，由中华民国酌设卫兵，妥慎保护。五、德宗崇陵未完工程，如制妥修，其奉安典礼，仍如旧制，所有实用经费，均由中华民国支出。

---

① 孙中山：《临时大总统宣言书》，见《孙中山全集（第二卷）》，中华书局1982年版，第2页。

② 孙中山：《临时大总统宣言书》，见《孙中山全集（第二卷）》，中华书局1982年版，第2页。

③ 《中华民国临时约法》，见《中华民国史档案资料汇编（第二辑）》，江苏古籍出版社1991年版，第106页。

六、以前宫内所用各项执事人员，可照常留用，惟以后不得再招阉人。七、大清皇帝辞位之后，其原有之私产，由中华民国特别保护。八、原有之禁卫军，归中华民国陆军部编制，额数俸饷，仍如其旧。"① 《关于清皇族待遇之条件》中规定："一、清王公世爵，概仍其旧。二、清皇族对于中华民国国家之公权及私权，与国民同等。三、清皇族私产，一体保护。四、清皇族免当兵之义务。"② 在《关于满、蒙、回、藏各族待遇之条件》中就明确规定："今因满、蒙、回、藏各民族赞同共和，中华民国所以待遇着如左：一、与汉人平等。二、保护其原有之私产。三、王公世爵，概仍其旧。四、王公中有生计过艰者，设法代筹生计。五、先筹八旗生计，于未筹定之前，八旗兵弁俸饷，仍旧支放。六、从前营业、居住等限制，一律蠲除，各州县听其自由入籍。七、满、蒙、回、藏原有之宗教，听其自由信仰。"③ 同时，南京临时政府还分别致电少数民族上层，在致电蒙古王公时指出："汉蒙本属同种，人权原自天赋，自宜结合团体，共谋幸福。"④ 并宣称民国政府会"联合蒙藏，一视同仁，取消旧时理藩不意之名。而组织一蒙藏经理局于内务部，为对蒙藏中央行政机关。一面为保全领土，为国际宣言，杜外人之野心"⑤。

南京临时政府所采取的一系列政策，在当时就产生了较为明显的效果，清王朝发布了《清帝逊位诏书》，不但以和平方式实现政权更迭，而且也移交了清王朝的统治疆域和中华民族共同体，南京临时政府成为统一多民族国家的合法代表。而少数民族上层人士继续享有原有的礼仪、待遇，其情绪也得到了稳定。如一部分蒙古王公组建"蒙古联合

---

① 《中华民国史档案资料汇编（第二辑）》，江苏人民出版社1981年版，第73页。
② 《中华民国史档案资料汇编（第二辑）》，江苏人民出版社1981年版，第74页。
③ 《中华民国史档案资料汇编（第二辑）》，江苏人民出版社1981年版，第75页。
④ 《临时大总统关于各族团结一心防俄侵蒙致喀尔沁亲王等电》，见《中华民国史档案资料汇编（第二辑）》，江苏古籍出版社1991年版，第16页。
⑤ 《唐彦保等为强国筹边防杜外人致驻京蒙古王公电》，见《中华民国史档案资料汇编（第二辑）》，江苏古籍出版社1991年版，第106页。

第二章 制度形式的移植与国族意识的催化

会",并且声明:"本会联合各王公,同赞共和原则,期五族无猜、共谋幸福。"① 1921年3月,科尔沁王公阿穆尔灵圭等人致电南京临时政府,"今兹急务,惟国务员早定,政府速成,庶可补救"②。面对政权交替的非常时刻,在南京临时政府等多方力量的共同努力下,领土和国族完整得以维系,为其后的国族建设奠定了基础。

二、确立人民主权的原则和参政方式

国族掌控国家政权,是民族国家架构内国族确立的基本标志。从王朝国家到民族国家,其重要区别就是公共权力与个人权利关系的颠倒。王朝国家是一种从国家权力到个人权利的逻辑,"国家权力被以国王为代表的王朝所垄断,成为维护国王和王朝利益的工具,而不是维护整个民族利益的工具"③。个人权利只能从属于国家权力,是国家权力赋予民众个人权利。而民族国家是一种从个人权利到国家权力的逻辑,个人权利是起点和本源,国家权力是个人权利的授予与让渡。人民主权原则能否确立,就成为国族构建的重要环节。清末改革虽然赋予了民众一定的权利,但始终没有承认人民主权的原则,更多地体现为一种统治的开明性。而南京临时政府却在中国的历史上首次提出人民主权的原则,并写入了宪政性文件,这是近代中国政治发展的重大转折,也是国族构建理路的根本性调整。

南京临时政府首先明确了推翻清王朝后建立的中华民国,其性质是属于资产阶级民主共和国,人民主权是其建立国家和组织政权的首要原则。《中华民国临时约法》的第一章"总纲"中就明确宣告:"中华民国由中华人民组织之(第一条)。中华民国之主权,属于国民全体。(第二条)"④ 而且对于"人民"的范畴,南京临时政府作出了普遍性

---

① 万仁元、方庆秋主编:《中华民国史史料长编(民国元年)》,南京大学出版社1993年版,第230页。

② 《阿穆尔灵圭呼吁速任定国务员成立统一政府致孙中山等电稿》,见《中华民国史档案资料汇编(第二辑)》,江苏古籍出版社1991年版,第121页。

③ 周平:《对民族国家的再认识》,载《政治学研究》,2009年第4期。

④ 《中华民国史档案资料汇编(第二辑)》,江苏人民出版社1981年版,第106页。

和同质性的界定。特别是对于国族结构的认识，已经由"单一汉族"转变为"五族共和"，因此，这里的"中华人民"或是"国民全体"是中华民国境内所有民族的统称，既包括汉族，也包括蒙、藏、回、满等少数民族，汉族和少数民族共同成为中华民国的主人。并且规定了所有民族在享有自由权利方面是平等，《中华民国临时约法》的第二章"人民"就规定："中华民国人民一律平等，无种族、阶级、宗教之区别。"并且列举了人民享有的具体自由权："人民得享有左列各项之自由权：一、人民之身体，非依法律，不得逮捕、拘禁、审问、处罚。二、人民之家宅，非依法律不得侵入或搜索。三、人民有保有财产及营业之自由。四、人民有言论、著作、刊行及集会、结社之自由。五、人民有书信秘密之自由。六、人民有居住、迁徙之自由。七、人民有信教之自由。"①

在维护国族成员权利层面，南京临时政府注重了对财产权的保护，以及通过行政力量推动工商业的发展。国族的形成，并不仅仅是一种文化的传承，也是群体成员进行理性选择的结果。对于国族成员而言，维护财产权，并且保护其追求物质利益的合法行为，是国族成员选择组建国族，构建民族国家的基础性动力。财产权不仅是政治权利的重要内容，而且是人们切实享有政治权利的物质基础。南京临时政府在《临时约法》中就规定："人民保有财产及营业自由"，并且专门颁布了《保护人民财产令》，规定："一、凡在民国势力范围之人民，所有一切私产，均应归人民享有。二、前为清政府官产，现入民国势力范围者，应归民国政府享有。三、前为清政府官吏所得之私产，现无确实反对民国证据，已在民国保护之下者，应归该私人享有。四、现虽为清政府官吏，其本人确无反对民国之实据，而其财产在民国势力范围下者，应归民国政府保护，侯该本人投归民国时，将其财产交该本人享有。五、现为清政府官吏，而又为清政府出力反对民国政府，虐杀民国人民，其财

---

① 《中华民国史档案资料汇编（第二辑）》，江苏人民出版社1981年版，第106页。

第二章　制度形式的移植与国族意识的催化

产在民国势力范围内者，应一律查抄，归民国政府享有。"① 在承认和保护国民财产权的基础上，南京临时政府还专门制定法案，保护人们从事工商业的权利。1912年3月的《商业注册章程》中规定："人民营业权，亟应保护"②，对于希望从事工商业的国民，政府批准其申请，并保护其合法的营业活动。

对于当时的国族群体而言，农民人数上占据主体地位，而要获取农民对新生政权的认可，就必须保护农民的核心利益——恢复和促进农业生产。1912年3月，南京临时政府颁布《大总统令内务部通饬各省慎重农事令》，特别指出了农业的重要性，"军兴以来，四民实业，而尤以农民为最，……严加保护，……缺乏农具者，公田由地方公款、私田由各田主设法资助。候秋后，计数取偿"③。应该说，从民众具体的经济利益角度，特别农民群体利益作为国族构建的切入，是南京临时政府国族构建政策中的亮点之一，对其后的国族构建具有重要的启示意义。

而在这些权利之中，宗教平等和宗教信仰自由的主张对于国族构建也有着重要而特殊的意义。民族作为一种文化共同体与宗教有着千丝万缕的联系，民族矛盾与民族隔阂常常渗透着宗教的因素。承认宗教之间的平等，尊重宗教信仰自由，有利于民族平等和团结，因此，孙中山曾认为"人民有信教之自由"的规定，"条文虽简而含义甚宏"。④ 南京临时政府对于宗教信仰自由不仅作出了原则性的规定，还积极支持合法的宗教组织和宗教活动，在对金峙生等人筹备回教联合会的批稿中认为："盖信教自由，为中外宪法所共许，……该回民组织联合会，以维持宗教、联络声气为目的，以组织团体不背驰共和为宗旨，本部均极赞

---

① 《临时政府公报》第6号令示。
② 王立民：《中国法制史》，上海人民出版社2003年版，第410页。
③ 《中华民国史档案资料汇编（第二辑）》，江苏古籍出版社1991年版，第8—9页。
④ 孙中山：《令教育部准佛教会立案文》，见《孙中山全集（第二卷）》，中华书局1982年版，第277页。

成。"① 在对筹备基督教会的函中讲道："人民自由奉教,一切平等,……至君等欲自立中国耶稣教会,此自为振兴真教起见,事属可行,好自为之,有厚望焉。"② 在批准佛教会成立时指出："查近世各国政教之分甚严,在教徒苦心修持,绝不干预政治,而在国家尽力保护,不稍吝惜。此种美风,最可效法。……是该会要求者,尽为约法所容许,有行政之责者,自当力体斯旨,一律奉行。"③

主权在民的原则不仅在民族之间实现平等,而且也取缔了部分原有的不合理的压迫和歧视制度。例如废除了"贱民"制度,封建时代的"贱民"包括"惰民"（任婚丧喜庆等杂役的居民）、疍户（水上居民）、优娼（歌舞杂技艺人）、隶卒（服贱役者）等,在《大总统通令开放疍户惰民等许其一体享有公权私权文》的法令中,废除了对各种"贱民"的限制和歧视。对于"国家社会等一切权利,公权若选举、参政等,私权若居住、言论、出版、集会、信教之自由等,均一体享有,毋稍歧异,以重人权而彰公理"④。而且在日常行政运行过程中,也废除了象征等级观念的尊卑称谓和跪拜礼节。传统封建官员之间和官员与民众之间的称呼主要是根据官职大小采用大人、老爷等。这无法体现主权在民的原则,也无法树立公务人员作为人民公仆的形象,因此,南京临时政府在《大总统令内务部通知各官署革除前清官厅称呼文》中规定："官厅为治事机关,职员乃人民公仆,本非特殊之阶级……嗣后各官厅人员相称,咸以官职。民间普通称呼则曰先生、曰君,不得再沿前清官厅恶称。"⑤ 并且废止跪拜礼节,规定"普通相见为一鞠躬,最敬

---

① 《关于金峙生等组织回族联合会请求立案呈的批稿》,见《中华民国史档案资料汇编（第二辑）》,江苏古籍出版社 1991 年版,第 26 页。

② 孙中山:《大总统复美以美会高翼圣、韦亚杰论中国自立耶稣教会函》,见《孙中山全集（第二卷）》,中华书局 1982 年版,第 66 页。

③ 孙中山:《令教育部准佛教会立案文》,见《孙中山全集（第二卷）》,中华书局 1982 年版,第 277 页。

④ 《临时政府公报》第 41 号令示。

⑤ 《临时政府公报》第 27 号令示。

第二章　制度形式的移植与国族意识的催化

礼为三鞠躬"①。

国族成员作为国家的主人,既表现为享有自由权利,但也体现在承担相应的责任和义务。自由意味着选择,选择就需要界限和承受风险,从某种程度上说,与义务相伴的权利,才能够使人们真正成为国家的主人。南京临时政府在赋予民众权利的同时,也明确规定了民众的义务,《中华民国临时约法》规定:"人民依法律有纳税之义务(第十三条)。人民依法律有服兵之义务(第十四条)。"②这种权利与义务共存的规定也是现代民主政治的应有之义。而公民的政治权利并不仅仅停留在原则性的规定,需要一种看得见的方式去实现。南京临时政府采取了代议制的方式,选举参议员组成参议院,"中华民国之立法权,以参议院行之(第十六条)。参议院以第十八条所定各地方选派之参议员组织之(第十七条)"③。而在参议员的名额分配方面则是"参议员每行省、内蒙古、外蒙古、西藏各选派五人,青海选派一人;其选派方法,由各地方自定之。参议院会议时,每参议员有一表决权"④。而对于边疆民族地区的参议员,在《参议院法》中又作出了补充性的规定:"参议员必须于选定通知到院后的六十天内报到。甘肃、新疆、西藏、青海、内外蒙古各处参议员,不在此限。"⑤这些规定既体现了公平的原则,也充分考虑到边疆民族地区在事实层面上的差异。南京临时政府虽然没有直接提出民族区域自治的问题,但在政策制定时已经蕴含着差异化的原则,这对于少数民族真正享有平等权利有着积极的意义。这些措施在当时就产生了正面的影响,如新疆地区的革命人士联合少数民族同胞,成立

---

①　中国科学院近代史研究所史料组主编:《辛亥革命资料》,中华书局1961年版,第137页。

②　《中华民国史档案资料汇编(第二辑)》,江苏人民出版社1981年版,第106页。

③　《中华民国史档案资料汇编(第二辑)》,江苏人民出版社1981年版,第106页。

④　《中华民国史档案资料汇编(第二辑)》,江苏人民出版社1981年版,第107页。

⑤　《临时大总统公布参议院法》,见《中华民国史档案资料汇编(第二辑)》,江苏古籍出版社1991年版,第124页。

"汉、满、蒙、回、藏五族共和会"①,支持共和,脱离清政府。金峙生等回族同胞成立回族联合会,其宗旨为"以团结回族,讨论共和为目的,断不敢芳言乱政,稍碍治安"②。

三、规范国民教育的体系和价值取向

现代国家的国民教育是构建国族共同体的重要手段。"国民教育本质是一种同质性教育。教育的手段和方式可以是多样的,但在价值层面上必须始终是一致的。"③ 通过统一、规范和蕴含特定价值取向的国民教育体系,能够有效地传播国族文化,增强国族的凝聚力和自我认同感。南京临时政府组建后,迅速地成立了教育部,并且十日后就颁布了《普通教育暂行办法》十四条,规定:"'学堂'改名为'学校';'监督堂长'改称'校长';初等小学允许男女生同校并对支持女学的行为进行奖励;小学的读经科目一律废止、注重小学的手工科目;初等小学的算术科,自第三年起兼开设珠算课程;中学为普通教育,不再划分为文、理科。"④ 并同时开始了教育课程的改革,制定了《普通教育暂行课程标准》,对全国范围内的各级各类学校的课程设置进行了统一和规范,规定:"1. 初等小学开设的课程,主要为语文、算术、修身、游戏、体操,并且各个地方可以根据当地不同的情形加开美术、手工、音乐等。对于女同学,则可以加开裁缝之类课程;2. 高等小学开设的课程主要为语文、数学、历史、地理、博物、修身、美术、手工、体操(兼游戏)。对于女同学则加开裁缝。各个地方根据当地不同情形可以加开音乐、外语、农工、商业等科目;3. 中学开设的课程主要包括语文、外语、修身、历史、地理、数学、体操等。针对女同学则可以加开家政、裁缝;4. 师范类学校开设的课程主要为语文、外语、修身、历

---

① 李侃:《中国近代史》,中华书局1994年版,第391页。
② 《关于金峙生等组织回族联合会请求立案呈的批稿》,见《中华民国史档案资料汇编(第二辑)》,江苏古籍出版社1991年版,第25页。
③ 周平:《多民族国家的族际政治整合》,中央编译出版社2012年版,第237页。
④ 《普通教育暂行办法》,见《中华民国史档案资料汇编(第二辑)》,江苏古籍出版社1991年版。

第二章 制度形式的移植与国族意识的催化

史、教育学、地理、数学、法学、经济、理化、习字、美术、音乐、手工、体操等。对于女同学可加开家政、裁缝，各地方根据不同情形，可以选择加开农工商业其中之一。"①

南京临时政府将各个层次的教育纳入国家统一的体系，并通过政府法令进行规范，这本身就能够让受教育群体有一种国家范围内的同质感。不仅如此，南京临时政府还对教育内容进行了规范，特别是调整了蕴含其中的价值取向。教育作为宣传官方和主流意识形态的重要阵地，任何政府都需要在教育过程中体现或渗透着符合自身要求的价值取向，从而塑造出适应统治需要的国民。而作为现代民主国家的人群共同体——国族，是不可能在一种专制文化的主导下形成的。因此，南京临时政府在对教育进行改革时，特别注意消除清朝封建专制臣民意识，注入自由民主的理念，从而塑造符合民主国家要求的国民意识。

《普通教育暂行办法》中就明确规定："清朝实行的奖励（科举）出身的作法一律废止，小学、中学和师范类学校毕业的学生一律称为毕业生。此外，还规定凡各种教科书，务必合乎共和民国的宗旨，民间通行的教科书如果有尊崇满清朝廷、尊崇清朝官制，以及为清帝清后必会等内容，一律由原印发此书的书局自行修改，清政府学部颁行的教科书一律禁用。"② 其后，南京临时政府又颁布了《教育部禁用前清各书通告各省文》，通过明确的法律文件，停止使用和教授不符合民主共和理念的图书及教材，如《国朝事实》、《大清律例》、《大清会典》、《皇朝掌故》等，"废止读经；学校禁止再使用清政府学部公布颁行的各类教科书；禁用前清御批等书"③。为了适应教育改革的需要，为学生提供符合教育体制要求的教科书，商务印书馆根据新的教学要求编写出版了

---

① 《普通教育暂行课程标准》，见《中华民国史档案资料汇编（第二辑）》，江苏古籍出版社1991年版。

② 《普通教育暂行办法》，见《中华民国史档案资料汇编（第二辑）》，江苏古籍出版社1991年版。

③ 《教育部禁用前清各书通告各省文》，见《中华民国史档案资料汇编（第二辑）》，江苏古籍出版社1991年版。

一套《共和国教科书》，其中包含了国文、历史、修身、算术、地理、体操等科目。南京临时政府对教学内容和教学理念的调整，对于塑造符合民主共和要求的国族文化有着重要意义。

四、扶持民族地区的经济和教育发展

南京临时政府成立后，虽然承接了清王朝的领土和疆域，但边疆民族地区的危机却十分严峻，分裂势力的影响依然存在。而且由于边疆民族地区特殊的地理文化环境，导致了边疆民族地区与东部地区之间的异质性相对明显。"而边疆地区人们的政治认同，少数民族的政治认同，在相当大程度上取决于边疆问题。"[1] 边疆与内地发展的不均衡，对于国家的统一和稳定，对于国族共同体凝聚性的形成，都有着负面的影响。南京临时政府成立之初，就关注到了区域与群体发展的差异性问题，希望通过差别化的政策，推动边疆民族地区的发展。

南京临时政府首先注意到了边疆民族地区经济发展的落后及其产生的影响，黄兴等革命者曾指出："我国领有东西北满蒙回藏数万里，扼要之地，慢藏内海盗，以资外人。为国防计，何以固吾圉？为外交计，何以殖吾力？为经济计，何以阜吾财？为财政计，何以足吾用？……现共和成立，百废具举，而拓殖一端，尤为当务之急。然兹事重大，断非一手一足之力所可成功。"[2] 于是黄兴等人发起成立拓殖协会，旨在促进边疆民族地区的经济开发。时任临时大总统孙中山对边疆民族地区发展的重要性也有着清醒的认识："吾国民族生聚于东南，而凋零于西北，致生聚之地人口有过剩之虞，凋零之区物产无丰阜之望，过与不及，两失其宜，甚非所以致富图强之道。"[3] 因此，孙中山认为创办拓殖协会，加快对边疆民族地区的开发，意义重大，国家应该竭力支持，批准了拓

---

[1] 周平：《中国边疆治理研究》，经济科学出版社2011年版，第20页。

[2] 孙中山：《令财政部将拨助拓殖协会经费编入预算文》，见《孙中山全集（第二卷）》，中华书局1982年版，第296页。

[3] 孙中山：《令财政部将拨助拓殖协会经费编入预算文》，见《孙中山全集（第二卷）》，中华书局1982年版，第296页。

第二章 制度形式的移植与国族意识的催化

殖协会所申请的 30 万经费,"即行编入每年预算案,即交参议院核议"①。为了加快边疆民族地区的开发,南京临时政府希望采取开办拓殖银行的方法,来解决资金不足的困境,当时财政部认为:"非建立银行为周转之资,又不足以实边移民之策。……夫开设银行,以尽地力,苏民困,辟疆土,安流民,利遍于苍生,功收于久远。"②

南京临时政府还尝试把帮助民族地区发展和土司制度改革联系起来,1912 年 2 月,云南干崖土司刀安仁希望南京临时政府能够直接帮助地区经济发展,孙中山和临时政府对于刀安仁的请求非常重视,同意其请求,而且特别指出:"筹边固圉,久为要图。况值共和建国,凡属版图内含生负气之伦,皆当同享共和之福,政教所及,尤不能有畸轻畸重之分。此后对于各处土司行政如何改革,如何设施,皆中央政府所应有之事。"③ 这对于其后民国政府处理此类问题影响较大。

教育文化的滞后是影响边疆民族地区发展的重要因素,推动民族地区的教育发展既是经济社会发展的重要措施,也是增强国族认同和凝聚力的必要手段。南京临时政府始终从民族平等和民族团结的高度认识民族教育的重要性,认为:"中华民族既合五大民族而成,自应施以同等教育。蒙、回、藏语文各异,尤应首先养成师资。"④ 而民族教育的发展,首先需要师资力量的培养,因此临时政府非常支持师范学校的发展,专门为中华民族大同会拨款筹建蒙回藏师范学校,认为:"以联络五族为主义,复创设蒙回藏师范学校,意在广施教育,共同进化,深堪嘉尚。本部成立伊始,经费异常竭蹶,所请先拨开办费五万两一节,碍

---

① 孙中山:《令财政部将拨助拓殖协会经费编入预算文》,见《孙中山全集(第二卷)》,中华书局 1982 年版,第 296 页。

② 《财政部拟订兴农农业殖边等银行则例咨交参议院议决呈稿及临时大总统批》,见《中华民国史档案资料汇编(第二辑)》,江苏古籍出版社 1991 年版,第 425—426 页。

③ 孙中山:《令内务部核办干崖土司行政兴革及品级章服文》,见《孙中山全集(第二卷)》,中华书局 1982 年版,第 179 页。

④ 《教育部关于中华民国大同会创设蒙回藏师范学校请拨开费批》,见《中华民国史档案资料汇编(第二辑)》,江苏古籍出版社 1991 年版,第 479 页。

难照准。"① 南京临时政府发展民族教育的思路和措施，对于我们今天边疆民族地区教育的发展仍然有着借鉴意义。

第三节 北洋军阀时期的初步实践

1912年4月1日，孙中山请辞临时大总统，临时政府迁往北京，从此，中华民国开启了北洋军阀统治时期。北洋军阀是封建专制向民主共和过渡时期，一股特殊的政治势力，它既代表着地主阶级，也依附着帝国主义，还具有一定的资本主义色彩。这使其统治在诸多方面都存在着两面性，打出民主共和的口号，却追求自我专制的统治；寻求国家主权的独立，又寄予帝国主义的支持；希望国家内部的统一，却更关注军阀各自的利益；宣扬民族平等，也存在着民族压迫。北洋军阀政府的统治对于民族国家的构建而言，既有正面积极的影响，也存在着反复曲折的一面。但就国族构建而言，这一时期却有着独特的历史价值，它既在一定程度上延续并实践了南京临时政府的国族政策，也从负面刺激着整个中华民族的感情，使其国族构建的意识更加自觉，国族构建的道路逐渐明晰。

一、"五族共和"的延续与维系

北洋军阀统治时期，中国仍然面临着国族分裂的危机，为了维护多民族共同体的国族结构，也为了巩固自身的统治，北洋政府基本延续了南京临时政府"五族共和"的思想。1912年3月25日，袁世凯在接任临时大总统伊始，就发布《劝谕蒙藏令》，认为："现政体改革，连共和五大民族均归平等。本大总统坚心毅力，誓将一切旧日专制弊政，悉行禁革。蒙藏地方尤应体察舆情，保守治安。……并望各王公、呼图克图、喇嘛等，于中央大政及该地方兴应革事宜，各抒政见，随时报告，用被采择。务使蒙、藏人民，一切公权、私权均与内地平等，以昭大同

---

① 《教育部关于中华民国大同会创设蒙回藏师范学校请拨开费批》，见《中华民国史档案资料汇编（第二辑）》，江苏古籍出版社1991年版，第479页。

第二章　制度形式的移植与国族意识的催化

而享幸福，是所至望。"① 并由内务部批准成立"五大民族共和联合会"，确立了"以扶助共和政体，化除汉、满、蒙、回、藏畛域，谋一致之进行为宗旨"。②

北洋政府对"五族共和"思想的延续与贯彻，在很大程度上是出于国族分裂危机和边疆危机的考虑，但这也并不否认五族之外民族的存在。北洋政府始终坚持中华民国的人民是中国境内多民族的共同体，不分种族，一律平等。这一主张在北洋政府时期的宪法性文件中均给予明确规定。1913年4月通过的《中华民国宪法草案》中规定："中华民国永远为统一民主国。（第一条）中华民国国土依其固有之疆域。国土及其区划，非以法律不得更变之。（第二条）中华民国人民，于法律上无种族、阶级、宗教之别，均为平等。（第四条）"③ 1923年10月公布的《中华民国宪法》（"贿选宪法"）是中国近代史上第一部正式宪法，其中亦明确规定："中华民国国土，依其固有之疆域。国土及其区划，非以法律，不得变更之。（第三条）凡依法律所定，属中华民国国籍者，为中华民国人民。（第四条）中华民国人民于法律上无种族、阶级、宗教之别，均匀平等。（第五条）"④ 通过宪法性文件对国族结构进行明确的规定，反映了当时政府和民众对多民族统一国家的认识更为明确，同时也为国族共同体的维系提供了宪政依据和舆论导向。在北洋政府统治期间，任何有损国族统一的行为均激起各族民众的强烈反抗，任何掌控北京政府的军阀为了维护自己的统治，都在维护民族团结和国家统一这一底线问题上进行了一定程度的抗争。

"五族共和"作为一种国族组建结构，在当时是积极和进步的。但面对国族内部已经存在的民族共同体，如何抵制分裂倾向，进而增强多

---

① 《临时政府公报》52号，1912年3月30日。
② 《五大民族共和联合会章程及实行细则》，见《中华民国史档案资料汇编第三辑政治（二）》，江苏古籍出版社1991年版，第926页。
③ 张晋藩：《中国宪法史》，人民出版社2011年版，第441页。
④ 《中华民国宪法》，见《中华民国史档案资料汇编第三辑政治（一）》，江苏古籍出版社1991年版，第347页。

国家范式转换与国族构建

民族共同体的凝聚力和向心力，仅仅靠思想和宣传是不够的，必须转化成具体的民族整合政策。北洋政府在这一问题上，既延续了南京临时政府的部分政策，也吸收了封建王朝处理民族问题的经验，其中核心之处在于确立少数民族与汉族作为族群单位的平等，通过优待少数民族原有统治阶层，维持和赋予其固有统治权力，从而实现多民族的一体性。

近代中国多民族的共同体能够从封建王朝和平、完整的过渡到中华民国，针对满清贵族和少数民族上层的优待政策功不可没。北洋政府在其统治期间，基本执行了这些优待条款，并根据情况进行了一定的增减。1912年4月，在京蒙古王公那彦图等向刚刚成立的北洋政府提出了给予蒙古特殊待遇的十一条。经过袁世凯和参议院修改、审议后，于8月19日颁布，即《蒙古待遇条例》，内容包括："嗣后各蒙古均不以藩属待遇，应与内地一律；中央对于蒙古行政机关，亦不用理藩、殖民、拓殖等字样。各蒙古王公原有之管辖治理权，一律照旧。内外蒙古汗、王公、台吉、世爵各位号，应予照旧承袭，其在本旗所享之特权，亦照旧无异。唐努乌梁海五旗、阿尔泰乌梁海七旗，系属副都统及总管治理，应就原来副都统及总管承接职任之人改为世爵。蒙古各地呼图克图喇嘛等原有之封号，概仍其旧。各蒙古之对外交涉及边防事务，自应归中央政府办理；但中央政府认为关系地方重要事件者，得随时交该地方行政机关参议，然后施行。蒙古王公、世爵俸饷，应从优支给。察哈尔之上都牧群、牛羊群地方，除已开垦设治之外，可为蒙古王公筹划生计之用。蒙古人通晓汉文，并合法定资格者，得任用京外文武各职。"① 1913年1月针对西藏问题，北洋政府又颁布了《待遇西藏条例》："不以藩属待遇；原有土地统辖治理权照旧；封号照旧；各喇嘛俸饷照旧；裁撤外官另设行政机关以藏人治理；西藏矿产定为藏人生计；藏人晓汉文者任民国官吏；以上各大纲如未尽善将来由国会修改。"

北洋政府还将针对少数民族上层的优待政策正式写入《中华民国约法》中，"中华民国元年二月十二日所宣布之大清皇帝辞位后优待条

---

① 《东方杂志》第9卷，第4号，"中国大事记"。

第二章 制度形式的移植与国族意识的催化

件、清皇族待遇条件、满蒙回藏各族待遇条件,永不变更其效力。其与待遇条件有关系之蒙古待遇条件,仍继续保有其效力;非依法律,不得变更之。(第六十五条)"这种优待和笼络少数民族上层的政策一直贯穿于北洋军阀统治时期,1924年11月,黄郛摄政内阁曾作出修改清室优待的决定,但遭到了满、藏、蒙等少数民族上层的反对,因此,段祺瑞又重新肯定了针对满、藏、蒙等少数民族上层的待遇条件不变。

北洋政府统治时期维系了多民族共同体的国族结构,但这种维系方式主要还是以多民族的联合为导向,优待民族上层,肯定其管辖权力,但较少涉及各民族的普通民众,因此,这种联合很大程度上是一种民族上层之间的联合,即通过分享统治权力而维持共同体的存在。"建立了现代民族国家或多民族国家的现代民族,都将群众确定为民族权力乃至国家权利的最终拥有者和权力的根源"①,而无法调动普通民众参与的国族构建无疑是空洞的。但任何措施都只能在具体的时空条件下做历史性的判断,北洋政府统治时期,中国面临着严峻的民族危机,国内处于军阀割据的局面,北洋政府的阶级利益和统治能力又决定了它不愿也不能广泛动员底层民众,通过全国范围内的民主革命的方式进行国族构建。而对于国族构建而言,维持国族共同体的完整和统一是首要目标。少数民族上层作为本民族的精英,在特定历史阶段,发挥着重要作用,"在民族政治中,民族精英这种角色是不可缺少的。如果没有民族精英,民族的各种政治活动和政治生活是不可想象的"②。通过《蒙古待遇条例》和《待遇西藏条例》可以看出,北洋政府赋予民族上层权力的前提,就是其承诺维护国家统一与共和政体,而这在当时确实产生了积极的效果,例如内蒙古王公从库伦返回,并公开声明反对外蒙古独立,到1915年签订《中俄蒙协约》后,外蒙古也由"独立"改称"自治"。因此,就当时客观的历史条件而言,这种族际整合方式的必然性和积极意义是不容忽视的。

---

① 周平:《民族政治学》(第二版),高等教育出版社2007年版,第196页。
② 周平:《民族政治学》(第二版),高等教育出版社2007年版,第192页。

二、议会民主的样式与表象

国族成员公平的享有民主权利是国族构建的重要环节。民主是近代中国政治追求的重要目标,也是国族存在的核心要件。从清末新政到中华民国成立,民主思潮既是政治运动的重要动力,也伴随政治运动得到进一步的宣扬。北洋政府时期,虽然是军阀统治、割据混战,但其统治仍然打着"民主共和"的旗号,在民主权利的规定和实现方面,都在继续向前推进。

北洋政府期间,民主权利首先是通过宪法性文件给予明确规定,"宪政体系是实现和保障民族认同于国家的民族国家制度框架的重要组成部分"①。任何背景下制定的宪法,都将民主权利作为重要内容。《中华民国宪法草案》中专门设置国民一章,并列举了中华民国人民的权利与义务:"凡依法律所定属中华民国国籍者,为中华民国人民。(第三条)中华民国人民,于法律上无种族、阶级、宗教之别,均为平等。(第四条)中华民国人民,非依法律不受逮捕、监禁、审问或处罚。人民被羁押时,得依法律以保护状请求法院,提至法庭审查其理由。(第五条)中华民国人民之住居,非依法律不受侵入或搜索。(第六条)中华民国人民通信之秘密,非依法律不受侵犯。(第七条)中华民国人民有选择住居及职业之自由,非依法律不受限制。(第八条)中华民国人民有集会、结社之自由,非依法律不受限制。(第九条)中华民国人民有言论、著作及刊行之自由,非依法律不受限制。(第十条)中华民国人民有信仰宗教之自由,非依法律不受限制。(第十一条)中华民国人民之财产所有权不受侵犯,但公益上必要之处分,依法律之所定。(第十二条)中华民国人民依法律有诉讼于法院之权。(第十三条)中华民国人民依法律有请愿及陈诉之权。(第十四条)中华民国人民依法律有选举及被选举之权。(第十五条)中华民国人民依法律有从事公职之权(第十六条)中华民国人民依法律有纳租税之义务。(第十七条)中华

---

① 周平:《多民族国家的族际政治整合》,中央编译出版社2012年版,第170页。

第二章　制度形式的移植与国族意识的催化

民国人民依法律有服兵役之义务。（第十八条）中华民国人民依法律有受初等教育之义务。国民教育，以孔子之道为修身大本。（第十九条）"① 从《中华民国宪法草案》到《中华民国约法》，再到《中华民国宪法》，其中均对中华民国国民的权利与义务作出了更为全面和详细的规定，而且这种规定是不分种族的，预设了国族内部成员之间的同质性身份。这是国族构建的重要内容，因为"国族作为一个具有国家形式的族体单位，它的基本要求就是统一性。而国族的统一性是建立于国族同质性基础上的"②。

国族作为民族国家内部的人群共同体，国家政权是国族意识形成的重要中介和凝聚机制，国族群体通过掌控某一具体的国家政权，而实现对某一国族的一种相应的归属感。换言之，国族成员不仅要享有政治权利，更为重要的是对自身所属的国家具有一种掌控感。应该说，南京临时政府采用代议制的形式，对民众掌控国家政权已经进行了初步的构想，北洋政府在此基础上又进行了更为具体的制度设计。1912年8月10日，北洋政府公布了《中华民国国会组织法》、《参议院议员选举法》、《众议院议员选举法》三个重要法案。确定国会由参议院和众议院组成，其中参议员共274名，其名额分配方式为：各省省议会每省选10名；蒙古选举会选27名；西藏选举会选10名；青海选举会选3名；中央学会选8名；华侨选举会选6名。众议员596名，以各地方民选议员组成，每八十万人选议员一名（人口不满八百万，得选议员10名）。北洋政府对国会这种两院制的政治设计，兼顾区域结构和人口比例，是有其合理意义的。

北洋政府对参众两院的设计，还特别兼顾了民族地区的特殊情况，在《参议院议员选举法》和《众议院议员选举法》中，都对民族地区的选举名额和选举方式进行了专门的规定。蒙古、西藏、青海地区的参议员名额均高于其他省份，而且这三个地区的众议员名额与参议员相

---

① 张晋藩：《中国宪法史》，人民出版社2011年版，第441页。
② 周平：《多民族国家的族际政治整合》，中央编译出版社2012年版，第236页。

同；在蒙古、青海选举会以各族王公世爵或世职之组织确定选举区。在西藏，选举会由达赖喇嘛及班禅喇嘛会同中央驻藏办事长官遴选相当人员，分别于拉萨及札什伦布组织选举；① 在选举人的资格上也有所变通，一般要拥有值五百元以上不动产才有资格被选为议员，"但于蒙藏青海得就动产计算之"②。这些针对民族地区的规定，能够更有效地吸收少数民族成员参与到国家政权体系中，增加各民族对共同的"政治屋顶"——中华民国的认同，进而增强对中华民族这一多民族国族共同体的认同。

当然，北洋政府对于人民主权的确认与维护，并不能掩盖其追求军事独裁统治的初衷，从袁世凯称帝，张勋复辟，再到曹锟贿选总统，上演着一幕幕与民主旗号背道而驰的闹剧，这也暴露了北洋政府所谓民主的虚伪性。但这些闹剧均在民众的抗议声中草草收场，袁世凯从称帝到取消帝制，总共经历了 83 天；张勋复辟仅 12 天就宣告破产。这也恰恰说明了从清末到民初的民主宣传与民主实践，已经在国民心目中产生了一定程度的内化，破坏民主的行为恰恰从负面刺激了民众的国族意识。正如托克维尔分析的那样："对于一个坏政府来说，最危险的时刻通常就是它开始改革的时刻。……当时被消除的所有流弊似乎更容易使人察觉到尚有其他流弊存在，于是人们的情绪便更激烈：痛苦的确已经减轻，但是感觉却更加敏锐。"③ 伴随着革命派发起的抵抗运动，在民主与专制的一次次交锋中，民众的国族意识也在进一步增强。

三、国家结构的集权与分权

国族作为民族国家内部的人群整体，其内部群体的异质性是国族构建的基本前提，国族构建就是将民族国家内部的异质性群体建设成统一、稳定并且具有凝聚力的共同体。而在这一过程中，异质性的标准就成为需要首先明确的问题。如果从人类多样性的类存在这一命题出发，

---

① 李鸣：《中国近代民族自治法制研究》，中央民族大学出版社 2008 年版，第 89 页。
② 李鸣：《中国近代民族自治法制研究》，中央民族大学出版社 2008 年版，第 90 页。
③ ［法］托克维尔：《旧制度与大革命》，冯棠译，商务印书馆 1996 年版，第 210 页。

第二章 制度形式的移植与国族意识的催化

异质性的标准是多元的,既有客观存在的,也有主观建构的,理论上讲,只要能够对国族内部群体做周延性区分的都可以列入异质性标准的范畴,如历史、文化、地域等等。但在具体的历史阶段,何种标准能够进入国族构建的视野,又受到客观条件和主观认知的限制。

近代以来,在民族主义话语的强势主导下,民族往往成为人们认识国族的主要,甚至是唯一的视角。国族内部的民族结构,如单一民族、多民族等,成为分析国族内部结构的最主要标准。而族际关系和族际整合也就成为国族构建的主要路径。在以民族国家作为基本单位的分析框架下,重视国族内部的族际关系无疑是正确和必要的。但族际标准的过于强调极易遮蔽其他视角的存在价值与意义。国族内部异质性群体的存在是一种多元交织的状态,共同影响着国族共同体的统一与稳定。而相应的国族构建方式也应该是综合、系统和互补的。国族构建手段的单一化,容易导致对其他影响因素有意或无意的轻视,从而使国族构建的效果大打折扣。

在近代中国的国族构建过程中,通过族际整合构建多民族共同体的同时,政治精英们也关注到了国族构建中的区域因素,探索通过国家结构的制度设计,使有着不同地域认同的人群共同体凝聚成有着共同国家认同的国族共同体。"对于一个多民族国家来说,采取何种国家结构形式常常是一个举足轻重的重大问题。"[①] 应该说,在漫长的王朝国家统治时期,统治者就已经注意到了地域差异对共同体的消解作用,通过构建中央集权的行政体制维持了王朝的一体化。但这种方式的前提是中央王朝对地方具有强大的整合力和吸引力,而从清朝后期开始,在内忧外患的双重压力下,中央与地方的实力对比失衡,直至出现"东南互保"的怪象,而清王朝也最终以各省独立的方式结束了其统治。

从中华民国成立到北洋政府统治期间,在国家结构的设定方面一直存在着中央集权的单一制和地方分权的联邦制之争。联邦制思想作为一种民主革命宣传和动员手段,清朝末年就已经开始引入和传播。孙中山

[①] 周平:《民族政治学》(第二版),高等教育出版社2007年版,第80页。

在 19 世纪末期就提出了联邦主义的思想，1887 年 8 月，孙中山在《与宫崎寅藏平山周的谈话》中明确肯定了联邦制在革命建国中的价值，"今欲求避祸之道，惟有行此迅雷不及掩耳之革命之一法；而与革命同行者，又必在使英雄各充其野心。充其野心之方法，唯作联邦共和之名之下，其夙著声望者使之为一部之长，以尽其材，然后建中央政府以驾驭之，而作联邦之枢纽"①。而在武昌起义前的十年间，不仅革命党人继续宣扬联邦思想，而且一部分立宪派也开始强调地方分权，这对联邦制思想的传播也有着直接的影响。

武昌起义后，各省纷纷独立，联邦制开始从理论宣传进入到现实政治操作层面。在独立的省份中多有联邦制的主张，以首先独立的湖北为例，军政府 1911 年 10 月 23 日发布《联合东南讨满奴檄》："指日恢复神州，与我父老英彦永建民主自治联邦共和国，以与五洲诸友邦竞种族之生存，享文明之幸福，上以雪国耻，下以活生灵，内发四千年历史之光荣，外扬九万里革新之盛典。"② 并于 11 月颁布具有地方宪法性质的《中华民国鄂州临时约法》。但中华民国成立后，南京临时政府在国家结构问题上却并没有明确选择联邦制，而是带有更多的单一制的色彩。如在《临时大总统宣言书》中，特别强调了国内的统一问题，包括"民族之统一"、"领土之统一"、"军政之统一"、"内政之统一"、"财政之统一"等。在《中华民国临时约法》也未对联邦制问题作明确规定。

北洋政府成立后，面对着国内政局的分裂倾向，继续采用中央集权方式加强国家整合和国族构建，提出了"军民分治"、"省长简任"等方式，以此削弱各省都督权限。对于要求地方分权的主张则斥之为"形

---

① 孙中山：《与宫崎寅藏平山周的谈话》，见《孙中山全集（第一卷）》，中华书局 1981 年版，第 173 页。

② 辛亥革命武昌起义纪念馆、政协湖北省委员会文史资料研究委员会：《湖北军政府文献资料汇编》，武汉大学出版社 1986 年版，第 28—29 页。

成联邦,势碍统一"。① 这种单一制中央集权的方式,也开始向民族地区延伸,采取了划分特别行政区,设立掌管、镇守使等地方官职的方式,加强了对民族地区的直接管理。应该说,民国初年通过中央集权重塑政治权威,对于后发现代化的国家而言是必要的。但这种集权方式的目标仍然是追求军阀集团自身的专制统治,袁世凯最终走上了复辟帝制的老路,而其继任者的军事统一主张,也无不是以派系自身的利益为基础,其结果只能是军阀割据局面愈演愈烈。

集权统一模式的屡屡受挫,使得联邦思想又重新进入人们的探索视野,希望通过地方自治制约军阀专制统治,进而通过联邦制的结构形式寻求国家与国族的统一,并在20世纪20年代兴起了联省自治运动。但这种在欧美大型国家中较为成功的国家结构形式,在中国却遭遇了水土不服,甚至发生了严重的变异,联省自治不仅没有达到抵制军阀割据的效果,反而为军阀割据提供了形式上的合法性,各省军阀掌控下的联省自治,最终演变为联督割据。省界意识的强化,使得区域认同与国家认同和国族认同呈现出某种竞争性认同关系。② 也"使得这种松散的结构渐渐不堪重负"③,割据的政治格局和松散的政治结构内耗着中华民族的内聚力。

单一制和联邦制都是国家结构的成功形式,但无论是强调中央集权还是地方自治都是以民主为其制度底色,以国族凝聚为其设计目标的。忽视制度的价值内涵,而只停留在制度表象,这是北洋政府期间单一制和联邦制都无法成功的重要原因。同时,制度逻辑的自洽与制度落实的可行也并不是自然同一的。路径依赖是制度变迁能否成功的重要因素,"许多国家所采取的国家结构形式常常不是自主选择的结果,而是国家

---

① 经世文编社:《民国经世文编》(内政二),见沈云龙:《中国近代史料丛刊》,文海出版社1996年版,第2102页。
② 高翠莲:《清末民国时期中华民族自觉进程研究》,中央民族大学出版社2007年版,第118页。
③ 费正清:《剑桥中华民国史》(第一部),上海人民出版社1991年版,第225页。

的历史传统、政治文化、民族的分布和构成等因素综合作用的结果"①。王朝国家时期不断强化的"大一统"思想是国家结构设计的思想前提，从某种意义上说，联邦制的兴起不是反对"集权"，而是反抗"专制"，是中央集权失败后的无奈选择。因此，单一制的中央集权模式是近代国族构建的正确选择，而具体的集权模式就成为国民党与共产党继续探索的重点所在了。

四、国民经济的恢复与发展

在宗教力量式微，世俗化进程逐步加剧的过程中，民族国家实质上成为国族共同体实现自身利益的权力机制，而经济利益在其中处于基础性地位。因此国族共同体的构建某种程度上是内部群体利益自觉基础上的一种利益联合。对于具体的民族国家而言，国族构建需要在制度设计上实现国族内部群体的利益，并在有着不同资源禀赋和经济结构的群体间形成相对独立和稳定的经济系统，从而营造彼此间的依赖感和对共同福利的关注。这种共同的物质福利，能够"给予共同体内每个人以生活于共同体社会更多的利害卷入，将其切身的经济利益转化为对新的共同体的忠诚和自我意识"②。

中华民国成立后，边疆民族地区作为国家共同体的组成区域，其经济发展水平与内地差异较大，而经济整合是族际整合的重要手段，"即通过加强各个民族间的经济往来，增进民族间的经济联系"③。为了强化国族共同体的经济纽带，北洋政府延续了清末和南京临时政府开发边疆民族地区的政策。1912年7月，北洋政府成立了"五大族生计会"，"开通民智，利用厚生，务使一般人民皆能自谋生活，得享共和幸福为宗旨"④，推动边疆民族地区农牧业、工矿业的发展。1912年9月，成

---

① 周平：《民族政治学》（第二版），高等教育出版社2007年版，第81页。
② Hans Kohn, *American Nationalism: An Interpretative Essay*, Greenwood Publishers, Westport, Connecticut,1957, p.41. 转引自：任军锋：《地域本位与国族认同》，天津人民出版社2004年版，第91页。
③ 周平：《民族政治学》（第二版），高等教育出版社2007年版，第100页。
④ 《中华民国史档案资料汇编第三辑政治二》，江苏古籍出版社1991年版，第776页。

第二章 制度形式的移植与国族意识的催化

立蒙藏交通公司,加速民族地区的交通建设。同时,进一步通过移民等方式加强垦荒实边工程,并设置屯垦官吏,如"新疆青海屯垦使胡瑛,青海屯垦督办吴佩孚,东北边防屯垦督办张作霖,西康屯垦使刘成勋等"①。

北洋政府对民族地区的开发加速了民族地区的经济发展,但也对民族地区造成了一定的压迫和剥削。北洋政府以保护蒙古各旗土地为旗号,颁布了《禁止私放蒙荒通则》和《垦壁蒙荒奖励办法》,其实质目的是掌控蒙古土地所有权,以此增加中央财政收入。此外,割据蒙古的军阀和地主官僚进入蒙古,掀起了大规模的"开垦蒙荒"活动,致使蒙古民众失去大量土地,生活日益困苦,"垦地日广,牧场益狭……蒙官之权力渐失,蒙民之生计日蹙"②,进而在一定程度上激化了民族矛盾。

北洋政府的经济政策还突出表现在推动民族经济发展方面。中国国族共同体的维系,经济结构一直是其中的重要因素,但王朝国家时期是自然经济基础上的经济结构的依存关系。这种依存关系是宏观和松散的,很难将个体利益导向对国家共同体的认同。而对于民族国家而言,内部资本主义经济的发展要求形成国内共同市场,通过国家权力维护资本主义工商业者的合法权益,并在国际贸易上提供政策支持和保护。北洋政府统治期间,国内政治割据处于分裂状态,但这一时期国内经济,特别是民族资本主义的发展,却迎来了一个黄金时期。这其中固然有外部环境相对宽松的因素,但北洋政府的政策效应也不容忽视。

北洋政府对于民族经济的恢复与发展颁布了诸多法令文件,首先是放宽工商业注册限制,简化工商业办理手续。在1913年北洋政府工商部的指令中规定:"遇呈请办矿或奉部令行查事件如需实地调查,予限二十日,如仅验看资本察阅契据,予限十日,即须核夺、呈报,不得有

---

① 李国栋:《民国时期的民族问题与民国政府的民族政策研究》,民族出版社2009年版,第109页。

② 《蒙古族简史》,内蒙古人民出版社1985年版,第344页。

意稽延。"① 只要符合注册规定，就应该给予及时办理，并规定工商业者可以在其营业所在地进行注册，从而简化了商业注册中的繁杂手续。其次是对新办企业给予保息等直接支持。在《公司保息条例》中规定："政府为发达实业起见，拨出公债票 2000 万元，作为保息基金，每年以其利息，对于新设立的公司股本保息。保息时限为开机制造之日起三年。"② 再次是降低或减免民族工商业产品的捐税，增强民族经济与国外资本的竞争能力。厘金和苛捐杂税增加了民族工商业的负担，降低了民族工商业产品的竞争能力，是近代民族资本主义发展的重要障碍。为此，北洋政府对不同商品的厘金和捐税进行了相应的调整，如："针对机械制品西式货物输出外国者，免除一切厘金；机械制品西式货物运销国内者，经过第一税局纳一次正税后，除京师崇文门落地税外，免除一切税厘；机械制品或货物之正税，或依现行输入税率缴纳，或纳从价 5 分，由纳税者自由选择。对于机制面粉免征一切关税、常关税及内地厘金等。另外，对于机制西式货物以外的产品、工业原料、矿产等税收都或减或免。"③

从国族构建的视角看，北洋政府推动民族经济发展的政策，重要之处就是营造了自由经济的市场环境，通过减低内部行为的交易成本，使得国族共同体的认同感和内聚力增强。虽然由于当时环境所限，民族资本主义的发展仍然步履维艰，但这种国族构建的路径却是值得进一步深思的。同时民族资本主义的发展，直接壮大了无产阶级队伍，在与国外资本的竞争中，民族资产阶级和无产阶级成为政治精英和文化精英之后，更为切身体会到帝国主义压迫的群体，其国族意识也更为自觉，经济领域成为反抗帝国主义侵略的重要战场，如"爱国"口号下的抵制

---

① 张静如：《北洋军阀统治时期中国社会之变迁》，中国人民大学出版社 1992 年版，第 17 页。

② 陈真等编：《中国近代工业史资料》第 4 辑，生活·读书·新知三联书店 1961 年版，第 746 页。

③ 王玉灵：《北洋政府经济立法及其实效分析》，载《武汉科技大学学报》（社会科学版），2010 年第 5 期。

外货运动，工人阶级的大罢工运动等等，使得国族意识在中华民族内进一步扩展和深化。

五、国族文化的冲突与调适

国族作为族群共同体的特殊类型，"共同的文化是其最为广泛和深厚的基础"①，也是国族认同的核心要件。而且这套文化价值能够穿越时空，追溯久远，并为国族共同体的行为模式提供价值诠释和信念支撑。这也是中华民族从自在到自觉，延续数千年的重要原因。从鸦片战争开始，中华民族遭遇了强大的外来冲击，但以儒家思想为核心的传统文化一直是主流精英坚守民族性的最后阵地。但近代中国国族的构建不仅需要维持国族文化的民族性，同时也是一个推进现代化、注入现代性的过程。而民国初期的国内外形势，使得国族文化协调发展的难度增大，甚至出现了国族文化内在分裂与紧张的问题。

南京临时政府成立后，在国族文化问题上注意消除封建专制内容，力求符合民主共和的理念，但对待传统文化采取了批判接受的态度，并未一概否定。北洋政府上台后，对于国族文化的塑造却回到了"尊孔崇儒"的老路上。1913年的《天坛宪法》（草案）明确规定，"国民教育以孔子之道为修身之本"，1915年2月的《颁定教育要旨》确立了教育的七项宗旨，"爱国，尚武，崇实，法孔孟，重自治，戒贪争，戒躁进"。② 为了将这一思想贯彻到各个层次的教育中，重新确定儒学为学校教育的必须课程。1915年的《特定教育纲要》规定："中小学校均加读经一科，按照经书及学校程度分别讲读，由教育部编入课程"，而大学阶段则设立经学院，"专以阐明经义发扬国学为主，按照各经种类，分立科门"。同时还对教师提出学儒要求，应"研究性理，崇习陆王之学，导生徒以实践……主张力行致知之说，务实务用"。③ 客观上讲，儒家文化作为中国传统文化的核心部分，其中蕴含着丰富哲理与智慧，

---

① 周平：《多民族国家的族际政治整合》，中央编译出版社2012年版，第236页。
② 孙培青：《中国教育史》（第三版），华东师范大学出版社2009年版，第363页。
③ 孙培青：《中国教育史》（第三版），华东师范大学出版社2009年版，第363页。

是需要传承与发扬的。但袁世凯政府所推动的尊孔崇儒运动，其本质是借文化之名，求专制之实。特别是其复辟野心暴露之后，儒家文化乃至整个中国传统文化皆成为众矢之的，这也成为新文化运动兴起的重要原因。

袁世凯之后，北洋政府调整了国族文化构建的方式，恢复了民国建立之初的民主共和宗旨，1919年4月的北洋政府教育部教育调查会议决定国民教育的宗旨修改为"养成健全人格，发展共和精神"①。而在具体措施上，对于国族构建有着直接影响的当属白话文和国语的推行。1917年10月，第三届全国教育会联合会议决《推行注音字母以期语言统一案》，"请教育部速定国语标准，并设法将注音字母推行各省区，以为将来小学国文科改国语科之准备"②。1918年10月，北洋政府教育部正式公布注音字母，供各地推广。1920年又正式规定，凡国民学校都废止所用文言文教材，代之以现代语体文。语言是文化的载体，同时也是"融洽国民感情的媒介，是个人求知识，谋职业的应用，是服务于民族国家，尽一个国民应尽责任的应用工具"③。对于多民族国家共同体而言，统一国语推行的重要性是不言而喻的，因此北洋政府对于国语的推行，也扩展至边疆民族地区。

中华民国作为五族共和之国家，在北洋政府看来，各民族使用共同的语言是国族性构建的应有之义，也是消除军阀割据，增进国内统一的必要手段。"吾国五族之民果用一致语言，自无不同之意志，同心协力，息内争而防外患，除偏见而护共和，五族之幸，民国之幸。"④ 1920年，北洋政府教育部对民族地区的国语教育问题进行明确规定："吾国五族之民果用一致语言，自无不同之意志，同心协力，息内争而防外患，除偏见而护共和，五族之幸，民国之幸"。1920年3月15日，在当时的

---

① 《中国近代学制史料》第三辑上册，华东师范大学出版社1990年版，第106页。
② 《推行注音字母以期语言统一案》，载《教育杂志》9卷11号。
③ 蔡元培：《国语的应用》，载中华民国国语研究会编辑：《国语月刊》，1922年第1卷。
④ 《蒙藏教育应注重语文》，见《新编民国法令大全》，商务印书馆1924年版，第1053页。

教育部第103号训令中就对蒙藏语文教育作了详细的规定:"拟自明年起,特别区域所属道县之师范学校,实业学校教授各种学科及国语、外国语之外,加授蒙语或藏语,以储通译之人才,即为推行国语之预备。其为蒙藏人特办之初等中等学校,均应注重国语,注重国语之法,即使上项毕业生先以蒙藏语教授蒙藏人使之习国语。俟彼等所习国语之稍有进步,直以国语教授种种科学。"①

北洋政府统一国语的举措对于国族文化塑造具有重要意义,但由于内部割据分裂局面的影响,其实际效果是有限的,特别是对于边疆民族地区,还只是停留在政策导向层面。而在北洋政府统治期间,对于国族文化构建冲击最大的还是新文化运动的兴起。国族意识首先觉醒的知识文化精英,面对民国初年的形式,不得不重新陷入沉思。西方科技已经引入,但民族仍然无法独立;民主国家已经成立,但专制统治、割据混战仍在继续,中华民族富强之路究竟何在?而这时一批具有西学背景的知识分子开始将反思焦点集中在以儒家文化为核心的传统文化上。认为中华民族衰落的根本原因还是在于传统文化,儒家文化本质上是与封建专制相适应的文化系统,无法适应民主科学的要求,更无法满足民族竞争的需要。因此,中华民族欲想求得生存、求得富强,就必须彻底消除传统文化的束缚,引入先进文化对其进行全面改造,而当时的先进文化只能是强势的西方文化。

为此,新文化运动的健将对传统文化进行了无情的鞭挞,李大钊曾尖锐地指出:"吾华之有孔子,……吾华之不幸也。自有孔子,吾华之民族不舍为孔子而生,孔子非为吾民族而生。……孔子生而吾华衰,……孔子为数千年前之残骸枯骨,……使孔子生于今日社会,或更创一新学说以适应今之社会,亦未可知。"② 而对于传统文化的自觉方式,新文化分子从进化论的角度给予回应。鲁迅认为:"要我们保存国

---

① 《蒙藏教育应注重语文》,见《新编民国法令大全》,商务印书馆1924年版,第1053页。

② 《李大钊全集》第2卷,河北教育出版社1999年版,第453页。

粹，也须国粹能保存我们。"① 陈独秀则进一步指出："宁忍过去之国粹消亡，而不忍现在及将来之民族，不适世界之生存而消灭。"②

新文化运动对传统文化的冲击，对于国族文化塑造和国族构建而言，其影响是深层次的。文化是国族凝聚最根本的纽带，"有了共同的文化，国族才能从'想象的共同体'变成现实的共同体"③。对于中华民族这样拥有数千年文明史的超大型国族而言，传统文化瞬间而彻底的否定，中华民族自我认同和凝聚就会极度乏力。而长时段文化积淀在民众心中所形成的集体无意识，又不可能在短期内吸纳和内化西方文明，这就极易造成国族文化本身的失调和紧张，这与民族主义驱动下的国族构建形成了深层次的悖论。

面对传统文化的危机，部分文化精英也试图调适民族性与现代性的冲突，例如梁漱溟就对中国文化、西方文化和印度文化进行了不同路向的说明，避免了价值优劣的选择，以此作为守护中国文化的合理性基础。但这也始终无法正面解决坚守民族传统和实现民族强大的矛盾。而在新文化运动的激荡下，许多思想流派也开始兴起、分化，如自由主义、国家主义、社会主义等等，试图调和或重塑中国主流文化，使得整个思想领域呈现出更为复杂的局面。但就国族构建而言，构建主流或者主导性的国族文化又是必不可少的环节。这也成为南京国民政府和中国共产党在国族构建中极为关注的问题。

北洋政府期间，国族文化的内在冲突，也折射出了外源型现代化的国家，在构建国族文化时的两难。从世界各国的国族文化转型来看，国族文化塑造中普遍存在着民族化与现代化的内在矛盾，都需经历民族性与现代性的调适过程。但对于外源型现代化的国家而言，由于救亡图存的压力，无法提供缓和的外部空间条件，使得民族精英不得不在二者之间有所侧重。其实，对于已经具有特定文化身份的人们，否定自身的文

---

① 鲁迅：《随感录二十五》，见《鲁迅全集》（第一卷），人民文学出版社1981年版。
② 陈独秀：《独秀文存》卷一，安徽人民出版社1987年版，第5—6页。
③ 周平：《多民族国家的族际政治整合》，中央编译出版社2012年版，第237页。

化传统，无疑是痛苦和艰难的，但当所属共同体在这种文化支配下，长期处于弱势地位的时候，单纯的文化挖掘与弘扬其动员效果无疑会逐步衰退，而这时走向自我批判和向他者借鉴，也就成为克服焦虑与失落，重新唤起民族希望的无奈之举。

弗洛伊德从心理学层面指出了这种矛盾，"理想异性可能会与理想自我发生一种有趣的辅助联系，即在自恋性满足遭遇真实障碍之后，理想异性可能会成为自恋性满足的替代者。在这种情况下的人们爱上的是以自恋的方式所选择的对象，人们爱上了他们自己曾经所是但现在不再所是者，或者是那些具有他们从未具有的优点的人。……从而这样的优点是自我成为理想自我所必需的"①。鲁迅自身也认为："历史上满是血痕，却竟支撑以至今日，其实是伟大的。但我们还要揭发自己的缺点，这是意在复兴，在改善……"②

这种国族文化塑造的困境也说明了，后发国家在追求强国家、强国族、强文化的道路上，三者是相互影响的。能够适应环境变化的文化才能激发国族热情，为民族、为国家提供精神动力；而越是在强大国家的支持下，越能增强国族自身文化的自信，更好地发掘自身文化的特性和优势，进而为国族构建奠定更为强大的精神纽带。

六、维系主权的努力与无奈

西方列强的入侵和民族主义思潮的广泛传播，使得中华民族的国族意识逐步生成，中华民国的建立，中华民族至少在形式上具有了民族国家的政治屋顶，这又进一步强化了国民的国族意识。然而，列强侵略中国的步伐并没有停止，中华民族始终处于剥削与压迫的窘境，甚至面临着分裂的风险。"被压迫民族实现民族独立，一是有赖于民族主义的广

---

① 转引自伍晓明：《自己与异己》，见陈清侨：《身份认同与公共文化》，香港：牛津大学出版社1997年版，第330页。

② 《鲁迅致尤炳圻的信》，见《鲁迅全集》第13卷（书信），人民文学出版社1981年版，第683页。

泛传播，二是必须通过长期的民族解放运动。"① 在这种形势下，北洋政府在国家主权问题上，作出了卓有成效的抗争，同时也存在着妥协的一面。而国民在这种斗争中，也越发认清帝国主义的强权本质，国族共同体的切身体会更加明显，各族民众开始掀起自觉的反帝反封建斗争。

北洋政府作为中华民国的中央政府，在国家内部国族意识逐步高涨的情况下，维护主权和领土完整成为维护自身利益和对内巩固统治的重要方式。客观上讲，北洋政府与帝国主义在国家主权上的斗争，对于国族构建有着重要的历史意义。首先是努力避免国族分裂的危险。在民国初年，蒙古和西藏问题对于中华民族分裂的风险最大。北洋政府成立伊始，就关注到帝国主义列强对蒙、藏等地的侵略野心，发表《蒙藏主权声明》，强调蒙藏回疆等地为中国领土。

对于外蒙古的独立问题，北洋政府态度是明确的，坚持认为外蒙古是中国的领土。1912 年和 1913 年北洋政府两次致电哲布尊丹巴，指出外蒙独立"前清并未允行，中华民国亦断无允准之理……外蒙同为中华民族，数百年来俨如一家"②。但在沙俄的干涉下，北洋政府和平谈判和武力解决等方式均受阻，面对着国内外的不利局面，北洋政府经过多方努力，于 1915 年签订《中俄蒙协约》，外蒙古由"独立"改为"自治"，虽然国家主权仍然受到一定程度的损害，但坚守住了领土完整的底线，为其后的斗争奠定了法律基础。而当沙俄爆发十月革命后，1919 年北洋政府又不失时机地由徐树铮率兵收复外蒙古，外蒙古也正式上书呈请取消"自治"。但在苏联的干涉下，1924 年 6 月，外蒙古宣布成立蒙古人民共和国，而北洋政府也始终不予承认。

对于国族分裂有着直接影响的另一事件就是英国唆使下的西藏"独立"问题。北洋政府在英国的压力下，被迫举行中英藏会议。在 1913

---

① 周平：《论中国民族国家的构建》，载《当代中国政治研究报告》第 6 卷，社会科学文献出版社 2007 年版。

② 《中华民国外交史资料选编》（一）1911—1919，北京大学出版社 1988 年版，第 86 页。

第二章 制度形式的移植与国族意识的催化

年10至1914年7月的西姆拉会议上,北洋政府最终顶住压力,拒绝承认非法的"西姆拉条约"和"麦克马洪线",1919年9月,北洋政府再次拒绝了英国讨论西藏问题的要求。并在其后,主动与西藏上层进行接触和交流,西藏与中央政府的关系开始改善,达赖喇嘛在与北洋政府官员交流时表示,"余亲英非出本心,因钦差逼迫过甚,不得已而为之。此次代表等来藏,余甚感激,惟望大总统从速派全权代表解决悬案。余誓倾心内向,同谋五族幸福"[1],从而维护了西藏的主权。

其次是对不平等条约的废除与修改。从鸦片战争开始,不平等条约就是列强侵略中国的重要手段和标示,也成为中华民族独立于世界民族之林的重要障碍。北洋政府统治期间,废除和修改了部分不平条约,在一定程度上捍卫了国家主权。中华民国与清王朝相比,是第一次以主权国家的形式出现在世界舞台上。虽然受到阶级性质和国家实力的限制,但北洋政府仍然确认了自我的主权国家性质,并在国际法的框架下表达主权国家的合理诉求。1917年,北洋政府加入协约国,对德、奥宣战,废除《中德条约》、《中德善后章程》、《中奥条约》以及《辛丑条约》和其他不平等条约中涉及德、奥的部分。这是近代以来中国首次废除西方列强的不平等条约。在其后的巴黎和会上,中国代表团更是首次在国际舞台上阐明废除不平等条约的要求,展示了追求国家主权和民族独立的决心。并拒绝在有损国家主权的《对德条约》上签字。在华盛顿会议上,北洋政府再度作出废除不平等条约的努力,部分废除《民四条约》,并于1923年废除该条约。"五卅"运动后,北洋政府向各国提交了修改不平等条约的照会,同时也向国联大会提交修改条约案,并在国联大会中通过。

北洋政府作为中华民国的中央政府,是中华民族作为国族整体的代表。北洋政府对国家主权的抗争,对于国族意识初步萌发的中华民族而言,不但维护了国族的完整性,而且通过与他国的斗争,对国族整体具

---

[1] 《张广建致北洋政府电》,1920年7月,见《西藏地方历史资料选辑》,生活·读书·新知三联书店1963年版。

有正面强化的作用。但与西方列强相比,当时中国在实力上仍处于弱势地位,而北洋军阀的统治又与帝国主义的支持紧密联系,从而导致了北洋军阀对于帝国主义又具有妥协的一面,在维权的同时,也不断丧失着新的主权,如《中日山东问题换文》、《中美无线电台协定》、《中英京热路借款草合同》等新的不平等条约的签订。帝国主义的侵略,北洋政府的妥协性刺激着中华民族原本脆弱的神经,群众性的反帝运动自觉兴起,而且规模不断扩大,从"五四"运动到"五卅"运动,全国性的反帝爱国运动风起云涌,这些运动支持,或者说"强迫"着北洋政府维护国家主权,但更为重要的是进一步激荡着中华民族的国族意识,反帝反封建也越发清晰地成为中华民族独立自强的双重任务。

小　结

辛亥革命结束了清王朝的统治,近代中国进入了中华民国时代。这对于近代国族构建具有重大的转折意义,中华民国移植了西方资本主义国家的制度框架,虽不完善,但至少在形式上具备了民族国家的样式。这使国族构建不但成为中华民族的发展方向,而且切实具备了制度性支撑,也形成了一系列的国族构建政策。首先成立的中华民国南京临时政府,虽然仅存在数月,但对于转型时刻的国家统一和国族完整发挥了重要作用,通过谈判实现了政权的和平移交,提出了"五族共和"的国族理念,基本承接了清王朝的统治疆域,延续了中华民族多民族共同体的完整性。而且南京临时政府颁布了一系列的法律文件,特别是具有宪法性质的《中华民国临时约法》,其中的诸多原则和政策对国族构建具有重要的导向作用,深刻影响了北洋政府的国族实践,在国族构建进程中发挥了承前启后的作用。

而民国时期国族构建的具体实践,则是在北洋军阀时期正式开启的。北洋军阀作为封建专制向民主共和过渡时期的一股特殊政治力量,既代表着地主阶级利益,也具有一定的资本主义色彩,并且依附着帝国主义势力,这也决定了其统治的复杂性和多面性。这种统治特性也体现

第二章　制度形式的移植与国族意识的催化

在国族构建的实践中，一方面，北洋政府维持了中华民族的统一与完整，以主权国家的姿态出现在世界舞台，通过外交手段在一定程度上捍卫了国家主权，对内宣扬民主共和的理念，并移植了西方议会民主的制度框架，在政治、经济、文化教育等领域出台有利于国族构建的相关政策。另一方面，北洋政府又始终维持专制统治，对外寄予帝国主义支持，而内部又呈现军阀割据的局面。因此，对于北洋政府的国族构建应该全面客观地看待，既有积极的推动作用，也有消极的负面影响。

从这一时期的国族构建效应看，其重要成果就是维持了王朝国家向民族国家转型时刻的国族完整性，为中华民族的发展奠定了统一基础。而且对于国族内部的结构问题，多民族共同体成为国族构建的共识，国族构建的焦点已不是单一民族还是多民族，而是如何进一步提升国族的一体化和凝聚力。同时，国族意识在横向和纵向上都得到扩展，社会大众的国族意识得到进一步的提升，追求独立、民主、自由，开始成为更多群体和阶层的自觉要求，这在学生和工人群体中表现尤为突出，成为反复辟运动、"五四"运动和"五卅"运动的主力。

当然这一时期的国族独立与国族自觉也是有限度的，中华民族仍然处于半殖民地半封建社会，社会底层民众的国族意识仍然较为薄弱。而且这一时期的国族发展也暴露了国族构建过程中的深层次困境，如民主制度流于表象、国族文化内在冲突等等，而北洋军阀及其移植的西方竞争性政党制度无力应对这种困境，国族构建的进一步发展需要强有力的权威性领导主体，而这也成为中国国民党和共产党探索的重要方向。

第三章　党国体制的确立与国族整体的自觉

——南京国民政府时期的国族构建（1928—1949）

中华民国初期，国族构建在不断推进的同时也陷入了深层困境，其存在的核心问题在于权威性领导主体的缺失。而国民党实现改组，建立党治国家的政党体制，并同中国共产党合作，通过北伐实现中国形式上的统一，在全面抗战之前，开展了较为系统的国家建设和国族构建。抗日战争全面爆发后，国民党也开始转变政策，实现国共第二次合作，动员全民族的力量，最终战胜了日本帝国主义。经过抗日战争的洗礼，整个中华民族的国族认同意识显著增强，一定程度上实现了中华民族的整体性自觉。然而，抗战后的国民党却继续坚持一党专制与个人独裁统治，国族自觉与国家认同陷入矛盾，无法实现国家与国族的动态平衡。最终，在中华民族追求自由解放的大潮中，国民党在大陆的统治也宣告结束。

第一节　国族构建困境与政党体制的再选择：国民党的探索

北洋政府统治期间，中国国族构建具备了初步的现代色彩，但也陷入了国族构建的深层困境，出现了国族文化内在冲突、民主制度流于表象、民族独立脚步迟缓等问题。困境出现及其应对乏力，暴露的核心问题在于国族构建过程中权威性领导主体的缺失，而处于现代化转型的中

第三章 党国体制的确立与国族整体的自觉

国社会,这一重任历史地落在政党身上。但原有竞争式的政党制度却无法适应这一要求,为此,国民党在苏俄共产党的帮助下实现改组,建立党治国家的政党体制,并同中国共产党合作,通过北伐实现中国形式上的统一。而这种党治国家的体制,也成为南京国民政府时期国族构建的核心机制。

一、竞争党制的理想化与孱弱性

近代中国的国族构建是在传统社会向现代社会转型的大背景下展开的,而在这一过程中,能够形成权威而有力的领导力量至关重要,它是维持现代化有序推进的保障,也是国家构建和国族构建的核心。正如白鲁恂所言:"中国在发展上的基本问题是:如何在社会生活及政治生活中获得新的权威形式,一方面能满足中国人对历史自信心的再肯定,一方面能为他们的社会提供重振的基础,以符合现代化的需要。"① 纵观后发性现代化国家的转型过程,军人与政党是成为政治权威的主要角色。但由于社会发育程度的制约,在民国初期,虽然移植了西方式的民主制度,但在竞争式的政党体制中,军人与政党均没能胜任这一领导力量。而当清王朝这一原有政治权威崩解后,中国民族国家建构与国族建构却呈现出某种程度的权威真空,致使政治统合能力急剧下降。

近代中国的军人阶层兴起于清朝末年,相比之前的军事力量,这一群体知识程度普遍提高,并接受现代军事训练,具有较强的组织纪律性和社会整合能力。从辛亥革命到民国初期,军人阶层始终扮演着重要的政治角色,也在社会转型中发挥过重要作用。但军人阶层最大的政治缺陷就是其信仰的不稳定和责任感的缺失。以袁世凯为例,他虽然也有富国强兵的抱负,但其迷信的仅是武力本身,没有共和的追求与信仰,也自然不会有民主的承诺与责任,其复辟帝制的倒行逆施也证明了"不承

---

① [美]白鲁恂:《中国现代化过程中的权威危机》,见《中国现代化的历程》,时报文化出版有限公司1980年版。

担明确的革命或共和的义务，这就注定成为一个巨大的隐患"①。而其后不同军事集团之间的利益纷争，更是加剧了政治格局的分裂，影响了国族内部凝聚力的形成，这也是孙中山后来放弃依靠军阀力量，进而筹建国民党统一领导的军事力量的重要原因。

政党"并非天生就要执掌国家政权，但政党天生就是政治组织"②，而且是专业性的政治组织，其整个的价值追求和行动纲领都与国家政权有着密切的联系。中国的知识精英和革命群体也较早的关注到政党在民族国家构建及现代化转型中的作用，孙中山曾直言政党与国家的关系，他认为："国家必有政党，一切政治始能发达。"③ "若无政党，则民权不能发达，不能维持国家，亦不能谋人民之幸福，民受其毒，国受其害，是故无政党国，国家有腐败、民权有失败之患。"④ 也正因此，以孙中山为首的革命党人，始终以政党作为革命的组织，并根据形势发展对政党组织进行调整与变革，从革命团体兴中会，到第一个全国性的革命政党同盟会，再到国民党。而且持有不同政见的利益团体也纷纷组建政党，到清末预备立宪时，立宪政党开始出现，政党政治已逐步合法化。而当民国成立并移植了西方政党竞争体制后，政党组建之势如雨后春笋，竟至"党会既多，从无不挂名一党籍。遇不相识者，问尊姓大名而外，往往有问及贵党者"⑤。据学者统计，从辛亥革命到1913年底，国内新兴的公开党会团体有682个。⑥ 然而竞争党制的确立与政党数量

---

① 费正清主编：《剑桥中华民国史》第一部，章建刚等译，上海人民出版社1991年版，第222页。

② 周平：《多民族国家的族际政治整合》，中央编译出版社2012年版，第105页。

③ 孙中山：《在上海国民党茶话会的演说》，见《孙中山全集》第3卷，中华书局1984年版，第4页。

④ 孙中山：《在神户国民党交通部欢迎会的演说》，见《孙中山全集》第3卷，中华书局1984年版，第43页。

⑤ 《时事新报》，1913年11月3日，转引自杨绪盟：《移植与异化——民国初年中国政党政治研究》（修订版），人民出版社2009年版，第123页。

⑥ 张玉法：《民初政党的调查与分析》，见《中国近现代史论集》第19编，台北：商务印书局1986年版，第180页。

第三章 党国体制的确立与国族整体的自觉

的激增,并没有带来预想的民主效果,从宋教仁遇刺到袁世凯解散国会,被寄予厚望的政党与竞争党制迅速异化和破产,甚至将复辟专制归咎于"各立党派,分道扬镳,人才不济之结果"①。政党也因此开始改头换面,从有形向无形转变。

作为西方民主重要基石的政党竞争体制,之所以在中国遭遇夭折的命运,是由转型中国特殊的国情所决定的。阶级的民主是以阶级的实力为基础的,西方政党竞争制度是建立在资本主义充分发展,资产阶级实力增强的基础之上,而中国民族资本在清末民初的发展仍然处于起步阶段。据统计,1912年中国全部民族产业的资本总额只有1.5498亿元,在当时中国全部产业资本中的比例为10%。民族资本主义现代工厂只有698家,有工人270717人,而官僚资本占9.66%。其余的80%以上为外国在华资本。② 其次,民主的制度还要以民主的精神为支撑,民主制度可以瞬间重建,但民主精神却无法立即扎根,数千年传统专制思维对中国民众的影响实在太深,以至于梁启超曾深刻地指出:"我国由五千年之专制一跃而进于共和,旧信条横亘脑中,新信条未尝熏受,欲求新政体之圆满难矣。"③ 加之政党活动更多的局限在社会上层,缺乏动员底层民众的能力和意愿。诸多制约因素决定西方式的政党组织与竞争党制是无法成为主导社会转型的政治权威,自然也无法胜任国族整合与构建的职责。

面对中国革命的困境,孙中山及其率领的革命党人开始了新的探索,认为只有继续革命,才能打倒军阀,重塑民国。而革命必须依靠强大动员能力和组织能力的政党,"革命未成功时要以党为生命,成功后仍绝对用党来维持"④,逐步倡导"以党建国"和"以党治国"的理

---

① 《申报》,1916年7月1日,转引自李金河:《中国政党政治研究》,中央编译出版社2007年版,第219页。
② 徐矛:《中华民国政治制度史》,上海人民出版社1992年版,第69页。
③ 梁启超:《饮冰室合集·文集》之二十八,中华书局1989年影印本,第10页。
④ 孙中山:《在上海中国国民党本部的演说》(1920年5月16日),见《孙中山全集》第5卷,中华书局1984年版,第263页。

论。而俄国十月革命的胜利,也让孙中山看到革命成功的另一种选择,即组建苏俄式的政党组织。1921年后,孙中山明确肯定了俄国革命,并表示"此后欲以党治国,应效法俄人"①。最终,孙中山接受了苏俄的建议,并同意共产党加入国民党,在意识形态、组织架构和人员吸纳等方面对国民党进行了重大改组,使国民党在一定程度上适应了当时社会发展的需要。

二、意识形态的一元化与包容性

任何国家和社会的运行都需要一定的价值信仰及其完备性的论证体系。而意识形态就扮演着这一重要的社会角色。"意识形态是特定社会环境中传播范围广泛并且具有较大影响力的一系列思想观念的集合。"②不同的学者和思想流派对意识形态有着不同的理解,但其核心是"具有符合意义的信仰和观点的表达形式,它以表示、解释和评价现实世界的方法来形成、动员、指导、组织和证明一定的行为模式或方式,并否定其他一些行为模式或方式"③。在社会运行过程中,意识形态之所以能够发挥主导性和整合性的精神力量,是与意识形态本身的构建特点有关,"意识形态包含了对现状的看法,以及对未来的憧憬。这个未来被描述成在物质上优于现状;而且根据意识形态的说辞,这个值得期待的未来境况通常在人的有生之年可望达到。因此意识形态的另一显著特征便是:它提供了希望。意识形态是行动导向的。它提供了达成目标所必须实行的明确步骤。意识形态是群众取向的。通常以一般人所能理解的简单词语来陈述,在语气上通常是鼓动性的,鼓舞人们尽最大的努力来达成意识形态所设定的目标"④。特别是在社会急剧变动的转型时期,

---

① 《民国日报》(广州版),1923年8月15日,引自王永祥:《中国现代宪政运动史》,人民出版社1996年版,第33页。

② 周平:《多民族国家的族际政治整合》,中央编译出版社2012年版,第109页。

③ [英]戴维·米勒、韦农·波格丹诺编,邓正来译:《布莱克维尔政治学百科全书》,中国政法大学出版社2002年版,第368页。

④ [美]利昂·P.巴拉达特:《意识形态:起源和影响(第10版)》,张慧芝等译,世界图书出版公司2010年版,第9页。

第三章 党国体制的确立与国族整体的自觉

原有的信仰体系受到剧烈冲击,社会整合功能下降,这也成为国族凝聚与认同的深层障碍。因此,无论是社会转型还是国族构建,最大程度塑造能够被社会广泛接受的意识形态就具有重要意义。

而现代意识形态的塑造和传播与政党有着紧密的联系,"政党在历史上的形成过程中与意识形态结缘后,便一直与意识形态具有不可分割的联系"[①]。从某种意义上说,政党本身就是源于对某种意识形态的认同而形成的政治组织,意识形态是政党组织性和凝聚力的重要保证。"意识形态是政党的黏合剂,把具有共同政治意愿的人们聚合在一起。有了它,政党才成其为政党;没有它,政党便无异于乌合之众"[②]。同时政党塑造意识形态的合理性和可接受性,又是政党自身社会动员能力的重要影响因素,"政党意识形态是政党对社会发展、政党追求的目标以及政党自身的行为的合理化进行辩护而形成的一套思想理论体系。当这种认识和解释为党员所认同和接受时,政党就产生了强大的内聚力;而一旦为民众所认同和接受,政党就得到了支持的力量"[③]。对于社会转型期的政党而言,政党意识形态的塑造就显得更为重要,只有将政党建立在强烈的意识形态认同基础之上,政党才能具有严密的组织性与纪律性,才能担负起建国与治国的重任,才能成为整合社会力量的权威主体。

国民党在革命实践中,对政党的意识形态问题始终缺乏应有的重视,国民党更多的是一个以政见认同为基础的政党,这就极易导致因个人政见不同,而致使组织涣散与分裂。1922年,作为国民党党员的广东军阀陈炯明,在与孙中山就联省自治、出兵北伐等问题发生分歧后,公然炮轰总统府,这对孙中山产生了极大的触动,也促使了孙中山下决心整理党务,重建党的主义。政党意识形态功能的发挥,关键在于其本身的科学性和完备性,"尽管有时政党也努力构建自己的意识形态,但

[①] 周平:《多民族国家的族际政治整合》,中央编译出版社2012年版,第148页。
[②] 王长江:《政党论》,人民出版社2009年版,第80页。
[③] 王长江:《政党论》,人民出版社2009年版,第82页。

大多数情况下还是接受或改造社会中即在的某种意识形态"①。最大限度地反映时代要求和民众愿望，并且对于其他思想主张进行包容性的吸纳与论证，从而成为能够发挥整合与凝聚效应的一元化的主流意识形态。为了实现这一目标，国民党对其原有的意识形态——"三民主义"，进行了重新解释，发展成为"新三民主义"。

首先，在正确分析国情的基础上对"三民主义"注入新的革命内容。对于民族主义，明确将反对帝国主义与封建军阀结合起来，提出"国民党之民族主义，有两方面之意义：一则中国民族自求解放，使中国民族得自由独立于世界，二则中国境内各民族一律平等。其目的在使中国民族得自由独立于世界；承认中国以内各民族之自决权，于反对帝国主义及军阀之革命获得胜利以后，要组织自由统一的（各民族自由联合的）中华民国"②。弥补了原有思想中缺乏反帝主张的缺陷。在民权方面，进一步强调了民主权利的普遍性和直接性。"国民党之民权主义于间接民权之外，复行直接民权；民国之民权，唯民国之国民乃能享之"③。在民生主义方面，强调了反对地主和资本家，"国民党之民生主义，其最要之原则不外二者：一曰平均地权，二曰节制资本。由国家规定土地法、土地使用法、土地征收法及地价税法。使私有资本制度不能操纵国民之生计"④。进而列举了保障农民与工人社会利益方面的一些具体措施。这些具体内容的补充，为"三民主义"广泛宣传和被广大民众所认同奠定了基础。

其次，将中国传统文化作为"三民主义"的思想渊源。意识形态的持久生命力必须根植于民族文化，方能获得合法性基础和社会动员能

---

① 周平：《多民族国家的族际政治整合》，中央编译出版社2012年版，第148页。
② 《中国国民党第一次全国代表大会宣言》，见《孙中山全集（第九卷）》，中华书局1986年版，第118页。
③ 《中国国民党第一次全国代表大会宣言》，见《孙中山全集（第九卷）》，中华书局1986年版，第119页。
④ 《中国国民党第一次全国代表大会宣言》，见《孙中山全集（第九卷）》，中华书局1986年版，第120页。

第三章　党国体制的确立与国族整体的自觉

力。国民党对"三民主义"的阐释始终以中国固有文化为根基,以此作为民族凝聚与发展的基础。在孙中山与俄国代表马林的一次谈话中,马林曾问孙中山:"先生革命之基础为何?"孙中山直言道:"中国有一道统,尧、舜、禹、汤、文、武、周公、孔子相继不绝。余之思想基础,即承此道统,而发扬光大耳。"① 对于传统文化,孙中山也采取了甄别借鉴的态度:"讲到中国固有的道德,中国人至今不能忘记的,首是忠孝,次是仁爱,其次是信义,其次是和平。这些旧道德,中国人至今还是常讲的。但是,现在受外来民族的压迫,侵入了新文化,那些新文化的势力此刻横行中国。一般醉心新文化的人,便排斥旧道德,以为有了新文化,便可以不要旧道德。不知道我们固有的东西,如果是好的,当然要保存,不好的才可以放弃。"②

再次,积极吸纳包容其他意识形态的合理思想。变动社会的思想往往是多元交汇的,而主导性的意识形态就需要对其他思想体系与自身的关系进行阐述,或否定之,或肯定之,并将其纳入自身的理论系统。除去传统文化,"三民主义"要重点阐述的就是与共产主义的关系。虽然国民党明确了向俄国共产党学习,但其效仿的重心是在组织结构,而非意识形态。孙中山曾明确表示:"共产主义,甚至苏维埃制度,事实均不能引用于中国。因为中国并无使此项共产制度或苏维埃制度可以成功之情况也。"③ 但当孙中山从鲍罗廷处得知,俄国"皆是为民族主义而奋斗,"认为俄国共产党和国民党亦"暗相符合",开始正视共产主义,将其吸纳入"三民主义"的理论体系,"所谓社会主义、共产主义与集产主义均包括在民生主义之中。共产主义之实行,并非创自俄国,我国数十年前洪秀全在太平天国已经实行,且其功效较俄国尤大"。④ 在反

---

① 启学编著《中山思想体系》,台北:商务印书馆发行1985年版,第26页。
② 孙中山:《民族主义》,见《孙中山选集》,人民出版社1981年版,第680页。
③ 《孙文越飞联合宣言》,(1923年1月26日),见《孙中山全集》第7卷,中华书局1985年版,第51—52页。
④ 《中国国民党第一次全国代表大会会议录》,见中国第二历史档案馆编:《中国国民党第一、第二次全国代表大会会议史料》(上),江苏古籍出版社1986年版,第22—23页。

109

复强调"民生主义就是社会主义,也就是共产主义"的同时,又认为"我们所主张的共产,是共将来,不是共现在"。①

"三民主义"的改造使得国民党建立的主义之上,成为具有强烈意识形态化的政党,并通过其宣传动员体制,迅速成为社会主导性的意识形态,实现了国共合作,掀起了革命的高潮。而且主导性意识形态的重塑,对于国族构建更是具有基础性作用,国族文化的内在紧张与冲突是国族凝聚与认同的深层困境,"新三民主义"的重塑在一定程度上调和了国族文化的内在分歧,在特定的历史条件下,构建了国族凝聚与认同的心理基础。

三、组织机构的严密化与贯穿性

政党作为专业性的政治组织,其动员能力与自身的组织能力有着紧密联系。而在近代的国家建设中,政党在社会主导力量薄弱的基础上推动社会转型,就需要具备比一般性的资产阶级政党更为严密与强大的组织设计。政党组织"可以产生权力,可以依自己的理想塑造一个未来的社会,因此政党成了独立因素,而社会和政府却变成了依赖因素,附属于政党组织"②。而苏联共产党的革命历程就是这种组织力量的充分运用。③ "在1917年取得成功时手中掌握着一个也是唯一有形的、可利用的组织—党。1902年,正是党的概念使列宁的马克思主义脱颖而出;是党完成了这次革命;现在又是党产生了政府"④。而这一过程的实现,关键在于"列宁用一种自觉建立的、结构化的和组织化的政治制度,取代了无定形的社会组织。通过强调政治活动以及作为一种制度的政治的首要地位,通过强调建立'强有力的、建立在广泛的革命联盟政治组织'的必要性,列宁奠定了建立政治秩序的必要前提。……政治秩序的

---

① 《三民主义·民生主义》,见《孙中山全集》第9卷,中华书局1985年版,第392页。
② 江炳伦:《政治学论丛》,华欣文化事业公司1975年版,第56页。
③ 周平:《多民族国家的族际政治整合》,中央编译出版社2012年版,第141页。
④ [美]乔治·萨拜因:《政治学说史》,盛葵阳、崔妙因译,商务印书馆1986版,第926页。

第三章 党国体制的确立与国族整体的自觉

基础在于政党至高无上,超越一切社会势力"①。

而处于近代革命探索中的国民党,在组织建设方面却与列宁式政党差距悬殊。国民党在革命实践中,更多的将自己定位于西方竞争体制下的政党,组织建设的重点在于上层机构,基层组织基本缺失,对党员的纪律要求较低,入党和脱党的程序都极为简单。这种松散的组织结构极大削弱了国民党的动员能力,其基层的群众性与严密性也受到很大影响,"不特党员之行为言论纯任自由,未有指导,甚至一经入党,住居何处,所执何业,亦莫之悉,故名有数十万党员,实则贤者人自为战,莫收统一之效;不肖者或挂名投机,或自由进退,组织不完,因而训练不能周到,致有党员不明党义,遑言政策"②。因此,国民党在改组之前,虽然党员数量有一定的增长,但其中挂名或投机人员比例很大,孙中山自己也认为,"然按之实际,则除册籍载有姓名者外……毫无活动,衡量党力,更属微渺"③。中国革命的需要与国民党自身的组织建设存在强烈的反差,这也促使孙中山等人认识到,中国革命的全面推进必须构建组织更为严密的政党,运用政党的组织力量,覆盖和渗透社会生活的各个领域及层面,贯穿党的意志,进行社会全方位的动员。

首先,强化民主集权制的组织原则。为了克服国民党组织松散,党员纪律涣散的问题,国民党在改组之时,特别提出和强调了组织原则,即民主集权制。在国民党"一大"的"纪律问题"决议案规定了国民党的组织原则为"民主主义的集权制度",主要内容包括两个方面:"要实行党的德莫克拉西,凡是党员的意志,随时自由表现出来,而成为党的意志,同时要拥护党的机关,依照党的意志切实执行;党的指导

---

① [美]塞缪尔·亨廷顿:《变革社会中的政治秩序》,李盛平等译,华夏出版社1988年版,第330—331页。
② 吕芳上:《革命之再起》,中央研究院近代史研究所1989年版,第518页。
③ 《致全党同志书》,见《孙中山全集(第九卷)》,中华书局1986年版,第540页。

机关能够指导全体党员,并且能够执行党的整个意志。"① 民主集权制的确立,对于实行党建国家路线的政党具有重要意义,它能够有效凝聚党的意志,并且在下级服从上级,层层节制的体制中,确保了党的意志的贯彻执行。当然,民主集权制的重点仍在集权,这也为国民党其后的专制统治埋下伏笔,但就制度本身的设计而言,是适应了当时社会发展要求的。

其次,组织在横向层面上扩展至社会各个领域和区域。党建国家是一种党在国家之上或社会之上的体制,要动员和凝聚整个社会的力量,党组织就要主动的扩展和渗透至各地区和各领域。在国民党内部,专门设置与各个领域相关的工作机构,"如中央党部在二届四中以前增至工人、农民、组织、青年、军人、妇女、海外、商人、宣传等九部,每部又分若干科。其余如省党部及县党部亦设有数部"②。同时,国民党还在全国各个地区设立党组织,使国民党的影响力从东南地区向全国扩展。国民党组织在领域与地域的拓展,对于国民党动员全国革命群体,强有力的凝聚和掌控革命力量具有重要意义。

再次,组织在纵向上渗透至社会基层。基层组织建设是国民党改组前组织架构中最为薄弱的环节,为此,国民党设立区分部作为基层组织。这种机构设置仿效了俄国共产党的"支部",以区分部作为国民党的组织细胞,从中央到地方逐层设立党组织,依次层级为:国民党中央—省党部—区党部—区分部。同时在各个行业和领域也设立基层组织,如在军队系统,设立军特别党部—师党部—团党部—连党部;在行政机关、学校也设立特别党部—区党部—区分部。通过这种环环相扣的组织设计,国民党的组织触角渗透至社会各个角落,离散的党员个体通过基础组织加强沟通与交流,强化了凝聚力和认同感,进而也增强了国

---

① 《国民党党务宣传大纲》,载《汉口民国日报》1927 年 2 月 23 日,转引自王奇生:《党员、党权与党争:1924—1949 年中国国民党的组织形态》(修订增补本),华文出版社 2010 年版,第 16 页。

② 杨幼炯:《中国政党史》,上海:商务印书馆 1937 年版,第 190 页。

民党在基础民众中的宣传动员能力。

国民党在组织层面的改造，增强了其严密性，也具有了更强的社会覆盖和渗透能力，犹如纵横交错的致密性网络，将整个社会涵盖其中，为意识形态的宣传，社会民众的动员奠定了组织基础。对于国族构建而言，这种网络的存在，既传播同质性的文化，也能够对国族共同体产生整体性的动员效果，促成一种命运共同体观念的形成。同时，这种全覆盖性网络的存在，本身对于国族共同体就具有一定的象征意义，从而促成一种自我认同感的生成。

四、党员吸纳的大众化与国民性

政党作为特定的政治组织，虽然其政党意识形态和组织体系对于政党的动员与执行能力有着直接的影响，但政党毕竟是人——党员的共同体，"政党自身是社会政治组织，它来自于社会"①。党员的吸纳能力，党员的组成结构，以及党员的具体行为表现，在政党建设中具有基础性的作用。特别对于主导社会变革和立足执掌国家政权的政党，其阶级或阶层基础必须尽可能的扩展，才能动员整个社会的力量，建立最广泛的统一战线。但政党毕竟是精英性的组织，哪怕是宣称全民性的政党，也只能吸纳部分精英群体进入。但这其中涉及对于不同阶层中的精英如何判别的问题，对于多元化的社会，精英应该是一种弥散性而非累积性的分布，即在不同的群体中均存在着精英分子。因此，政党要进行利益综合和社会整合，就需要尽可能的吸收不同阶层的精英分子，使政党成为社会更广泛利益的代表。

然而国民党在改组之前，仅是少数精英分子的联合，并且其党员组成相当复杂，甚至是鱼龙混杂。"从前吾党在国内，毫不具基本组织，所谓活动，只有少数有知识有势力之人为高级之政治的活动，此外几于不见本党之势力所在。"② 这也限制了国民党对国民，尤其是社会底层民众的动员能力。孙中山在革命实践中逐步认识到了群众基础薄弱的问

---

① 周平：《多民族国家的族际政治整合》，中央编译出版社2012年版，第152页。
② 罗家伦：《革命文献》第8辑，中央文物供应社1978年影印再版，第1179—1180页。

题，特别是国民党和共产党实现合作后，在苏俄共产党和中国共产党的帮助下，国民党意识到吸纳各个群体精英进入党组织的重要性。

首先是确立了依靠扶助农工的政策。在国民党"一大"的宣言中，指出了工农群体在被剥削被压迫的社会处境，也肯定了其作为革命主体的必要意义，工农"要求解放之情，至为迫切，则其反抗帝国主义之意，亦必至为强烈。故国民革命之运动，必恃全国农夫工人之参加，然后可以决胜"。因此，国民党"对于农夫工人之运动，当以全力助其开展，辅助其经济组织，使日趋发达，以期增进国民革命运动之实力"①。将工农纳入革命主体的范围，工农中的优秀分子也就成为国民党党员的吸收对象，这对于国民党的发展具有重要意义，同时"三民主义"也可以迅速在社会底层中传播，推动工人运动与农民运动蓬勃开展。

其次是积极吸纳知识分子群体。近代中国的知识分子，在科举制废除之后，因其制度性的上升途径断裂，致使其呈现日趋边缘化的趋势。但知识分子，特别是青年知识分子，在"五四"爱国热潮的熏陶与激发下，出现了追求理想与信仰的高潮，同时其参政意识也进一步高涨，积极参与政党政治活动，而政党也开始主动吸引知识青年的加入。中国共产党较早的在知识青年中开展工作，随后，国民党也开始重视知识青年的力量，在国民党中央专门设立青年部，宣传"三民主义"的革命理论。而全国各地的知识青年也纷纷奔赴广东，投身革命。以黄埔入伍学生的职业统计为例，中学生占学生总数的60%，小学教员占教员总数的19%。②

通过多元化的党员吸纳途径，国民党的党员数量迅速增加，成员构成也发生了重大的变化。1926年1月，国民党"二大"召开之时，国

---

① 《中国国民党第一次全国代表大会宣言》，见《孙中山全集（第九卷）》，中华书局1986年版，第120页。

② 伍生："五四以后青年运动的倾向"，载《入伍生周刊》，1927年5月第2期，转引自罗志田：《乱世潜流：民族主义与民国政治》，上海古籍出版社2001年版，第204页。

第三章 党国体制的确立与国族整体的自觉

内登记注册的国民党党员数量已到 14.7 万人。① 以广东省为例，国民党员在 1925 年初为 1.5 万人，到 1926 年底则增至 18.3 万。其中农民党员占 40%，工人党员占 25%，学生党员占 25%，其他各界占 10%。② 这使得国民党已经具有了一定的国民性，具有了更强的社会动员能力，推动了大革命开展。当然，这一阶段国民党的发展是国共成功合作的结果，而当国共关系破裂之后，国民党虽然也宣称自己是代表全民利益的党，是多阶级联合的党，但这更多的只是一种口号，其广泛的代表性已名存实亡。

国民党与共产党合作，实现改组之后，成为了意识形态强烈，组织结构严密，党员构成多元的具有列宁式特色的政党组织。并且成功地进行了北伐，形式上统一了全国。然而随着国共合作的破裂，由于阶级利益的局限，国民党的革命进步色彩也在逐步消退，但国民党的组织体系和党治国家的原则得以保留和强化，成为南京国民政府统治期间的首要原则。"掌握政权的政党，完全可以通过国家政权的力量推进国族的建设。"③ 再加之这种特殊的政治体制，南京国民政府的国族构建也就是国民党的国族构建。而这一体制的确立，对于近代中国的国族构建具有重要的里程碑意义，成为国民党和南京国民政府国族构建的核心制度框架，政党开始在国族构建中扮演重要角色，在一定程度上缓解了国族文化在内紧张和国族底层民众动员乏力的困境，并为国族整合与动员奠定了组织基础，提升了国民党和南京国民政府的国族构建能力。同时，国共第一次合作，也为中国共产党此后的革命道路和国族构建产生了重要的影响。

---

① 中国第二历史档案馆编：《中国国民党第一、第二次全国代表大会会议史料》（上），江苏古籍出版社 1986 年版，第 211 页。
② 王奇生：《论国民党改组后社会构成与组织》，载《近代史研究》，2000 年第 2 期。
③ 周平：《多民族国家的族际政治整合》，中央编译出版社 2012 年版，第 152 页。

第二节　国家形式上的统一与国族的一元化整合

国共第一次合作失败后，1927年4月18日，蒋介石集团成立南京国民政府。1928年东北易帜，南京国民政府实现了中国形式上的统一。在全面抗战爆发前的近十年间，国内外形势处于相对缓和的局面，在此期间，南京国民政府在一定程度上开展了较为系统的国家建设和国族构建。南京国民政府的国族构建继承了孙中山国族主义的思想，并在此基础上进一步强化，在党治国家的体制主导下，力图通过民族同化现实一元化的国族构建目标。同时，南京国民政府的国族构建，也是通过政治、经济、文化等多途径综合展开，为抗日战争时期，中华民族的全面自觉奠定了基础。

一、国族主义的继承与强化

南京国民政府的国族理念和国族构建思路，与孙中山的国族思想有着直接的联系。在革命实践的跌宕起伏中，孙中山的国族观念也发生相应的转变，从"种族论"、"五族共和"直到"民族同化论"。而在孙中山的晚年，面对军阀割据、一片散沙的局面，其深感构建统一国族的重要性，唯有如此，才能增强整个中华民族的凝聚力。但孙中山对国族的理解更多是文化和血缘意义上的，因此，构建国族的唯一途径就是通过民族同化政策，将其他民族同化于汉族，"我们中国许多的民族也只要化成一个中华民族，并且要把中华民族造成很文明的民族，然后民族主义乃为完了"①。而"盖藏、蒙、回、满，皆无自卫能力，发扬光大民族主义，而使藏、蒙、回、满，同化于我汉族，建设一最大之民族国家

---

① 孙中山：《在上海中国国民党本部会议的演说》，见《孙中山全集（第五卷）》，中华书局1985年版，第394页。

者，是在汉人之自决"①。因此，孙中山认为其"民族主义就是国族主义"②。而在国民党一大后，孙中山又为其国族主义增添了反帝要素，同时，特别提出了国内民族间平等的原则，并且承认各民族的自决权。"中国境内各民族一律平等。其目的在使中国民族得自由独立于世界；承认中国以内各民族之自决权，于反对帝国主义及军阀之革命获得胜利以后，要组织自由统一的（各民族自由联合的）中华民国"③。

孙中山晚年对民族主义的重新阐释，开启了国族构建新的向度，特别是民族平等原则的赋予和民族自治自决权的肯定，实际上是从强调民族同化的融合型国族开始向内部多元共存的复合型国族进行探索。这对于动员包括少数民族在内的整个中华民族进行反帝反封建革命具有重要意义。但这种探索毕竟刚刚起步，其理论还不具备逻辑的完整性，而且其关注的重点是反抗现有的压迫，对于革命之后的制度设计关注较少。

当南京国民政府成立之后，由于实现了形式上的统一，使国族的构建更具有了"建设性"的色彩；但也恰恰因为这种统一仅是形式上的，使得国族构建虽有价值层面的追求，但更为侧重的还是工具意义的考量，即通过构建内部同质化的国族来凝聚整个国家的力量，进而维护国家的统一和稳定。因此，南京国民政府继承了孙中山构建统一国族的思想，并推行了一系列淡化民族色彩和强制民族同化的政策。

南京国民政府成立之后，就非常重视解决民族问题，并设立专门机构统筹处理少数民族问题，即蒙藏委员会，由阎锡山担任第一任委员长。相对于北洋军阀政府的"五族共和"，南京国民政府更加强调国族本身的先在性，以及少数民族与国族间的一体关系。在国民党第三次全国代表大会有关"蒙藏与新疆"的决议案中指出，"本党致力国民革命

---

① 孙中山：《在桂林对滇赣粤军的演说》，见《孙中山全集（第六卷）》，中华书局1985年版，第24页。

② 《三民主义·民族主义》，见《孙中山全集（第九卷）》，中华书局1986年版，第278页。

③ 《中国国民党第一次全国代表大会宣言》，见《孙中山全集（第九卷）》，中华书局1986年版，第118页。

既以实现之三民主义为唯一目的,则吾人对予蒙古、西藏及新疆边省舍实行三民主义外实无第二要求。虽此数地人民之方言习俗与他省不同,在国家行政上稍呈特殊之形式,然在历史上地理上及国民经济上则固同为中华民族之一部,而皆处于受帝国主义压迫之地位者也"①,强调各民族与中华民族属于整体与部分关系,在全国范围内推行"三民主义",使之成为整个国族凝聚与认同的重要基础。并且对"三民主义"进行了新的解读,"今幸军阀之恶势力已被摧毁,中国境内之民族,应以互利亲爱、一致团结于三民主义之下,为达到完全排除外来帝国主义目的之唯一途径。诚以本党之三民主义,于民族主义上,乃求汉、满、蒙、回、藏人民密切的团结,成一强固有力之国族,对外争国际平等之地位。于民权主义上,乃求增进国内外民族自治之能力与幸福,使人民能行使直接民权,参与国家之政治。于民生主义上,乃求发展国内一切人民之经济力量,完成国民经济之组织,解决自身衣、食、住、行之生活需要问题也……本党敢郑重述明:吾人今后必力矫满清、军阀两时代愚弄蒙古、西藏及漠视新疆人民利益之恶政,诚心扶植各民族经济、政治、教育之发达,务期同进于文明进步之域,造成自由统一的中华民国"②。

国民党"三大"的国族构建方针在国民党"一大"的基础上,进行了重要的调整。国民党"一大"的目标是构建统一国族,并又承认了少数民族的自决权,但二者对于统一国家内部的国族构建而言,是有着张力和风险的。因此,南京国民政府在国族构建的导向上,继续坚持并强化了一元化的国族构建目标,但对于民族自决权的问题则作出了理论上的修订,将自决权专属于国族。而对于少数民族则承认其在国家内部的自治权,这对于维护国家统一和保护少数民族的权利具有重要的意义。

---

① 《中国国民党第三次全国代表大会重要决议案》,见《中华民国史档案资料汇编第五辑第一编政治(二)》,江苏古籍出版社1991年版,第84页。

② 《中国国民党第三次全国代表大会重要决议案》,见《中华民国史档案资料汇编第五辑第一编政治(二)》,江苏古籍出版社1991年版,第84页。

第三章　党国体制的确立与国族整体的自觉

但在具体的国族构建中，南京国民政府无法协调一元化国族与少数民族自治间关系，形成一元化的国族始终是其国族构建的核心目标，并且动用了政治、经济、文化等多种手段，有时甚至采用了强制性的民族同化政策，例如在广西，"早在1932年，当地政府就根据国民党不承认中国少数民族存在的精神，在广西三江县成立改良风俗委员会，制定强迫民族同化的'规划'，规定侗族人'应一律改用汉服'"①，这种强制性的民族同化政策不仅不利于国族整体的凝聚力的生成，反而加剧了民族之间的不平等。

而对于少数民族的自治问题，南京国民政府虽然表面上给予承诺，但实际操作却大打折扣，以各种理由推迟自治进程，如在回复蒙古的自治要求时写道："惟自治之先决条件，为人民在政治上有相当之训练，在经济上有相当之余裕，……内蒙古地方教育、文化及经济生活均尚亟待发展，政治训练，尤未有准备，若一旦实行高度之自治，亦将不过云有其名，人民之不能行使权利如故，经济之不能适应需求如故，……惟蒙古人民风俗习惯、语言、宗教与内地略有不同，此为政府所特别考虑，倘于省行政区域及省行政系统之下，特设蒙人掌理政治之机关，试行初步之自治，则不惟可免捍隔之弊，亦可以辅助省政府之不及而收合作之效。"② 从中可见，南京国民政府以民族地区政治、经济、文化等条件的不成熟为由，推后了蒙古的自治，而自治的先决条件就是与内地发展持平，这本身就是一种颠倒因果的逻辑。而且，从制度设计的角度看，按照国民党的设想，县以下实行地方自治，而省是全国普遍的行政单位，民族地区也要设置省级行政单位，实行与内地相同的管理体制。而少数民族自治更准确地说是民族地方的自治，而且这种自治是在省级行政单位下，设立自治机关。这与一般性的地方自治并无本质的区别，

---

① 高翠莲：《清末民国时期中华民族自觉进程研究》，中央民族大学出版社2007年版，第251页。

② 《中国国民党第三次全国代表大会重要决议案》，见《中华民国史档案资料汇编第五辑第一编政治（二）》，江苏古籍出版社1991年版，第68—69页。

仅仅保留了少数民族上层的某些特权。而且，对于少数民族原有的聚居区，也通过设立新的行政单位进行分割，撤销热河、察哈尔、绥远三个特别行政区，改设热河省、察哈尔省、绥远省。撤销川边特别行政区设西康省，增加宁夏省和青海省。① 作为整体性的蒙古不复存在，其民族自治的色彩也就更为淡化。虽然其后蒙族的自治一度被承认，但更多是处于日本入侵，维护领土完整的考虑。

在国族构建的方向问题，南京国民政府继承了孙中山的国族主义，但却比孙中山走得更远。构建国族是民族国家存在的必需条件，但国族作为政治民族或国家民族，与文化民族有着相同之处，但也存在本质的区别。国族的构建并不意味着内部文化的同质，也不意味着否定多个文化民族的存在。如果一味强调民族同化，特别是强制性的民族同化，反而会加剧国族内部的冲突，不利于国族认同感的提升。

二、训政体制的民主与独裁

国家内部民众享有自由民主的权利是国族构建的关键环节，在民族国家构建的过程中，自由民主是激发国族动力的重要动员机制，而当民族国家具有雏形后，就要"建立充分保障公民权利的机制，以及国家与公民良性互动的机制，确保公民权利的充分实现"②。国族成员是否能够真正享有民主权利，就成为国族进一步凝聚与认同的制度保证。南京国民政府对于民主政治的认识与其党建国家的路线有着紧密联系。国民党对于党建国家的政治路线，根据形势需要设计了三个紧密相关的程序，即军政时期、训政时期和宪政时期。

当北伐成功，南京国民政府政局稳定之后，国民党便开始设计训政时期的政治体制。1928年8月8日，国民党召开二届五中全会，宣布军政时期结束，并通过了《中国国民党训政纲领》六条：中国国民党实施总理"三民主义"，依照建国大纲之训政时期，训练国民使用政权，至宪政开始完成全民政治，制定左之纲领：第一条，中华民国于训政时

---

① 周平：《中国边疆治理研究》，经济科学出版社2011年版，第64页。
② 周平：《对民族国家的再认识》，载《政治学研究》，2009年第4期。

第三章　党国体制的确立与国族整体的自觉

期开始,由中国国民党代表大会,代表国民大会,领导国民行使政权。第二条,中国国民党全国代表大会闭会时,以政权付托中国国民党中央执行委员会执行之。第三条,依照总理建国大纲所定选举、罢免、创制、复决四种政权,应训练国民逐渐行使,以立宪政之基础。第四条,治权之行政、立法、司法、考试、监察五项,付托于国民政府总揽而执行之,以立宪政时期民选政府之基础。第五条,指导监督国民政府重大国务之施行,由中国国民党中央执行委员会政治会议行之。第六条,中华民国国民政府组织法之修正及解释,由中国国民党中央执行委员会政治会议议决行之。①

《训政纲领》作为南京国民政府建立初期的带有宪政色彩的重要文件,充分体现了国民党的"训政保姆"理论。《训政纲领》强调了国民党以党治国的理论,使国民党拥有统治国家的全权,但对于中华民国国民的权利则以需要训练为由,言之甚少,而作为国民却必须履行拥护国民党、遵行"三民主义"和接受训导使用权利的义务。这与民主国家的理念是背道而驰的,而且国民党训政的实质是将以党治国演变成"一党治国"甚至是"以蒋治国",这种以民国为名,实质走向专制独裁的制度设计,自然不会被民众所接受,也不会起到凝聚国族的功能。

在党内外的压力之下,南京国民政府开始推进政治民主,其中具有重要意义的就是1931年国民会议的召开和《中华民国训政时期约法》的通过。《中华民国训政时期约法》作为宪法性文件,重新规定了中华民国的性质和国民的政治权利。在总纲第二条中规定:"中华民国之主权属于国民全体。凡依法律享有中华民国国籍者,为中华民国国民。"第二章人民之权利义务第六条规定:"中华民国国民,无男女、种族、宗教、阶级之区别,在法律上一律平等。"② 这也重新肯定了现代民主

---

① 中国第二历史档案馆:《国民党政府政治制度档案史料选编》,安徽教育出版社1994年版,第590页。

② 《中华民国训政时期约法》,见《中华民国史档案资料汇编第五辑第一编政治(二)》,江苏古籍出版社1991年版,第269页。

国家民众应有的基本权利,同时,国民会议代表选举的广泛性也体现了国族内部成员共同掌控国家政权的要求。国民会议代表以省市为基本单位,按照区域的职业代表进行直接选举。各省选出450名,各市选出22名。① 就其代表分布而言,有一定的广泛性和代表性,并且在代表分配方面,南京国民政府考虑了边疆民族地区的特殊情况,采取了灵活的方式,保证了民族地区代表的选举和参会。"蒙古、西藏因情况特殊,不设省,为中央政府管理下的两地方"②。蒙古选出12名,西藏选出10名,在外华侨选出26名。

《中华民国训政时期约法》的出台沿袭了资产阶级民主自由的原则,肯定了国家的完整统一和国民间的平等权利,对于国族整合与认同具有积极意义。当然作为训政时期的约法,它没有改变国民党的一党专制,国民所具有的法定权利,均有"依法律"和"非依法律不受限制"等限语,当民众的自由权利与国民党专制统治相冲突时,就会根据需要予以合法地剥削。

理论与现实的反差,使得宪政民主的追求更为强烈与迫切。伴随日本帝国主义的入侵,国内矛盾日益加剧,召开国民大会,制定宪法,实行宪政的呼声日益高涨,而且根据国民党民主政治的路线图,训政的时间应为六年。面对各方压力,国民党曾一度筹备召开国民大会,并公布了《中华民国宪法草案》。在有关国民大会代表的选举问题上,继续对于少数民族地区给予了特殊的照顾,专门设置代表名额。而且,当时正处于全面抗战爆发的前夕,国共开始酝酿再度合作,因此,在国民大会代表的选举问题上,共产党主张"修改国民大会组织法及选举法,使各党派、各民众团体、各职业团体、各武装部队均能参加,以制定真正的民主的宪法"③,国民党也根据形势需要,适度放宽了代表的范围和选

---

① 郎裕宪、陈文俊编著:《中华民国选举史》,中央选举委员会印行1987年版,第165页。
② 徐矛:《中华民国政治制度史》,上海人民出版社1992年7月版,第405页。
③ 李良志:《抗日民族统一战线的形成及其特点》,转引自徐矛:《中华民国政治制度史》,上海人民出版社1992年版,第239页。

举的自由度，进而吸纳了更多党派与政治团体的代表。

在公布的《中华民国宪法草案》[①]中，规定"中华民国之主权属于国民全体。具有中华民国之国籍者为中华民国国民"，并列举了国民所享有的多项权利与义务。而在这部宪法中，明确规定"中华民国各民族均为中华国族之构成分子，一律平等"。这是首次在宪法中直接规定国族与国内各民族，对国族构建具有一定程度的里程碑意义。在此之前的宪法性文件，虽然不否认国家内部多民族的存在，但在国族构建的问题上，基本采用了自由主义的策略，强调国民个体无差别的权利，无种族、阶级、党派等区别，其最终目的仍是国族的同质化和一元化。而在《中华民国宪法草案》中，直接提出了中华民国的国族就是中华国族，认可了国内多个民族的存在，中华国族是各个民族共同组成的。这既承认了多民族的存在和民族间的平等，也开始承认各民族在国族内部的一种整体性存在，具有复合型国族的意味。这也暗示国族构建与整合，并不仅仅是一种无差别国民个体的整合，也是一种族际关系的整合。这对于动员各个少数民族整体抗战具有重要意义，同时也在一定程度上改变了日后国族构建的思路。

三、主权独立的抗争与妥协

近代以来，帝国主义列强的压迫一直是国族构建的重要障碍，随着国族意识的不断觉醒，争取主权独立成为整个中华民族的迫切要求。也正因此，北伐在打倒列强和军阀的口号下，获得民众的广泛支持，才得以迅速成功。而当南京国民政府成立后，列强继续凭借诸多不平等条约强取豪夺，欺压中国民众，甚至仍然图谋分裂中华民族。一个遭受外部压迫的民族，即使其内部的同质化程度再高，也无法成为强有力的国族共同体。"中华民族只有从帝国主义的压迫下解放出来，实现了民族独

[①]《中华民国宪法草案》，见《中华民国史档案资料汇编第五辑第一编政治（一）》，江苏古籍出版社1991年版，第276页。

立，才能建立自己的主权国家。"① 而对于南京国民政府而言，尽可能地维护国家主权，消除外来民族压迫，也是兑现革命承诺，增强自身合法性的重要手段。因此，维护国家统一和国族完整，消除帝国主义的压迫和剥削，就成为广大民众的共同要求。

近代以来，列强一直怀有分裂中华民族的野心，尤其在蒙古和西藏问题上，频频制造事端，而南京国民政府在这一问题上也具有一定的警惕性，坚守住了维持国族完整的底线。1924 年，中俄签订《中俄解决悬案大纲协定》，第五条规定："苏联政府承认外蒙为完全中华民国之一部分，及尊重在该领土内中国之主权。苏联政府一切军队由外蒙尽数撤退。"② 但苏联并没有信守条约，其军队一直驻留外蒙古。1924 年，外蒙古宣布独立，成立蒙古人民共和国，当时的北洋政府一直不予承认。南京国民政府成立后，苏联曾要求中国承认外蒙古的独立，蒋介石政府迫于国内民众的压力给予明确拒绝，并要求外蒙古执政者取消独立。1928 年，外蒙古内部爆发了要求回归祖国的统一运动，苏联派兵进行了武装镇压，南京国民政府也派出军队，与苏军在外蒙古东部边界发生战斗。但由于南京国民政府亲美反苏的对外政策和忙于内战，使其无力进一步解决外蒙古问题。

而西藏问题是中国另一主要的边疆危机，南京国民政府成立后，十三世达赖即派人与国民政府联系，力图改善西藏与中央政府的关系。但这遭到了英国殖民者的阻挠，"初时派遣大批人员入藏宣传，竭力挑拨中藏恶感，离间藏人之内附，继则又唆使尼泊尔进兵西藏，以谋武力之威压"③，1930 年，西藏与尼泊尔发生商务纠纷，英国挑动尼泊尔进兵西藏，以此对达赖施加压力。达赖向国民政府求援，南京国民政府派员前往尼泊尔调节，使事件得以和平解决。其后，国民政府又调解了西藏

---

① 周平：《论中国民族国家的构建》，载《当代中国政治研究报告》第 6 卷，社会科学文献出版社 2007 年版。

② 王铁崖：《中外旧约章汇编（第 3 册）》，生活·读书·新知三联书店 1962 年版，第 424 页。

③ 杨策、彭武麟：《中国近代民族关系史》，中央民族大学出版社 1999 年版，第 301 页。

第三章　党国体制的确立与国族整体的自觉

与邻省之间的冲突，使得西藏与中央政府间的关系更为密切。

对于近代中华民族的独立而言，帝国主义列强施加的重要障碍就是一系列不平等条约的存在，这犹如贴在中华民族身上的一道羞耻符，使中华民族无力与其他国族平等相处。南京国民政府成立之后，废除不平等条约已成为国民的共同愿望，但国民政府的统治又依赖于帝国主义的支持，为此，国民政府提出通过和平的方式改定新约，逐步收回主权。废除不平等条约的主要原则是："一、中华民国与各国条约之已届期满者，当然废除，另订新约。二、其尚未满期者，国民政府应即以相当之手续解除而重订之。三、其旧约业已期满，而新约尚未订定者，应由国民政府另订适当临时办法，处理一切。"① 国民政府的改定新约运动主要集中在争取关税自主、裁撤领事裁判权和收回租界与租借地等方面。

其中，首先开始的是争取关税自主运动，从1928年开始，国民政府先后与13个国家进行谈判，到1930年中国与日本签订新的《关税协定》结束，中国重新获得关税自主权，这是在国家主权斗争上的重大胜利。其次是领事裁判权，外国居民在中国的治外法权是中华民族备受屈辱的重要表现，也极大地伤害着中华民族同胞的感情。从1929年开始，国民政府开始与列强就废除治外法权进行谈判，在这一过程中，国民政府表现较为强硬的态度，时任外交部长王正廷在一次演讲中曾表示："如果全世界要为此向中国宣战，中国人也可应付而达到目的"。② 1931年，国民政府公布了《管辖在华外国人实施条例》，其主要内容为："所有享有治外法权的外国人均应受中国法律的管辖；在有关地区设立特别法院，受理涉外的民事、刑事案件，外国人的逮捕及其房屋或办公室的搜查均应依照中国刑法典规执行。"③ 但之后不久就爆发"九一八"事变，废除领事裁判权的问题也就此搁置。再次是收回租界与租借地，

---

① 林泉：《抗战期间废除不平等条约史料》，中正书局1983年版，第435—436页。转引自王建朗：《中国废除不平等条约的历程》，江西人民出版社2000年版，第236页。

② 李恩涵：《北伐前后的"革命外交"》，中央研究院近代史研究所出版社1998年版，第196页。

③ 王建朗：《中国废除不平等条约的历程》，江西人民出版社2000年版，第276页。

在"九一八"事变之前，国民政府经过谈判先后收回了威海卫租借地、镇江英租界、厦门英租界、天津比利时租界等地区。

南京国民政府的改定新约运动，一定程度上维护了国家的主权和中华民族的尊严，激发了民众的爱国热情。当然也暴露了国民政府在列强面前的软弱一面，国民政府本身实力有限，同时又不敢广泛地发动民众，只能寻求列强的支持。特别是在"九一八"事变后，国民政府采取了不抵抗政策，仍然专注于内战，致使东北广大区域沦陷，也使得中华民族的自觉进程进一步受阻。

四、经济政策的调整与局限

国族共同体的成员需要独立、需要自由，但更为基础的是需要自身利益的实现，而且在国族共同体内部，这种利益的实现无论对于个体还是群体，都应该公平公正。唯有如此，国族成员才会产生一种切实的利益获取感，从而增强对国族的认同。而经济利益在国族构建中的作用往往与外部环境相关，越是在外部环境相对缓和、自我生存压力减小的时期，经济利益的凝聚作用越发明显。

南京国民政府建立到全面抗战的近十年间，国内局势相对缓和，这也为国民政府从经济角度切入国族构建提供了有利环境。国族要成为具有紧密经济联系的共同体，其内部就需要构建统一、开放的市场体系。在这一层面，国民政府有两项措施起到了重要作用。第一，是裁撤厘金、建立统税制度。厘金一直是阻碍近代中国统一市场形成的重要障碍，1927年7月20日，国民政府成立之初就正式宣布裁撤厘金，"举凡属于通过税之性质者，不问其名目为何，一律摧陷廓清，以期与民更始。其大者，如内地之常关税、统捐、统税、货物税、铁路税捐、邮包厘金，海关之子口税、复进口税，及由此口到彼口之出口税，连同正杂各税捐中之含有通过税性质者，均在应行裁撤之列。即非通过税而不便商民之落地税，亦同时裁撤"①。但由于地方实力的阻挠，厘金裁撤推

---

① 《国民政府为裁撤厘金并实施关税自主的布告》，见中国第二历史档案馆编：《中华民国史档案资料汇编》第五辑第一编，财政经济（二），江苏古籍出版社1994年版，第286页。

进缓慢,直至中原大战结束,厘金裁撤才得以实际推行,1931年,厘金制度正式退出历史舞台,根据时任财政部赋税司司长的贾士毅统计,全国裁撤厘金税局778个,分卡1000个以上。① 第二,是统一度量衡和货币。在民国初年,度量衡与货币一直比较混乱,虽有统一的愿望,但一直处于割据状态,无力推行。1929年,国民政府公布《度量衡法》,规定自1930年1月1日起施行,进而在全国范围内统一度量衡标准。在统一货币问题上,首先是在1932年明确废两改元,完全采用银元为统一货币。而到1935年则发布命令,统一使用法币为唯一货币。厘金的裁撤及度量衡和货币的统一,有力地推动了统一、开放的经济共同体的形成。

国族共同体的形成,需要横向的凝聚,但更需要纵向的动员。国族共同体的自觉意识不能仅局限于精英阶层,更需要将国族意识向社会底层民众传播。这种传播从政治角度最重要的就是赋予全体民众均等的权利与义务,而从经济角度则要通过国家力量改变普通民众受剥削的处境,并对其基本需求进行保障。

而对于近代中国,农民无疑是社会底层最大的群体,能否解决农民问题,不仅事关革命成败,也是影响国族构建的重要因素,正如毛泽东回到斯诺时所言:"谁赢得了农民,谁就会赢得中国,谁能解决土地问题,谁就赢得了农民。"② 因此,国民政府成立后,也注意解决农民的土地问题,通过具体政策贯彻执行"平均地权、耕者有其田"的目标。1929年通过《二五减租案》,1930年颁布《土地法》,逐步推进减轻田赋附加、废除苛捐杂税、土地陈报等政策,应该说对于土地问题的解决起到了一定的作用。但这些土地政策就其力度而言,与"耕者有其田"的目标相距甚远,而且即使减租的政策也遭到了地主阶级的反对和基层执行者的变相敷衍,实际效果大打折扣。因此,广大农村民众始终生活在困苦之中,也就无法产生对国民政府和国民党的认同感,这也成为国

---

① 贾士毅:《民国财政史》(一),商务印书馆1932年版,第304—306页。
② [美]斯诺:《斯诺眼中的中国》,中国学术出版社1982年版,第47页。

民党最终失败的重要原因。

对于国族共同体的形成而言，横向经济发展水平的差异往往制约和迟缓着国族共同体意识的产生。在近代中国的历史上，边疆民族地区虽然几经开发，但其经济发展水平始终与中东部地区有着较大的差距，而南京国民政府对边疆民族地区的开发自始至终与其一元化的国族构建思路紧密相关。在国民党第三次全国代表大会有关"蒙藏与新疆"的决议案中指出："以全力昭示蒙古新疆之人民；并根据国家生存上共同之利益，努力实现汉满蒙回藏诸族有组织的密切团结，共谋经济上政治上教育上之建设。……本党敢郑重述明：吾人今后必力矫满清、军阀两时代愚弄蒙古、西藏及漠视新疆人民利益之恶政，诚心扶植各民族经济、政治、教育之发达，务期同进于文明进步之域，造成自由统一的中华民国。"① 1931 年，又在国民党第四次全国代表上通过了《依据训政时期约法关于国民生计之规定，确定其实施方针案》和《确定边区建设方针建设并切实进行案》，重申边疆民族地区的开发问题，"对于边地土著人民生计之筹划，尤为重要。故开发边地，必须特别注重边地土著人民之生计"②。

而日本帝国主义的入侵，使得边疆危机的日益突出，国民政府越发重视了边疆民族地区的发展，在 1935 年的国民党"五大"上特别提出了"重边政，弘教化，以固国族而成统一"的政策方针，并强调"对于边疆各地与间在西南各省间之民族，其一切施政纲领，以尽先为当地土著人民谋利益为前提"③。南京国民政府对边疆地区的关注，呈现一个从重视西北到重视西南的发展过程。④ 在开发内容上也遍布多个领

---

① 《中国国民党第三次全国代表大会重要决议案》，见《中华民国史档案资料汇编第五辑第一编政治（二）》，江苏古籍出版社 1991 年版，第 84 页。

② 《中国国民党第四次全国代表大会重要决议案》，见《中华民国史档案资料汇编第五辑第一编政治（二）》，江苏古籍出版社 1991 年版，第 326 页。

③ 《中国国民党第五次全国代表大会重要决议案》，见《中华民国史档案资料汇编第五辑第一编政治（二）》，江苏古籍出版社 1991 年版，第 487 页。

④ 周平：《中国边疆治理研究》，经济科学出版社 2011 年版，第 65 页。

域，但重点为交通、农业和实业。在《开发西北案》中就明确指出"先将西北交通路线修筑完成，次及金融贸易农田水利造林开矿畜牧纺织诸端"①。应该说，国民政府对边疆民族地区的开发取得了积极的效果，例如交通条件得到了显著改善，1934年至1936年，西北修筑的土路和省级公里十多条，公路总里程达到了9200多公里。②云贵三省之间的邮务联络也得到增强，1935年以后开设邮政局所及信柜21处，邮路约1200余公里。③边疆与内地间经济交往的增强，边疆经济发展水平的提升，使得区域间和民族间的联系更加紧密，这为国族共同体的凝聚建立了坚实的经济纽带。

五、"三民主义"的宣传与教育

新文化运动的开展为国族文化引入了新的元素，但对于传统文化彻底抛弃的态度也使得国族认同出现了文化层面的断裂与障碍。而南京国民政府力图构建一元化的国族体系，就必须解决国族文化内在冲突的问题，为国族构建与国族认同重塑共同的价值信仰体系。在国民党"一大"后，国民党已经改造成为具有强烈意识形态的政党，而在以党治国的体制下，政党的意识形态就需要上升为国家意识形态，"以政党的意识形态去影响社会，努力在政党意识形态的基础上建立和凝聚社会共识"④，并通过国民教育机制和大众文化宣传，在精神文化层面塑造国族的文化认同。

"三民主义"作为国民党的政党意识形态，在南京国民政府成立后，为了适应统治的需要又对其进行了新的阐发与解释。其中最为显著的特点就是进一步强调传统文化的基础地位，孙中山去世后，戴季陶就用"仁爱"解释"三民主义"，认为"三民主义""完全是中国的正统

---

① 褚民宜等：《开发西北案》，见秦孝仪：《革命文献》第89辑，第8页。
② 刘政美：《抗战前的西北交通建设》，载《民国档案》，1999年第2期。
③ 《中华民国史档案资料汇编》第五辑第一编，财政经济（九），江苏古籍出版社1994年版，第600页。
④ 周平：《多民族国家的族际政治整合》，中央编译出版社2012年版，第148页。

思想，就是继承尧舜以至孔孟而中绝的仁义道德的思想"①。蒋介石本人多次倡导中国传统文化，认为"我们祖先的一切创造和文化，都要比同期的其他国家高尚而伟大，现在的贫弱现象是丧失了创造力的缘故"②，1928年蒋介石就曾去孔庙"朝圣"，并赞誉孔子为"千秋仁义之师"，"万世人伦之表"。③ 从国族构建的角度而言，强调中华民族传统文化的价值，对于消解国族文化内在的冲突，提升民族自信心和凝聚力具有重要价值，但国民党对于传统文化的推崇，始终是以维护一党专制和个人独裁为目的，并没有协调好民族性与现代性的矛盾，这也使得传统文化的再度内化仍具有障碍。

南京国民政府以"三民主义"进行国族文化塑造，首先是在同质性的国民教育领域开展，最先提出了"党化教育"的口号，但由于该口号过于敏感，在1928年召开的第一次全国教育会议上更名为"三民主义教育"，并通过了《三民主义教育宗旨说明书》。在统一和规范全国教育体系和教学内容的基础上，尤其突出了"三民主义"的教育宗旨，而且将"三民主义"贯穿于国民教育的不同阶段、不同区域及不同人群。1931年的《三民主义教育实施原则》，分别对初等教育、中等教育、高等教育、社会教育、蒙藏教育、华侨教育、派遣留学生等八个方面进行细化要求，如对于初等教育（幼稚园、小学）就要求："使儿童整个的身心，融育于三民主义教育中；使儿童个性、群性，在三民主义教育指导下平均发展；使儿童于三民主义教导下，具有适合于实际生活之初步的智能。"④

---

① 范小方、包东波、李娟丽：《国民党理论家戴季陶》，河南人民出版社1992年版，第130页。

② 蒋介石：《建国运动》，转引自中国人民大学中共党史系编：《中国国民党历史教学参考资料（第3册）》，1987年，第6页。

③ 蒋介石：《军人教育之精义》，《蒋总统集》第1册，1950年10月台湾国防研究院出版，第234页。

④ 《第二次中国教育年鉴》第一编，商务印书馆1948年版，第3页。

第三章　党国体制的确立与国族整体的自觉

为了构建一元化的国族，南京国民政府尤其注意"三民主义"，特别是民族主义思想在边疆教育中的贯彻，并专门颁布了《教育部订定边疆教育实施原则》，强调："由教育力量力图边疆人民语言意志之统一，以期五族共和的大民族主义国家之完成；依遵总理三民主义即救国主义之原则，力谋边疆各民族抵御各帝国主义侵略意识之增高。小学校教科图书，用蒙藏文、汉文合编。各级学校的教材应特别注意：中国民族之融合的历史，边疆和内地地理的关系，帝国主义侵略中国边疆各民族之历史及事实，帝国主义侵略世界各弱小民族之残酷的历史及事实，边疆各民族人民和国民革命的关系，边疆各民族人民地方自治和民权主义的关系，边疆各民族人民经济事业和民生主义的关系，其他有关边疆各民族人民特殊环境之教材等。"① 这对于边疆民族地区的教育发展有一定的推动作用，有利于国族同质性文化的传播，同时也在一定程度上注意了少数民族文化的特殊性。

其次，是通过国家力量介入大众传媒，在文艺领域实施统制政策。"政党通过自己的意识形态去影响和凝聚社会共识的目标，也必须通过宣传才能达成。"② 而大众传媒是通过宣传维持主导意识形态的重要渠道也是现代国族构建的重要手段，南京国民政府成立后，非常重视文化宣传的作用，并有意识地通过国家强制力进行干预。1929年，国民党召开第一次"全国宣传会议"，通过了《确定适应本党主义之文艺政策案》，确立了"三民主义"在文艺领域中的主导地位，其中规定："一，创造三民主义文学（如发扬民族精神，阐发民治思想，促进民生建设等文艺作品）；二，取缔违反三民主义之一切文艺作品（如斫丧民族生命，反映封建思想，鼓吹阶级斗争等文艺作品）。"③ 通过大众传媒手段在全国范围传播"三民主义"，对于唤醒整个国族意识，增强国族自我

---

① 《教育部订定边疆教育实施原则》，见《中华民国史档案资料汇编第五辑第一编教育（二）》，江苏古籍出版社1991年版，第832页。

② 周平：《多民族国家的族际政治整合》，中央编译出版社2012年版，第149页。

③ 国民党中执委宣传部编：《全国宣传会议记录》，1929年6月，第31页。

认同具有重要意义。并且国民政府通过文艺手段塑造国族文化时，已经开始注意到形式与载体的大众化和通俗化。国族文化能否被国族成员所接受和内化，不仅与文化内容相关，也与文化的载体紧密联系，如何在社会大众喜闻乐见的文艺体裁中体现国族精神和国族文化，是国族文化宣传效果的重要影响因素。也正因此，1932年8月，南京国民政府制定了《通俗文艺运动计划书》，其中的通俗文艺主要指是"中国历来流行民间之传奇、演义、歌谣、曲调之类"，"此种文艺因其内容切近现实生活，题材通俗，趣味浓厚，遂为一般民众所爱好，而视为日常精神生活上必须之品，故于无形中对于民众心理发生一种极大影响，而一般民众对于人生及社会的观念和认识，即由此种影响联系而来"。① 这种贯穿"三民主义"的民间作品的创作，使得国族文化的宣传更加贴近社会底层民众，是国族文化进行政治社会化的重要方式。

再次，发起新生活运动，使国族文化渗透于民众日常生活。20世纪30年代后，南京国民政府的统治开始面临内忧外患，"九•一八"事变后，日本帝国主义占据东北三省，而中国共产党领导的革命运动也蓬勃发展，因此，国民政府更加注重国民性的改造，以应对国内外的危机。新生活运动的目的就是将传统道德，即礼义廉耻融入民众日常生活之中。《新生活运动纲要》中明确指出："新生活运动，就是提倡'礼义廉耻'的规律生活。以'礼义廉耻'之素行，习之于日常生活——'衣食住行'四事之中。"② 在具体的实施过程中，第一阶段以"规矩与清洁"为中心，《新生活须知》对民众日常生活进行了详细规定，"注意饮食卫生，不准酗酒，节制食量，禁绝鸦片；整理市容，打扫房屋，整理公共场所和交通秩序；不准打赤膊，不准当街吸烟，不准随地吐痰，不准随地小便，不准打人骂人；帽子要戴好，鞋跟要拔上，纽扣要

---

① 《通俗文艺运动计划书》，见《中华民国史档案资料汇编第五辑第一编文化（一）》，江苏古籍出版社1994年版，第321页。

② 《中华民国史档案资料汇编第五辑第一编政治（五）》，江苏古籍出版社1994年版，第772页。

第三章　党国体制的确立与国族整体的自觉

扣正，被褥要常晒，勤剪指甲洗澡理发等"①。第二阶段以促进国民生活军事化、生产化、艺术化为目标，强调："新生活运动，直言之，就是使全国国民的精神和行动现代化，我们知道现代是'科学的时代'②，所谓'现代化者就是要'科学化'、'组织化'、'纪律化'，概括地说，就是'军事化'"。新生活运动希望达到"攘外必先安内"的目的，但其成效极为有限，因为团结抗日应经成为当时的民心所向。英国著名学者李约瑟在评价新生活运动时指出："那些国民党的领袖们也许本能地意识到他们的经济制度是根本不适合中国国情的，因而高谈什么封建道德，提倡什么新生活运动之类的社会禁欲主义，在群众中大肆宣扬。而他们自己却大量搜刮财富，这和他们所提倡的新生活教条完全不相符合。这种心口不一，自相矛盾的做法更使人深刻地认识到他们的虚伪本质。所以，事实上，只有极少的一部分知识分子会受到国民党的诱惑。"③

以"三民主义"为核心的文化塑造，是南京国民政府国族构建的重要内容，通过党国体制这种集权化的统治方式，重新确立了"三民主义"的文化统一标准，并使国族文化在整个社会中进行强势传播，范围波及社会各个领域，而且着力向社会普通民众渗透，力图将国族文化生活化。这种文化传播与内化的方式，对于国族意识的觉醒具有一定的推动作用，但这种方式背后也隐含着维护专制统治和个人独裁的政治目的，对于国族意识的形成就有一定的消解作用。

南京国民政府在训政体制下，通过政治、经济、文化等诸多手段，力图构建一元化的国族。尽管某些政策的初衷并非着眼国族构建，但就其实践效果而言，国族意识在中华民国的疆域内，无论横向还是纵向，都得到了更为广泛的传播，国族之间的联系纽带得到加强，对于中华民

---

① 《中华民国史档案资料汇编第五辑第一编政治（五）》，江苏古籍出版社1994年版，第772页。
② 张其昀主编：《蒋总统集》第1册，中华大典编印会1968年版，第926页。
③ ［英］李约瑟：《四海之内》，劳陇译，生活·读书·新知三联书店1987年版，第38页。

族整体意识的觉醒和中华民族凝聚力的提升，具有积极的促进作用。这也为抗日战争时期，中华民族的整体自觉奠定了基础。

第三节　全面抗战与中华民族的整体自觉

抗日战争的全面爆发，使得中华民族到了生死存亡的危急时刻，命运共同体不再是一种有限的想象，而是成为每一个国族成员的真切感受。正如霍布斯鲍姆所言："似乎只有在优势民族挟其强权进行兼并的威胁下，才会让被侵略的人群生出休戚与共的民族情愫，一致对外。"①团结抗日成为各派别、各阶层共同的要求，国民党也开始转变政策，进入全面抗战。为了凝聚整个国族的力量，国民党更加强调中华民族不可分割的整体性结构，并实现国共第二次合作，建立抗日民族统一战线，动员全民族的力量，最终战胜了日本帝国主义。经过抗日战争的洗礼，整个中华民族的国族认同意识显著增强，凝聚力得到提升，在一定程度上实现了中华民族的整体性自觉。

一、强化中华民族一体结构

"卢沟桥事变"后，日本发动全面侵华战争，整个中华民族开始进入生死存亡的最后时刻，同时也成为"中国各民族融合为统一的中华民族的关键时期"②。在此种情况下，南京国民政府也转变政策，对日进行积极的正面抵抗。但仅靠国民党自身是无法与日本帝国主义相抗衡的，要取得抗日战争的胜利，就必须激发整个中华民族的民族感情，凝聚整个中华民族的力量。为此，国民政府在抗战初期即宣布："我们固然是一个弱国，但不能不保持我们民族的生命，不能不负起祖宗先民所遗留给我们历史上的责任，……如果战端一开，那就地无分南北，人无

---

① ［英］埃里克·霍布斯鲍姆：《民族与民族主义》，李金梅译，上海人民出版社2000年版，第39页。

② 周平：《论中国民族国家的构建》，载《当代中国政治研究报告》第6卷，社会科学文献出版社2007年版。

第三章　党国体制的确立与国族整体的自觉

分老幼，无论何人，皆有守土抗战之责任，皆应抱定牺牲一切之决心。"① 而中华民族整体性动员的前提就要形成对中华民族作为整体的认同，这既是民族凝聚力的基础，也意在揭露日本帝国主义以"民族自决"为幌子，进而分裂中国的险恶用心。1938年，国民党在武汉召开临时全国代表大会时就曾指出："日本口中之民族自决，语其作用，诱惑而已，煽动而已；语其结果，领土之零星分割而已，民众之零星拐骗而已。"②

为了增强中华民族的整体性，进而通过民族主义动员整合全国力量，国民党重申了"三民主义"中的民族主义原则，"关于民族主义有两方面的意义：一则中国民族自求解放，二则中国境内各民族一律平等。今先就第一方面言之，抗战之目的，在于求民族生存独立，必民族争回生存独立，然后此民族所建立之国家，始有自由平等之可望"③。"就第二方面言之，中国境内各民族，以历史的演进，本已融合而成整个的国家，且第一次全国代表大会宣言中，已对于诸少数民族预为之诺言矣，'于反对帝国主义及军阀之革命获得胜利以后，当组织自由统一的（各民族自由联合的）中华民国。'此实对于诸少数民族最大之诺言，而此诺言之实践，必有待于此次抗战之获得胜利。"④

从国民党的民族主义宣言看，其一如既往地强调中华民族的整体性，将抗战胜利视为整个中华民族生存的基础条件，这对于统合民族意志，激发民族感情具有重要意义，也是抗战胜利的基础要素。同时，对于国族内部的组成结构问题，强调国族内部的同质和一元仍是其根深蒂固的理念，但面对各民族意识逐步觉醒的现实，国民政府也不得不再度

---

① 张其昀：《先总统蒋公全集（第1期）》，中国文化大学出版部1984年版，第1053页。
② 《中国国民党临时全国代表大会宣言》，见《中华民国史档案资料汇编第五辑第二编政治（一）》，江苏古籍出版社1991年版，第409页。
③ 《中国国民党临时全国代表大会宣言》，见《中华民国史档案资料汇编第五辑第二编政治（一）》，江苏古籍出版社1991年版，第409页。
④ 《中国国民党临时全国代表大会宣言》，见《中华民国史档案资料汇编第五辑第二编政治（一）》，江苏古籍出版社1991年版，第409页。

确立了民族平等的原则,借此激发各民族团结抗日的动力。因为无论是整个国族还是国族内部各个民族,国民政府的政治承诺,都必须以抗战胜利为前提,这也使得民族同化与民族平等的内在张力,在外部强大压力面前得到了暂时的缓和,战胜日本侵略者成为各民族自由解放的首要任务。

在此基础上,中华民族的整体性开始得到整个社会的认同,"中华民族"这一概念也逐步具有了国族的内涵。在抗日战争前,国族与中华民族并不是明确的对应关系,"中华民族"这一称号,有时指国族,有时也指汉族,但抗战后,"各民族在抗击日本帝国主义入侵的救亡图存斗争中,不仅加快和加深了融合,而且也强化了对'中华民族'这个族称的认同"①,中华民族开始逐步成为国族的固定指称。而且伴随抗战的持续进展,整个社会也越发认识到维护中华民族整体性的重要意义。除国民政府外,中国共产党也一再强调中华民族的整体性,"中国是一个多民族的国家,中华民族是代表中国境内各民族之总称,四万万五千万人民是共同祖国的同胞,是生死存亡利害一致的"②。诸多学者也从各自视角论述中华民族的一体性,如顾颉刚在《中华民族是一个》中认为,"凡是中国人都是中华民族——在中华民族之内我们绝不能再析出什么民族","我们对内没有什么民族之分,对外只有一个中华民族","中国之内决没有五大民族和许多小民族,中国人也没有分为若干种族的必要。"③ 应该说,社会层面对于中华民族整体性的认同,是中华民族自觉的重要表现,在国族构建的历史上具有里程碑意义。

但中华民族的整体存在并不意味着内部族体结构的同质化,中华民族的内部结构究竟是融合还是复合的争论始终在继续。而对于国民政

---

① 周平:《论中国民族国家的构建》,载《当代中国政治研究报告》第6卷,社会科学文献出版社2007年版。

② 《抗日战士政治课本》(1939年12月),见中共中央统战部:《民族问题文献汇编》,中共中央党校出版社1991年版,第808页。

③ 顾颉刚:《中华民族是一个》,载《益世报·边疆周刊》(昆明),1939年2月9日第9期。

第三章　党国体制的确立与国族整体的自觉

府,面对生死存亡的民族危机,强化中华民族的整体性无疑是正确和积极的,也是国民党国族主义的一贯路线。但对于民族平等和民族自治的承诺,则并非国民党国族构建的初衷,更多的是现实政治的压力所致。也正如此,国民政府在抗日战争期间的具体民族政策和措施,始终处于徘徊状态。既强调民族平等和民族自治,如通过对西藏政教领袖的礼遇、册封和认定等措施,有效地维护了中华民族的完整性;但也始终追求中华民族的一元化,希望以"民族同源论"为基础,推行民族同化政策。在动员少数民族同胞时,往往强调"以往光荣伟大之历史及历代各民族间之关系,以种种事实证明国内各民族系同源分支,与国外民族绝不相同,申述本党民族平等之真义,以增强其民族意识而固团结"①。

也正因此,当抗日形势有所好转之时,国民党就正式抛出了"宗族"论,1942年8月,蒋介石在西宁演讲时说道:"我们中华民族乃是联合我们汉、满、蒙、回、藏五个宗族组成一个整体的总名词。我说我们五个宗族而不说五个民族,就是说我们都是构成中华民族的分子,像兄弟合成家庭一样……我们集许多家族而成宗族,更由宗族合成为整个中华民族……所以我们只有一个中华民族,而其中各单位最切当的名称,实在应称为宗族。"② 而在1943年,蒋介石公开出版了《中国之命运》一书,进一步阐述了其宗族论的观点,"就民族成长的历史来说,我们中华民族是多数宗族融合而成的。这多数的宗族本是一个种族和一个体系的分支"③。用宗族代替民族,通过同种同源来整合与动员中华民族,进而强化中华民族不可分割的血肉联系,这对于抗战胜利有一定的积极意义,也增强了中华民族的整体性与认同感。但这种对国族整体的极端强化,"事实上否认了少数民族与汉族的区别,甚至否认少数民

---

① 《中华民国史档案资料汇编第五辑第二编文化(二)》,江苏古籍出版社1998年版,第790页。

② 林恩显:《国父民族主义—与民国以来的民族政策》,国立编译馆1994年版,第200页。

③ 蒋中正:《中国之命运》,中正书局1946年版,第2页。

族的客观存在"①，必然导致民族同化的强制推行，如"1937年广西地方政府在榕江强迫当地侗族改汉装"②。这种强制性的民族同化无疑会制约少数民族对于国族与国家的认同。而且，少数民族的客观存在与国族的整体性结构并不构成必然的矛盾。费孝通在抗战期间就曾撰文，认为："中华民族应团结一体进行抗日，但是从民族研究学理角度也应该承认中国是一个拥有众多民族的国家，少数民族客观存在的事实应当受到尊重。抗日并不一定要否认中国境内有不同的文化、语言、体质的团体存在。不同的文化、语言、体质的人群发生共同的利害，有对内稳定、对外安全的需要，自然有可能结成一个政治团体。因此实现政治上的平等才是解决民族问题的关键，谋求政治上的统一，不是要消除各民族及经济集团之间的界限，而是要消除这些界限所引起的政治上的不平等。"③

　　费孝通的观点也恰好说明了国民党用宗族取代民族的实质所在，民族一旦成为宗族，就演变为国族同质性的组成部分，也意味着丧失了享有自治权利的资格。而对于一心维持一党专制和个人独裁的国民党政府，国族的同质化并不能弥补专制统治导致的合法性流失，这也成为抗战胜利后，国民党国族构建失败的重要因素。

二、建立抗日民族统一战线

　　面对日本帝国主义发起的全面侵华战争，单纯依靠某一政治集团是无法取胜的。要想实现中华民族的生存与独立，就必须动员全民族的力量，建立最广泛的抗日统一战线。但全面抗战前的中国，由于国民党一党专制统治，国内武装斗争从未停止，地方实力派系也一直存在，这极大地削弱了抗战的整体实力。面对社会主要矛盾的转变，整合不同政治

---

① 周平：《中国边疆治理研究》，经济科学出版社2011年版，第65页。
② 高翠莲：《清末民国时期中华民族自觉进程研究》，中央民族大学出版社2007年版，第251页。
③ 费孝通：《关于民族问题讨论》，载《益世报·边疆周刊》（昆明），1939年5月1日第19期。转引自高翠莲：《清末民国时期中华民族自觉进程研究》，中央民族大学出版社2007年版，第233页。

第三章　党国体制的确立与国族整体的自觉

派别和政治力量,建立抗日统一战线成为紧迫的政治任务。为此,中国共产党在1935年的瓦窑堡会议上通过了《关于目前政治形势与党的任务的决议》,确立了建立抗日民族统一战线的方针,并要求南京国民政府停止内战,一致抗日。"西安事变"后,蒋介石开始转变态度,并在1937年国民党五届三中全会上,接受了中国共产党"停止内战,一致抗日"的主张,抗日民族统一战线初步形成。"七七事变"后,国民党政府发表《自卫抗战声明》,国共两党展开第二次合作,也标志着抗日民族统一战线的正式形成。

抗日民族统一战线以国共合作为基础,但其组成群体却是更为广泛和多元的,是中华民族内部所有抗战力量的一次联合。此时的国民党政府也意识到,战胜日本帝国主义必须动员整个中华民族的力量,为此宣称:"此次抗战为国家民族存亡所系,国家民族之利益,大于个人利益,必当以国家民族之利益,为共同之目的。即使平日因其地位或其职业利害感情各有不同,然覆巢之下,断无完卵,惟有向共同之目的而共同迈进,乃可以救国家救民族,且即以自救。"[①]而当时国民政府的实力和中央政府的地位来看,唯有其能够在抗日民族统一战线中发挥统合作用,而国民党自身也希望通过民族主义的大旗,整合不同的政治力量。

但抗日民族统一战线的维系与巩固并不只是一种民族主义的口号,它需要通过制度性的改变,充分营造各群体对民族与国家的认同。为此,国民党政府作出了较为积极转变,其中最为重要的就是在一定程度上开放政权体系,推定民主政治的发展。全面抗战后,国民党适度的开放"党禁",承认了中国共产党、各民主党派和社会团体的合法地位,并与之展开积极的合作。如允许中国共产党和民主党派在国统区展开活动,邀请共产党和民主党派共同组建政治部,由周恩来出任副部长,郭沫若出任第三厅厅长;在军事上,国共两党还合办南岳游记干部培训班等等。

[①]《中国国民党临时全国代表大会宣言》,见《中华民国史档案资料汇编第五辑第二编 政治(一)》,江苏古籍出版社1991年版,第411页。

同时国民政府为了最大限度的动员民众，召开了具有民意机构色彩的国民参政会。国民参政会最初源于1931年国民党拟定的"国难会议"，在国民党第四次全国代表大会上，通过《组织国难会议案》，并指出："现在国难正急，中央亟应延揽各方人才，于中央执行委员会领导之下，组织一国难会议，以期集思广益，共济时艰。"① 1932年，"国难会议"定名国民参政会，将其作为训政时期的中央民意机构，但其后由于各种原因，会议一直没有召开。1937年后，国民党延续了延揽各方人才的方针，设立国防最高会议参议会。而在1938年国民党五届四中全会上通过决议，由国民参政会取代国防最高会议参议会，并特别强调其参政议政之作用，"国民政府在抗战期间，为集思广益，团结全国力量起见，特设国民参政会"②。

国民参政会是抗日战争期间，推进民主进程，维系统一战线的重要制度安排，并赋予了参政会参政议政的重要职能，包括决议权、建议权、询问权、调查权、审议权等五项主要职权。而且在参政员的名额配置方面，具有较强的代表性和广泛性，充分考虑了各地区、各民族和各党派团体的分布。专门设置了西藏和蒙古代表6名，其中蒙古4名、西藏2名。而且特别注意吸纳国民党以外的抗日人士，据统计，在首届参政会的200名参政员中，国民党和无党派人士各89名，中国共产党7名，青年党7名，国社党6名，社民党1名，第三党1名③，国民党占总数的44.5%，未过半数，而且集中了全国抗日力量的主要代表，在较大程度上体现了民意。当时的《群众》周刊曾评价道："这个参政会虽然还不是全权的人民代表机关，但是它相当网罗了各省区各民族的代表及许多无党派关系的热心国事的朔望，还能符合国民党临时代表大会

---

① 《组织国难会议案》（1931年11月22日），荣孟源主编：《中国国民党历次代表大会及中央全会资料》下册，光明日报出版社1985年版，第37页。

② 《国民参政会组织条例案》（1938年4月7日），荣孟源主编：《中国国民党历次代表大会及中央全会资料》下册，光明日报出版社1985年版，第37页。

③ 《第一届国民参政会参政员名单》（1938年6月21日国民政府公布），见四川大学马列教研室中共党史科研组编：《国民参政会资料》，四川人民出版社1984年版，第47—53页。

第三章　党国体制的确立与国族整体的自觉

宣言中所说的集合全国有志之士以共同治国的那句话。"①

国家是国族构建的核心，也是国族整合的主体力量，但国家对国族的整合是与国族对国家的认同相关联的，甚至从某种程度上说，国族对国家整体性的认同本身就是一种国族整合的标识。国族共同认可的"政治屋顶"的形成，是国族内部不同群体确立相互联系、形成相互认同的重要纽带和机制。而国家政权，特别是中央政权是国家的代表和象征，国族内部成员对中央政府合法性的认可也就自然成为国家认同的重要表现形式。但近代以来，国族构建中的一大困境就是由于民主不足而导致中央政府合法性的流失，尽管国民政府一再强调民族主义，强化国族的同质化结构，但党派纷争、地方割据仍不断消解着国族内部的凝聚力和向心力，以致国族构建始终无法形成合力。

抗战之后，国民政府强化了战时体制，成立了最高国防委员会，统揽党政军大权。从制度设计的角度看，这种进一步的集权与国民党党治国家的理念是一致的，但其中本质性的区别就在于，这时的集权是以制度的开放和民主为前提的，是一种人民同意的集权。正如毛泽东在与英国记者贝特兰谈话中所指出的："战时的政治制度大体上可以分为两类，一是民主集中的，一是绝对集中的，由战争的性质所决定……中国的民族解放战争是人民完全同意的，战争的进行没有人民参加又是不能胜利的，因此，民主集中制成为必要……民主和集中之间，并没有不可逾越的鸿沟，对于中国，二者都是必须的。"②

国民党政府的制度性调整，虽然没有彻底改变国民党的一党专制，并且在抗战过程中也有动摇和妥协的时刻。但在国民一致抗日的压力下，还是基本维系和凝聚了抗日民族统一战线。这对于整个中华民族的整合具有重要的意义，在抗战的特殊时期，一定程度地调和了国族整合和国家认同之间的张力，为中华民族的整体性自觉提供了制度保障。各党派团体，各地方实力都纷纷发表声明，拥护"三民主义"和国民政

---

① 《群众》周刊，1938 年二卷五期。
② 《毛泽东选集》（第二卷），人民出版社 1991 年版，第 354—355 页。

府，团结抗日。

中国共产党在 1937 年就曾表示："我们是竭诚拥护蒋介石先生领导下的国民政府的，因为这个国民政府今天是一个已经开始担任着国防任务的政府，已经代表着民族利益的政府，也是我们共产党人的中央政府。"① 并在《新中华报》发表社论《拥护民族领袖——蒋委员长》。直到 1944 年，毛泽东还表示：对于拥护蒋介石的政策，"始终不变，抗战前期是如此，抗战中期是如此，今天还是如此"②。国民参政会的各党派还共同发表宣言："去年七月，蒋委员长在庐山之演词，即代表政府与全体国民最后之决心。……我中华民国本为统一完整之国家，国民政府实全国国民共戴之政府，自九一八以来，国难严重，不但一般无党派之国民更坚其拥护统一之心，即各党派亦咸舍小异而趋大同，诩赞统一，共同救国。一年以来，我全体将士忠勇赴战，壮烈牺牲，我全体国民，包括边疆各民族，无分党派宗教职业，一致决心，忍受艰苦，奋斗到底。……与会同人乘此休会之日，特声明今后愿与全国军民共同誓约：拥护国民政府，拥护最高统帅，拥护抗战建国纲领，一一见诸实行。"③ 地方实力派也开始打消顾虑，放弃单纯的地域利益，桂系李宗仁、白崇禧发表通电，"誓本血忱，统帅第五路全体将士暨广西全省一千三百万众，拥护委座抗战主张到底，任何牺牲，在所不惜"④。并认为"中华民族有四千七百多年悠久的历史，是一个优秀的民族，……我们相信它有复兴的希望"⑤。在抗日民族统一战线的凝聚下，整个中华民族与日本侵略者展开了持久的斗争，国族整体的自觉性得到了洗礼与升华。

---

① 洛甫：《巩固国共合作，争取抗战胜利》，载《解放》周刊，1937 年 12 月第 28 期。
② 《解放日报》（延安），1944 年 6 月 13 日。
③ 《国民参政会第一次大会宣言》，见《中华民国史档案资料汇编第五辑第二编政治（一）》，江苏古籍出版社 1991 年版，第 889—892 页。
④ 华美晚报编：《中国全面抗战大事记》第一辑，文海出版社 1981 年版，第 36 页。
⑤ 《李总司令最近演讲集》，广西印刷厂 1935 年版，第 175 页。

第三章 党国体制的确立与国族整体的自觉

三、加速边疆民族地区发展

区域发展的失衡,特别是边疆民族地区发展的落后,对于实现民族平等和国族整合往往具有负面效应,因此,民国历届政府都注意到了边疆民族地区的发展问题。但由于边疆民族地区相对于国民政府统治中心而言,始终处于边缘地位,加之政局不稳,中央政府统治能力有限,所以边疆民族地区的发展仍然相对缓慢。但全面抗战的爆发,使得边疆民族地区的战略地位得以更加凸显,开始从边缘走向中心。

全面抗战开始后,虽然国民政府在正面战场进行了积极的抵抗,但毕竟敌强我弱,东部及中部的大片地区沦陷,国民政府的统治区域极大缩小,集中于西北西南一隅。这使得原本的边疆民族地区成为国民政府的统治中心和持久抗战的大后方。但相对于统治区域的收缩,更为严重的问题是,日军占领了当时中国经济最为发达的地区,据统计,"战前中国工业90%集中在华北华中华南的一些大中城市,日军占领了这些重要地区和工业城市,对国民政府的经济造成了十分严重的打击"[①]。而经济实力是现代战争胜负的核心要素之一,因此,边疆民族地区的发展就成为支撑抗战胜利的重要经济基础。从这一层面来说,抗战时期的边疆民族地区发展,不仅关系到中华民族内部的凝聚力问题,而且直接决定着整个中华民族的生死存亡。

在边疆民族地区的发展方面,首先注重的是经济发展,这是由抗战的特殊环境所决定的。在1939年的国民党五届五中全会上,蒋介石曾直言:"就经济来说,现在战争起因往往在经济的掠夺,而成败胜负也往往以经济能否持久为决定的因素。"[②] 而为了集中全国的力量对日作战,国民政府建立了更为集权的战时体制,而对于社会经济发展则采取了统制政策。"分别轻重,斟酌缓急,实行统制经济。"具体为:"调节

[①] 朱英、石柏林:《近代中国经济政策演变史稿》,湖北人民出版社1998年版,第468页。

[②] 荣孟源主编:《中国国民党历次代表大会及中央全会资料》下册,光明日报出版社1985年版,第537页。

143

物质之生产消费，举凡抗战必需之重工业、矿业、民生日用必需之轻工业、手工业，急要之铁道、航空线、公路等，应竭力之所能，努力兴举。更以巩固币制，流畅金融，促公私产业之发展，他如农、林、畜、牧之改进，内地蕴藏之开发，后方各省生产能力之增加，尤当合政府人民一切资本技术之力，切实加紧推行。"① 这种通过国家手段直接干预和控制经济活动的方式，是战时的需要，同时也强力推动了边疆民族地区的加速发展。

边疆民族地区的经济发展涉及交通运输、农业、工矿业等多个领域，在五届五中全会通过的《关于政治报告之决议案》中指出："西南西北各省产业、文化亟须致力建设，今长江南北各省既多数沦为战区，则今后长期抗战之坚持不懈，必有赖西南、西北各省之迅速开发，以为支持抗战之后方。西部各省资源丰富，人力无穷，建设之首要，一面固为先谋交通运输之发展，一面更应于各省人力、物力、财力有合理之统制，以应抗战之需要。惟统制之要旨在于发展生产，以利抗战，增进民生，以培国力。凡反乎此者，悉与开发之意旨相违，尤不合今日抗战之需要。故开发建设西部各省者，以巩固抗战之后方，实与普通奖掖国民经济之发展，同其重要也。"② 对于西藏和蒙古的情况，决议案还特别指出："蒙藏方面，各种设施均合边情，并与抗战建国纲领相适合。际此抗战进入第三期之时，更应随时注意其内部情形，并由政府派员前往联络宣传，俾团结一致，以利抗战。"③ 会上还通过了《西部各省生产建设统制案》。在抗战期间，边疆民族地区经济得到了较快的发展，在交通运输方面，铁路、公路和航空线路都得到较快建设，工矿产业明显增加，以金矿为例，1940年，全国所办国营金矿为260个，其中分布

---

① 荣孟源主编：《中国国民党历次代表大会及中央全会资料》下册，光明日报出版社1985年版，第548页。

② 荣孟源主编：《中国国民党历次代表大会及中央全会资料》下册，光明日报出版社1985年版，第485页。

③ 荣孟源主编：《中国国民党历次代表大会及中央全会资料》下册，光明日报出版社1985年版，第486页。

于四川、云南、贵州、西康、青海等地为118个，占总数的45%。①

加快边疆民族地区的发展，不仅局限在经济开发，另一重要方面就是推动边疆教育的发展。抗战开始后，国民政府提出了"战时须作平时看"的教育方针，使边疆教育发展既支持抗战需要，也着眼战后国家建设。当然，国民政府发展边疆民族地区教育的核心理念仍是贯彻"三民主义"，通过文化的统一进而塑造统一的国族，因此，提出了"边疆教育应以融合大中华民族各部分之文化，并促其发展，为一定之方针"②。"彻底培养国族意识，以求全国文化之统一。"③将国文定为必修课，但也注意少数民族语言的并行使用。同时，加大对边疆教育的投入力度，在1939年的《推进边疆教育方案》中规定："边疆教育经费，应逐年增拨义教及社教经费，各以中央补助义社教全部经费百分之五十，补助边区各省。"④边疆教育经费开始逐年增加，据统计，1938年为150000元，而到1945年则增长至2633100元。⑤教育投入的增加直接扩大了边疆学校的数量和学校招生人数，1939年国立边疆学校4所，招收人数334人，而1945年时，国立边疆学校为39所，招收人数8634人。而且在招生及培养过程中，对边疆民族学生也给予优惠政策。修订的《待遇蒙藏学生章程》中明确规定："各校收录蒙藏学生无论为正式生、旁听生，均应由各该校分别送报或转报教育部、蒙藏委员会备案。专科以上学校毕业之蒙藏学生，得由蒙藏委员会暨教育部择优介绍各机关或分发蒙藏各地方服务。各校对于一般正式生如有津贴及遣派留学等规定者，

---

① 中国第二历史档案馆编：《中华民国史档案资料汇编第五辑第二编财政经济（六）》，江苏古籍出版社1997年版，第596页。

② 宋恩荣、章咸：《中华民国教育法规选编（1912—1949）》，江苏教育出版社1990年版，第625页。

③ 教育部教育年鉴编纂委员会：《第二次中国教育年鉴》，商务印书馆1948年版，第十编，第一章。

④ 中国第二历史档案馆编：《中华民国史档案资料汇编第五辑第二编教育（二）》，江苏古籍出版社1992年版，第122页。

⑤ 中国第二历史档案馆编：《中华民国史档案资料汇编第五辑第二编教育（二）》，江苏古籍出版社1992年版，第214页。

蒙藏学生之正式生应受同等待遇。"①

边疆民族地区的加速发展对于抗日战争的持久展开具有重要意义，提供了必要的物力和人力资源，为中华民族最终战胜日本侵略者提供了必要保障，同时也在一定程度上弥补了国族内部发展的不均衡性，对动员各民族团结抗日，增强国族认同都起到了促进作用。

四、深入动员社会普通民众

国族的构建与形成，需要国族内部成员意识到自身与其他成员之间是一种命运共同体的联系，产生一种相互的认同感。从清末到民初，民族、民主思想广泛传播，在部分民族精英群体中，国家国族的意识已经较为清晰。但国族共同体的真正自觉，仅靠精英群体是远远不够的，而是需要在整个国族内部更为广泛的普通民众中，形成共同的国族意识。但在中国传统社会中，由于自给自足的小农经济和宗族血缘关系的长期影响，使得广大民众更具"私"的意识，而欠缺"公"的理念。国家、民族的意识在广大民众心目中，仍然相对淡薄。这从当时民众对日本入侵东北的态度中可见一斑，冯玉祥曾在其日记中记录了他与山西和察哈尔两省农牧民关于东北问题的谈话，他们的答案皆为"不知道，不管"②。杜重远也记录了他在流亡过程中的感触，"当地的一般知识阶级、或在社会服务的人员，……谈到这次东北问题，他们总愿以应酬了事。至于东北存亡，在他们看来，好像是无关紧要的。最令人伤心者，他们知道我是吉林人。常说'这次你们满洲真是可怜哪！'好像他站在一个完整的国家里，已经把我划在界外了"③。

而抗日战争的爆发，使得对于广大民众进行民族主义的动员成为可

---

① 《民国治藏行政法规》，五洲传播出版社1999年版，第111—113页。转引自李国栋：《民国时期的民族问题与民国政府的民族政策研究》，民族出版社2009年版，第231页。

② 中国第二历史档案馆编：《冯玉祥日记》第三册，江苏古籍出版社1992年版，第550页。

③ 杜重远著，杜毅、杜颖编注：《杜重远文集》，文汇出版社1990年版，第19页。转引自高翠莲：《清末民国时期中华民族自觉进程研究》，中央民族大学出版社2007年版，第263页。

第三章 党国体制的确立与国族整体的自觉

能和必要。因为日本对于中国的侵略，从其开始就是以灭亡整个中国为目标，随着日本侵华范围的扩大和程度的加深，包括少数民族同胞在内的每一个中华民族成员，都真切地感受到日本帝国主义对自身利益的迫害，也越发感受到中华民族是一个利益与命运的共同体，有着共同的民族之敌，抗日战争关系到整个中华民族的生死存亡。而面对敌强我弱的不利局面，中华民族要取得战争的胜利，就必须激发广大民众的抗日热情，动员全民族的力量。然而抗日战争虽然使中华民族面对着共同的强敌，但这只是国族构建的一种外部客观条件，正如马克·赛尔登所说："侵略、战斗、恐怖并不一定激发民族主义激情。众所周知，对侵略战争的反应还有恐惧、逃亡逆来顺受，甚至还有迁怒于抵抗运动、指斥抗战激怒了敌人等等。"① 这也说明了对广大民众进行广泛而深入动员的必要性。而动员的途径主要包括利益与精神两个层面。

就利益动员而言，对于广大民众，尤其是占人口绝大多数的农民群体而言，土地政策的调整最具直接的动员效果。应该说，对于这一问题，中国共产党与国民党都有着充分的认识。国民党政府在1938年的临时全国代表大会中指出："中国为农业国家，大多数人民皆为农民，故中国之经济基础在于农村。抗战期间，首宜谋生产力之发展。"② 大会通过的《抗战建国纲领决议案》要求"以全力发展农村经济，奖励合作，调节粮食，并开垦荒地，疏通水利"③。并且通过了《战时土地政策草案》，力图通过减租减息来调动广大农民的积极性。国民党对土地政策的调整，在初期发挥了一定的作用，但其政策终究无法摆脱阶级利益的束缚，农民处境日趋恶化，广大农村濒临破产。利益动员的缺失一直是国民党政府国族构建中的主要短板，而且也是抗战胜利后，国民

---

① ［美］马克·赛尔登：《革命中的中国：延安道路》，魏晓明、冯崇义译，社会科学文献出版社2002年版，第201页。

② 荣孟源主编：《中国国民党历次代表大会及中央全会资料》下册，光明日报出版社1985年版，第506页。

③ 荣孟源主编：《中国国民党历次代表大会及中央全会资料》下册，光明日报出版社1985年版，第508页。

党政府迅速失败的重要原因。

中华民族要在敌强我弱的情势下持久抗战，必须激发民族的自信心和自豪感，这就需要国族文化的塑造与宣传。近代中国国族构建的重要困境就是国族文化的内在冲突，即如何协调国族文化的民族性与现代性。南京国民政府成立后，力图以"三民主义"为核心，重塑国族文化的民族性。但由于国民党对"三民主义"进行了维护一党专制和个人独裁的解读，"三民主义"在重塑国族文化的过程中始终存在着抵制的声音。而全面抗战爆发后，由于国民党转变政策，建立了以国共合作为基础的抗日民族统一战线，包括共产党在内的各党派和社会团体，纷纷表示认同国民党的"三民主义"，这使得"三民主义"真正具备了一元性的意识形态地位。

而对于国族文化的民族化与现代化，或本位化与西方化，面对着中华民族濒临生死存亡的最后关头，学理争论不得不让位于现实需要，原本坚定的"西方化"学者，也开始转向文化的民族化或中国化。胡适就曾说道："国家是青山，青山没有了，我们的子子孙孙都得做奴隶。"中国共产党和左翼文化人士也开始重视传统文化的力量，毛泽东指出："我们是马克思主义的历史主义者，我们不应当割断历史。从孔夫子到孙中山，我们应当给以总结，继承这一份珍贵的遗产。"[①] 郭沫若也认为："复兴民族是要复兴我们中华民族的精神。我们的民族创造了五千年的文明的历史，直到现在，我们所固有的文化，依然在世界上焕发着灿烂的光辉，无论是语言、文字、思想、文艺、学术、产业、生活，都有我们民族的特征，表现在里面。"[②] 对中国传统文化的一致性认同，有助于树立民族自信心，鼓舞民众的抗战勇气，也有利于民众接受这种天然存在的文化基因。

[①] 毛泽东：《中国革命和中国共产党》，见《毛泽东选集》第2卷，人民出版社1991年版，第622页。

[②] 郭沫若：《复兴民族的真谛》，见蔡尚思主编：《中国现代思想史资料简编》第四卷，浙江人民出版社1983年版，第16页。

第三章 党国体制的确立与国族整体的自觉

当然国族文化的传统与现代之争并没有完全消解，只是在外部压力之下的一种实用性妥协。

国族文化的一致性认同为国民政府展开国民的精神文化动员奠定了基础。进而国民政府发起了国民精神总动员运动，1939后，国民政府逐渐意识到全民族抗战精神的重要性，《国民精神总动员纲领》中认为："回顾十八月以来奋斗之经过，而检讨其缺失，则物质条件之欠缺固甚明显，而精神条件之未备尤居首要。"[①] 因此，国民精神总动员就是要"集合全国国民之精神于简单共同之目标，使全国国民对自身皆确立同一救国道德，对国家皆坚定同一的建国信仰，而国民每一分子皆能根据同一的道德观念为同一的信仰而奋斗牺牲是也"[②]。并且明确了国民精神总动员的三大目标：国家至上，民族至上；军事第一，胜利第一；意志集中，力量集中。国民精神总动员是将四维八德的传统文化与抗战精神动员相结合，运用国家强制力，渗透进国民日常生活，从而使民众在日常生活中感受国族文化，增强国族意识。

对于普通民众的宣传动员，另一重要特点就是通过民族化的文艺载体，主动深入到社会底层，尤其是乡村社会进行抗战救亡的宣传。在抗战期间，国民政府组织众多的文化团体，采取了人民群众喜闻乐见的方式，深入乡村社会进行宣传，"在文艺下乡、文章入伍的热潮中，演出队深入乡土社会，演出《农家乐》、《有力出力》、《撞关血泪》等既有传统性又有时代性的喜闻乐见的艺术形式，宣传组织人民，破坏敌人后方，并散发《阵中画报》，深为民众所欢迎"[③]。也起到积极的宣传效果，据史料记载，在湖北坪房，剧团发现广大民众"对于抗战毫无认识，经属队宣传，均感奇异，对中日战争始有认识"[④]。而少数民族精

---

① 中国第二历史档案馆藏档案：《国民精神总动员合册》，全宗号181-2，第161页。
② 中国第二历史档案馆藏档案：《国民精神总动员合册》，全宗号181-2，第161页。
③ 中国第二历史档案馆编：《中华民国史档案资料汇编第五辑第二编文化（一）》，江苏古籍出版社1998年版，第57页。
④ 中国第二历史档案馆编：《中华民国史档案资料汇编第五辑第二编文化（一）》，江苏古籍出版社1998年版，第58页。

英分子，也开始通过本民族文化，对少数民族同胞进行动员，强化中华民族共同抗日的决心，如苗族学者将抗日歌曲译成苗文进行传唱。①

通过这种全民族的文化动员，国家观念和国族意识开始在普通民众的心底激发，尤其是在广大的乡村社会，因此"长久以来沉睡的内陆乡村才真正地被搅动起来，游离于现代国家政治生活之外的农民也在一定程度上被发动、组织起来"②。这使得抗日战争具有更广泛的群众基础，为抗战的胜利奠定了精神基础，也为中华民族的整体自觉与认同夯实了心理根基。

五、积极争取平等国际地位

外部压力是国族内部凝聚与自觉的动力，但国族自觉的实现却最终要以战胜外来侵略，实现国族间的平等地位为结果。反抗外来的侵略与压迫始终是近代中国国族构建的重要向度，然而这一过程却又是异常的反复与曲折。南京国民政府的改定新约运动，虽然取得了重要成果，但日本帝国主义的入侵，使得中国半封建半殖民地的程度再度加深，而且为了争取其他西方大国的支持，改定新约运动也再度搁置。就近代中国国族构建而言，驱逐侵略者、废除不平等条约，争取平等的国际地位，始终是必须直面的任务。而抗日战争和世界反法西斯战争的爆发，则为中国最终实现这一目标提供了契机。

"七七事变"后，日本帝国主义开始全面侵华，并以灭亡整个中国为目标，而此时的国民政府也开始调整对日政策，进行积极的抵抗。在全面抗战爆发的初期，国民党集中兵力与日军进行了多次大规模会战，有效地打击了日本侵略者的嚣张气焰，也使日本迅速灭亡中国的计划落空。毛泽东也曾指出："国民党政府的对日作战是比较努力的。"③ 在其后的抗日进程中，由于日本转变了对国民党的态度，加大了政治诱降的力度；同时，美英对日本的绥靖主义态度也使国民党极为失望，国民党

---

① 杨忠德：《威宁苗族文化史略》，载《威宁文化史略》第2辑。
② 倪伟：《"民族"想象与国家统制》，上海教育出版社2003年版，第259页。
③ 《毛泽东选集》（第二卷），人民出版社1991年版，第1037页。

第三章 党国体制的确立与国族整体的自觉

的抗战决心有所动摇,但在全国人民的抗日压力下,最终坚守住了抗战的底线。而当苏德战争和太平洋战争爆发后,世界反法西斯同盟成立,中国人民的抗日战争成为世界反法西斯战争的重要组成部分,中国人民的抗日作战也得到了苏、美、英等国的大力支撑。最终在1945年8月15日,日本宣布无条件投降,整个中华民族经过八年艰苦卓绝的抗战,终于取得了抗日战争的胜利,成为自1840年之后,第一次完全胜利的民族解放战争。

在坚持对日作战的同时,国民政府也在与其他国家的交往中努力维护国家利益,并也利用国际形势的变化,适时地修订和废除与帝国主义国家的不平等条约。在中苏关系上,对于苏联的绥靖政策,给予了坚决的回应。1941年,苏联与日本签订《日苏中立条约》,声明"苏联保证尊重满洲国的领土完整和不可侵犯"和"日本保证尊重蒙古人民共和国的领土完整和不可侵犯"[1],《日苏中立条约》是对中国主权和领土完整的极大侵犯,也激起了全国人民的愤慨,国民政府随即向苏联提出抗议,"查东北四省及外蒙之为中华民国之一部,而为中华民国之领土,无待赘言,中国政府与人民对于第三国间所为妨害中国领土与行政完整之任何约定,决不能承认,并郑重声明,苏日两国公布之共同宣言,对于中国绝对无效"[2]。中苏关系开始恶化,同时国民政府也利用苏德战争的契机,驱逐了苏联在新疆的势力,加强了对新疆地区的控制。

随着反法西斯战争的推进,美英各国更加重视中国战场的地位,为了坚定国民政府抗战信心,也为了扶植中国成为美国的亚洲亲信,美英各国开始给予中国更高的国际地位。在1942年签订的《联合国家宣言》中,中国成为与美、英、苏并列的四大反法西斯强国。而国际地位的提升,也为国民政府废除不平等条约提供了契机。国民政府对于不平等条约的废除,首先是从法西斯国家开始的。太平洋战争爆发后,中国开始德、意、日法西斯国家宣战,断绝外交关系,进而宣布废止与三国之间

---

[1] 《国际条约集(1934—1944)》,世界知识出版社1961版,第304页。
[2] 《国际条约集(1934—1944)》,世界知识出版社1961版,第304页。

的所有不平等条约。

但废除与反法西斯国家间的不平等条约则相对周折，但为了维护反法西斯同盟，美英两国权衡利弊，最终还是同意了国民政府废除不平等条约的要求。时任美国国务卿赫尔直接表示："中国政府在废除领事裁判权方面的任何要求，都会在美国得到强有力的支持。"① 1943年，中美签署《中美关于取消美国在华治外法权及处理有关问题条约与换文》、中英签署《中英关于取消英国在华治外法权及处理有关问题之条约与换文》，美英等国在华的特殊权利得到废止。与美英签订新约后，国民政府又与其他国家进行谈判，并签订新约，废除不平等条约。虽有个别问题仍未解决，但中国基本上取得了与其他国家的平等地位。

抗日战争的胜利及其不平等条约的废止，在中国国族构建历史上具有重大意义。在世界民族国家体系中，国族的形成与确立，不仅仅是共同体的一种自我宣称，而是需要与其他国族共同体形成一种对等关系，需要获得"他者"的承认与认可。而在利益纷争的国际舞台上，平等地位的获得必须以强大的实力为后盾。从1840年鸦片战争开始，中华民族一直处于帝国主义列强的压迫之下，屡战屡败的窘境及无数不平等条约的束缚，使得中华民族无法享有真正的国族资格。而抗日战争的胜利及平等国际地位的获得，为中华民族的发展拓宽了外部空间，在国际主权世界中获得了平等的国族地位，进而使中华民族作为一个国族整体开始屹立于世界民族之林。

艰苦卓绝的抗日战争是中华民族的一场灾难，但从国族构建的角度看，也是中华民族自觉与复兴的契机。中华民族整体性的动员最终取得辉煌的胜利，这一过程及结果，对于整个国族的构建具有伟大的里程碑意义。在国际舞台上，中华民族获得了平等独立的地位。在中华民族内

---

① 陶文钊、杨奎松、王建朗：《抗日战争时期中国对外关系》，中共党史出版社1985年版，第345页。

部,从知识精英到广大民众、从汉族到各少数民族①,从内地到边疆,每一个中华民族的成员都经受了民族战争的洗礼,"各民族逐渐形成了生死与共的命运共同体"②,国家观念和国族意识显著增强,民族自尊心和自信心得到提升,应该说中华民族实现了国族意义上对外独立与整体自觉。

第四节 国族自觉与国家认同的失衡

抗日战争的胜利,推动中华民族实现了整体性的自觉。而在民族国家体系中,国族的最终形成必须是在意识自觉的基础上,实现对国家政权的掌控,进而形成国家与国族的平衡与协调。但抗战胜利后,国民党却继续坚持一党专制与个人独裁统治,推行一元化的民族同化政策,并且国民党自身组织涣散,政治整合能力急剧衰落。因此,国民党政府无力完成国族构建的历史任务,国族自觉与国家认同陷入矛盾,无法实现国家与国族的动态平衡。而且国民党的统治也最终在高涨的民族主义大潮中彻底崩溃。

一、政党竞争性认同的失败

近代中国的国情决定了民族国家的构建,必须以集权化的政党为主导力量,通过政党的整合能力实现党建国家和党治国家的目标。当然,这种集权化的政党也就成为国族构建的主体力量。这也意味着,政党本身的整合能力和动员能力直接影响着国族构建的进程与效果。国民党

---

① 抗战爆发后,少数民族同胞积极参加,据统计仅在抗战初期,云南参战部队中少数民族同胞就有37万,并且作战英勇,敢于牺牲。同时各少数民族也纷纷通过武装斗争,抵抗日本侵略。如傣族和佤族同胞就组织武装力量,与正规部队共同作战,傣族同胞还严正声明:"西双版纳的傣族是中国人,西双版纳的土地是中国人的土地,外国人不能侵占。"参见高翠莲:《清末民国时期中华民族自觉进程研究》,中央民族大学出版社2007年版,第268—273页。

② 周平:《论中国民族国家的构建》,载《当代中国政治研究报告》第6卷,社会科学文献出版社2007年版。

"一大"后，在中国共产党的帮助下，国民党改造成为意识形态强烈、组织架构严密的革命型政党。但南京国民政府成立后，由于阶级利益的局限和一党专制的诉求，国民党自身的动员和整合能力不断下降。抗战期间，强大的外部压力使得国民党内部的弊端有所遮蔽，而到抗战胜利后，在与中国共产党的竞争中，国民党自身的不足就表现得更为明显。国民党整合能力的衰落，使其获取民众认同的能力下降，最终丧失了构建中华民族的能力与资格。

国民党整合能力的下降首先来源于意识形态的逐渐空洞化。"三民主义"作为国民党及其南京国民政府的主导意识形态，从其建立之初就存在着内在的张力。但由于对民族主义进行了反帝反封建的重新诠释，在外部压力的作用下，得以实现内部的调和。但当整个国族基本摆脱反帝压力，重心转向国家认同时，"三民主义"的凝聚力和吸引力就明显降低。民主有名无实，民生日趋恶化，想实现阶级利益的调和，但又最终滑向广大民众的对立面。对于"三民主义"主张与实效的反差，张治中曾指出："所谓民权，实际上则为官权绅权与土劣之权。基层农村直接领导人民以至代表民权之分子，悉为土豪劣绅、流氓地痞。人民对本党政权之失望，已达极点。……以言节制资本，姑勿论有人中伤本党，认为本党仅一意培养官僚资本与豪门资本，即以最切近事实之看法而论，亦不能不承认本党之经济措施，实始终为买办阶层意识所支配，距离现代之资本主义尚隔天渊，其与民生主义自根本背道而驰。"① 意识形态的模糊与虚伪，使得"三民主义"面对民众竞争性选择时，逐渐丧失了其信仰的崇高性和神圣性，不再成为广大民众的唯一选项，其整合与动员整个国族的能力也自然下降。

国民党整合能力的弱化也表现为组织结构的松散。国民党改组后的组织设计注重国民党的全面覆盖性，特别重视基层党组织的建设。但实际的运行效果却与预先的设计有着较大的偏差。南京国民政府成立不

---

① 张治中：《张治中回忆录》，中国文史出版社1985年版，第403页。

第三章　党国体制的确立与国族整体的自觉

久,这种偏离的趋势就已经较为明显,省县的一级的国民党组织极不完整,到1933年,"只有不到40%的省份建立了正式的省党部,不到17%的县成立了正式的县党部"①。农村社会更是基本没有国民党组织与国民党党员的身影。抗日战争时期,国民党虽然加大了党员的吸收力度和基础党组织的建设,但成效极为有限。1945年,在国民党"六大"的《党务检讨报告》中,时任国民党中央秘书长吴铁城对国民党组织结构的问题作出了"上层臃肿,中层隔阂,下层虚弱"②的总结。组织结构的松散,特别是基层组织的缺失与涣散,使得国民党无法开展有限的宣传和动员,进而严重制约了其国族整合能力。

对于任何政党而言,即使意识形态的宣传再为华丽,组织结构再为庞大与严密,但归根到底都需要党员的具体言行予以展示。而在国民党的发展过程中,党员的数量虽然有所上升,但就其内部结构而言,代表先进力量的群体进入不足,官僚资产阶级和大地主阶级的比重明显上升。如在1945年,国民党党员中受过高等教育的比例仅为8.3%③,国民党不再具有广泛的社会代表性,逐渐固化为大地主大资产阶级维护自身既得利益的工具。而且更为严重的是国民党党员的腐败问题,从以"四大家族"为代表的国民党上层,到一般党员,腐败之风横行,以至于蒋介石本人也无奈的指出:"抗战胜利以来,我们一般同志精神堕落,气节丧失,把本党五十年的革命道德精神摧毁无余。甚至毁法乱纪,败德乱行,蒙上欺下,忍心害理。""我们党和团的组织复杂、散漫、松懈、迟钝,党部成了衙门,党员成了官僚,在社会上不仅不能发挥领导的作用,反而成了人家讥笑侮辱的对象。""自抗战以来,本党在社会上的信誉一落千丈,我们的革命工作苟且因循,毫无进展。老实说,古今中外,任何革命党都没有像我们今天这样的没有精神,没有纪律,更

---

① 王奇生:《党员、党权与党争》(修订增补本),华文出版社2010年版,第301页。
② 王奇生:《党员、党权与党争》(修订增补本),华文出版社2010年版,第355页。
③ 王奇生:《党员、党权与党争》(修订增补本),华文出版社2010年版,第347页。

没有是非标准。这样的党，早就应该被消灭淘汰掉了。"① 国民党整体性的腐败，使其在民众中的威信急剧下降。

国民党以革命主导者自居，但自身建设却与其目标有着巨大的差距，甚至是背道而驰。所以，国民党无力整合整个中华民族的凝聚力，更无法实现国族自觉与国家认同的统一。

二、政治与经济的双重受挫

国家民族与民族国家是一体两面的结合，"民族国家经由国族对国家的认同而实现了民族与国家的统一"②。民族国家需要国族的认同，而国族也只有在其认同的民族国家内，才能形成完整意义上的国家民族。国族的国家认同，即国族要产生一种对国家的归属感和同一性，"国家必须通过一些的制度构建来保障国族（以及组成国族的各个传统民族）的权利"③。在现代民主国家中，其核心指标就是政权的合法性问题。合法性是描述民众对于政府是否认可的重要概念，是"一个集体的大多数人认为一种权力、一种权威和一种等级制是合情合理的，即符合价值系统的"④。民众要形成一种合法性的评价，主要源于两个层面，从政治的角度看，就是形成对国家的拥有感，即政权的民主性；从经济的角度看，就是国家能够保障利益的实现。而对于普通大众的民主权利和自身利益，国民党政府都无法给予实现，这就导致国民政府统治的合法性流失严重，国族自觉与国家认同始终无法统一。

抗战胜利后，和平与民主成为国内民众的普遍愿望，由于力量对比关系的变化，国民党无法单独左右政治局面，为此召开了多党派参加的政治协商会议。中国共产党和各民主党派反对国民党的一党专制和领袖个人独裁，但国民党并无意放弃一党专政，并竭力维持自身的专制统

---

① 张其昀主编：《先总统蒋公全集》第二卷，中正书局1978年版，第893页。
② 周平：《多民族国家的族际政治整合》，中央编译出版社2012年版，第229页。
③ 周平：《多民族国家的族际政治整合》，中央编译出版社2012年版，第229页。
④ ［美］迈克尔·罗斯金等：《政治科学（第九版）》，林震等译，中国人民大学出版社2009年版，第6页。

第三章　党国体制的确立与国族整体的自觉

治。针对修改《五五宪草》的原则，蒋介石曾直言其反对意见："此次政治协商会议中，宪草所决定之原则与总理遗教出入处颇多。政治协商会议虽接受三民主义，而对五权宪法则多所改易。如此则本党不啻取消其党纲，而失其存在之地位。则他日本党同志必有揭五权宪法之名义而革命者，吾人将无法加以制止，而祸患将不堪言。决不可牺牲五权宪法之精神，否则本党将丧失其立场矣。"① 这使得宪法的修改偏离了民主的方向，《新华日报》曾发表社论指出："由于有名无实的有形的国民大会的存在，而作为行政首领的总统，便成为一个实际上不受任何机关监督和控制的大独裁者了。"② 而此后，国民党又不顾全国人民的反对，发动全面内战，对主张和平民主的人士进行残酷的镇压与迫害。1946年11月，在中国共产党、民主同盟和无党派人士宣布拒绝参加的情况下，国民党仍然单方决议召开国民大会，制定《中华民国宪法》。虽然其中不乏民主性的原则，但对于追求专制与独裁的国民党而言，这仅是一部"装饰性宪法"，从其实质效应而言，无异于一纸空文。③

民众的政治权利无法保障，而经济上的剥削则更为严重。战时经济统治政策的确立，有利于集中有限的物力财力，争取抗战的胜利。但这也促使了官僚资本主义的膨胀，通过控制国家政权，操纵市场运行，进而谋取暴力，使得原本基础薄弱的民族资本主义发展更为雪上加霜。例如，在1945至1946年间，重庆的1800家工厂中，共有344家关闭。四川中小中小工业联合会原有1200家企业，但1946年，其中80%停业。④ 到1948年，天津工厂倒闭70%—80%。⑤ 而国民党政府为了筹集内战所需的大量军费开支，不惜大量发行纸币，进而引发通货膨胀，物

---

① 《中华民国重要史料初稿——对日抗战时期》第7编，见《战后中国》，第704页。转引自张晋藩：《中国宪法史》，人民出版社2011年版，第271页。
② 转引自：殷啸虎：《近代中国宪政史》，上海人民出版社1997年版，第247—248页。
③ [美] 萨托利：《宪政疏议》，见《公共论丛》第一辑，生活·读书·新知三联书店1995年版。
④ 刘健清：《中国国民党党史》，江苏古籍出版社1992年版，第640页。
⑤ 孔经纬：《中国近百年经济史纲》，吉林人民出版社1980年版，第144页。

价飞涨，人民生活水平急剧恶化。而在广大农村，国民政府的土地政策也同样有名无实，虽然规定了"耕者有其田"，但"土地国有"更多是向官僚资本集中，一般民众根本无力购买。而且，由于内战，农民分摊了更多的苛捐杂税，负担日益加剧，整个农村经济濒于崩溃。

在国民政府的统治下，广大民众的政治权利和经济利益均无法得到实现，国民政府统治的合法性急剧流失。国族自觉后对于权利与利益的要求，与国民政府的专制统治形成强烈的反差，诉求的不满也激励着国族共同体必须推翻现有的统治，才能有效维护自身的权益。

三、各民族平等权利的缺失

在国族与其内部各民族的关系问题上，国民政府一直坚持一元化、融合型的价值取向。在抗战后期，提出了"宗族"概念，借以取代民族。这种导向对于凝聚国族力量，抗击日本侵略者具有一定的意义。但在抗战过程中，各民族同胞在国族意识觉醒的同时，本民族的意识也在逐步提升。而以宗族替代民族，试图通过强制性的民族同化构建国族共同体，必然与各少数民族的民族认同意识产生张力。"如果文化得不到承认和尊重、利益不能得到保障，非主体民族就会在形成和强化被剥夺感的同时疏离与主体民族，不认同于国族和国家。"①

在抗战胜利前夕召开的国民党第六次全国代表大会上，再度强调了民族主义，"民族主义之目的，一曰中国民族自求解放，一曰国内各民族一律平等"。"为贯彻民族主义之目的，本大会特重申第一次代表大会时，'于革命获得胜利以后，当组织自由统一的中华民国'之宣言，必以全力解除边疆各族所受日寇劫持之痛苦，亦必以全力扶助边疆各族经济、文化之发民，尊重其固有之语言、宗教与习惯，并赋予外蒙、西藏以高度自治之权。民族主义彻底实行之日，即为我国家长治久安永保团结之时。"② 而对于现阶段的民族工作，其中心要求就是"加速胜利，

---

① 周平：《多民族国家的族际政治整合》，中央编译出版社2012年版，第238页。
② 《中国国民党第六次全国代表大会宣言》，见《中华民国史档案资料汇编第五辑第二编政治（一）》，江苏古籍出版社1991年版，第838页。

第三章 党国体制的确立与国族整体的自觉

巩固国基,扶助边疆民族,以造成独立自由之统一国家,因此主张,实现蒙藏各民族之高度自治,并扶助边疆各民族经济文化之平衡发展,以奠定自由统一中华民国之基础"①。而在1946年制定的《中华民国宪法》中亦规定:"中华民国领土依其固有之疆域,非经国民大会之决议,不得变更之。""中华民国各民族一律平等。""中华民国人民,无分男女、宗教、种族、阶级、党派,在法律上一律平等。"

国民党对于民族问题的规定,表面上肯定了民族平等与民族自治,但在实际执行过程中,仍然存在着根深蒂固的民族同化思想。在少数民族聚居区,不尊重少数民族的风俗习惯,甚至强制同化的政策屡见不鲜。例如杨森在担任贵州省主席期间就认为:"边胞广义系指国内各宗支而言,西南的苗族夷族,自然也包括在内。""'共同进化',就是说,凡我中华国族,都要明白优胜劣败,强食弱肉的道理,强者要扶助弱者,智识高者要扶助智识低者,彼此互相帮忙,大家只要同心同意,一心向好的方向走,凡是坏的、落伍的,我们一切都要避免,都要革除进步的,我们一切都要学习,都要接受。"② 在广西,1945年甚至出现强制剪掉妇女的衣裙,改变发式。③

对于承诺的民族自治问题,也出台了一系列的政策方案,在1945年拟定的《战后蒙藏政治设施方案》中对西藏的政治体制进行了规定,明确允许西藏地方高度自治,称为西藏特别自治区;西藏特别自治区可自制宪法,但不得违反国宪及"三民主义"。④ 对于内蒙古,则主要是进行东部蒙旗的"复员"活动,即恢复盟旗、恢复伪满时期已废止的

---

① 《中国国民党第六次全国代表大会通过重要决议案》,见《中华民国史档案资料汇编第五辑第二编政治(一)》,江苏古籍出版社1991年版,第813页。

② 杨森:《促进边胞文化运动之意义》,见《杨主席言论选集》第一集,贵阳:西南印刷所1946年版,第273—276页。

③ 高翠莲:《清末民国时期中华民族自觉进程研究》,中央民族大学出版社2007年版,第251页。

④ 王希恩:《20世纪的中国民族问题》,中国社会科学出版社2012年版,第297页。

王公扎萨克制度。① 在1946年的国民党六届二中全会上又进一步指出："关于内蒙古部分，恢复原有之蒙古地方自治政务委员会，并明白划分盟旗政府与省县间之权限。"②

国民党政府对于民族自治的推行，对于维护国家稳定与统一有一定的进步意义。但由于国民党本身所坚持的一元化的国族构建路线，其所推行的民族自治，更多是一种工具意义上的暂时性兑现。而其在自治过程中，主要侧重维护少数民族上层的固有统治，对于普通民众的动员效果极为有限。即便如此，这些自治政策的实际落实也极为有限。因为民族问题的解决，不单涉及民族政策本身的正确性，也与整个国家政权的合法性和执政能力有着紧密联系。对于着力发动内战，动员能力和合法性急剧下滑的国民党政府而言，诸多政策往往只能停留在规定之中，而无法真正落实。如在1946年，国民党迫于压力，承认了外蒙古的独立，成为近代国族构建中的重大遗憾。在1949年，对于西藏噶厦驱逐国民政府驻藏办事处事件后，国民党政府仅能做原则声明，亦无力应对。

国民党在其22年的统治期间，提出了较为系统的国族构建理念、制度及措施，对于中华民族的独立与自觉起到了重要的推动作用，其中诸多措施至今仍有启发和借鉴意义。但由于其阶级属性的局限，其国族构建思路也存在着明显的不足，使得国族自觉与国家认同始终无法协调与整合，国民党的反动统治也在这种冲突中覆灭。而中国共产党则担负起国族构建的历史重任，在领导中国革命的道路，经过不断的探索与实践，最终实现了中华民族的自由与解放。

---

① 白拉都格其：《蒙古民族通史》第五卷（下册），内蒙古大学出版社2002年版，第525页。

② 中国第二历史档案馆编：《中华民国史档案资料汇编》，第五辑第三编政治（一），江苏古籍出版社1994年版，第474页。

第三章　党国体制的确立与国族整体的自觉

小　结

北洋政府统治期间，中国国族构建取得了一定的进展，但也陷入了深层困境，尤其是暴露了现代化转型过程中权威性领导主体缺失的问题，而这一重任历史地落在了政党身上。作为当时革命、进步、有影响力的国民党，接受了苏俄共产党的建议，通过与共产党合作实现了改组，建立了集权化的政党模式和党治国家的政党体制。北伐成功后，国民党建立南京国民政府，在党治国家的体制下，展开了较为系统的国族建设。应该说，这种集权化的政党组织及其党治国家的体制，适应了近代转型过程中的组织需要，为进一步推动国族构建奠定了基础。

国民党在构建国族过程中的另一特点就是始终追求国族的整体性、同质性和一元化，这对于国族构建有其积极和正面的影响。在抗日战争前进行了较为系统的建设。而在国民党统治期间，全面抗战是国族构建的重要阶段，作为当时中国的中央政府，国民党接受中国共产党的倡议，建立抗日民族统一战线，在民族主义的旗帜下统合了国内抗日力量，通过广泛而深层次的动员，最终取得了抗日战争的胜利，成为中华民族自觉与复兴的重要契机。

在国民党统治时期的国族构建，对于中华民族的发展具有重要的里程碑意义，尤其是通过动员全民族力量参与的抗日战争的洗礼，中华民族基本上获得平等独立的世界地位，民族自豪感和自信心显著增强。而且在中华民族内部，国族观念和国族意识在各个地域、各个阶层中得到了广泛的传播，面对着生死存亡的共同命运，各阶层、各民族逐渐形成了命运共同体的意识。中华民族的国族自我认同感得到了显著的提升，基本实现了一种整体性的自觉。

然而国民党政府在国族构建过程中，由于利益与能力的局限，国民党在国族内部的自由平等问题和少数民族权利问题上始终存在政策上的偏差。国族的自觉程度越高，对于自由平等权利的诉求就越发强烈，但国民党政府在政治上仍然顽固地坚持一党专政，在经济上大肆掠夺；而对于国族内部的少数民族问题，国民党一直试图通过强制性的民族同化政策构建国族共同体，对于中华民族与内部各民族一体多元的关系没有充分认识，因此也就不可能充分保障少数民族的权利。而这两个问题也导致了国族自觉与国家认同的矛盾和少数民族国家认同感的弱化，并且影响着国族内部的稳定性和国族凝聚力的提升。

然而，中华民族国族观念的自觉和国族意识的提升，使得中华民族追求独立、自由与解放成为一股不可抗拒的潮流，国民党没能顺势而为，继续扮演国族构建的积极力量，反而成为中华民族发展的制约因素。最终，中国共产党领导的新民主主义革命继续推动着中华民族的发展，而国民党政府也宣告其在大陆统治的失败。

第四章 政党认同的获取与国家认同的强化

——中国共产党推动下的国族构建（1921—1949）

中国共产党的成立，标志着近代中国革命进入新民主主义阶段。党在长期的革命斗争中，不断加强自身建设，根据中国革命的实际，逐步探索出领导中国革命胜利的正确道路，并积极推动中国的国族构建。成立初期，党就提出了反帝反封建的民主革命纲领。其后的抗日战争阶段，党形成了正确的中华民族观念，通过抗日民族统一战线，自觉推进国族构建。抗战胜利后，面对国民党的反动腐朽统治，党逐步获得了全国人民的认同，并领导全国人民推翻国民党的统治，建立了中华民族的民族国家——中华人民共和国，实现了中华民族的独立、自由与解放，也宣告近代中国国族构建工程的基本完成。

第一节 组织准备与国族观念的初步形成

中国共产党从其成立，就以苏俄的列宁式政党组织为蓝本，具有意识形态强烈、组织结构严密的特点，这也是中国共产党能够不断发展壮大，最终成为近代中国国家构建和国族构建领导力量的组织保障。而对于无产阶级政党，看待民族与国族问题，始终是从阶级斗争的视角出发。这使得中国共产党从其成立之初就对中国国族构建有着更加深刻的理解，如民族平等、反帝反封建等主张的提出。但由于共产国际的影响和国情认知的相对欠缺，也提出了如少数民族自决权等口号，这对国族构建具有一定的消极影响。中国共产党从成立到大革命失败，是组织建立和初步实践的阶段，对其后的革命斗争和国族构建都有着重要意义。

一、苏联式政党组织的初创

近代中国的民族国家构建和国族构建需要强有力的集权化政党，但这并不意味着国民党就是历史的唯一选择。在国民党实现改组之前，近代中国就已经诞生了新型的无产阶级政党——中国共产党。而且相比国民党，中国共产党从组建伊始就是以列宁建党学说为根据，其组织基础更为典型和纯粹。

首先，中国共产党是以马克思列宁主义为行动指南并不断推进其中国化。近代中国先进分子探索救国救民之路，可谓充满着崎岖与波折，资产阶级共和国的方案受阻后，人们不得不将视线转向新的"主义"。而在分析比较之后，部分先进分子终于选择了社会主义的道路，特别是俄国十月革命的胜利，让国人看到了在中国走非西方式道路的可行性，正如毛泽东所言："十月革命一声炮响，给我们送来了马克思列宁主义。"[①] 对于政党而言，"政党都是具有特定意识形态的政治组织"[②]，"是为了适应近现代社会阶级斗争的需要而产生的"[③]。无产阶级政党更是以马克思主义作为立党之本，进而科学的解释社会、构建认同，并以此作为民众动员的核心手段。从中共"一大"开始，坚持马克思列宁主义就成为党从未放弃的理想与信念，一大通过的党的纲领是"以无产阶级革命军队推翻资产阶级统治"，"消灭资本家私有制，没收机器、土地、厂房和半成品等生产资料"，"我们党承认苏维埃管理制度，要把工人、农民和士兵组织起来，以社会革命为自己政策的主要目的。"[④]

[①] 毛泽东：《论人民民主专政》，见《毛泽东选集》第4卷，人民出版社1991年版，第1471页。

[②] 周平：《多民族国家的族际政治整合》，中央编译出版社2012年版，第148页。

[③] 周平：《民族政治学》（第二版），高等教育出版社2007年版，第161页。

[④] 《中国共产党第一次代表大会》，见《"一大"前后》，人民出版社1980年版，第6页。

第四章 政党认同的获取与国家认同的强化

但意识形态的凝聚和动员能力必须以现实解释力为基础，也正因此，中国共产党坚持马克思主义基本原理与中国革命实际相结合的道路，从建党之初就开启了马克思主义中国化的历程。中共"二大"就根据国情提出了党的民主革命纲领，即党的最低纲领，指出党的奋斗目标是："消除内乱，打倒军阀，建设国内和平；推翻国际帝国主义的压迫，达到中华民族完全独立；统一中国为真正的民主共和国。"[①] 其后，又根据革命的需要，帮助国民党进行改组，实现国共第一次合作，推动了大革命的兴起。中国共产党坚持马克思主义及其中国化的道路，保证了党始终以科学、正确和强有力的意识形态引领中国的革命，也是应对近代国族构建中的文化认同冲突的重要机制，为国族构建注入了价值导向和精神动力。

其次，中国共产党始终注重组织的严密性，特别是基础党组织的建设。政党要成为近代中国革命的领导力量，必须具备严密集权的组织设计。这既是残酷斗争下，党生存发展的客观需要，也是广泛动员民众的必备条件。为此，党在创立时就规定了严格的组织和纪律。党在"二大"时就制定了正式的党章，详细规定了党员条件、入党手续、党的组织系统，以及党的组织原则和纪律等。党章规定，全体党员必须绝对服从中央的决议；党的一切决议均取决于多数，少数绝对服从多数；要求从党的中央到基层组织都要有严密的组织系统，要有集权精神与铁的纪律，避免无政府的"乌合的状态"；无论何时何地，每个党员的言论必须是党的言论，每个党员的活动必须是党的活动。每个党员都要在行动上受党中军队式的训练，不能以资产阶级法律秩序的观念来看待党内的纪律与集权，而"应以共产革命在事实上所需的观念实施之"。并且强调要把党建设成为一个能够实行无产阶级革命的"大的群众党"，"我们的组织与训练必须是很严密的集权的有纪律的，我们的活动必须是不

---

① 《中国共产党第二次全国代表大会宣言》，见中央统战部编：《民族问题文献汇编》，中共中央党校出版社1991年版，第18页。

离开群众的"。①

中国共产党要领导中国革命,必须实现对各领域各层次的全面动员,这其中最重要的就是党的基层支部的建立。通过基层支部贯彻党的意志,吸收优秀分子,深入动员群众,从而实现对整个社会的强有力的动员。党组织的扩展首先是从学生和工人开始的,"一大"后,党就在上海、北京、广州、武汉、长沙成立区执行委员会,并建立了安源煤矿支部、湖南第一师范学校支部、湖南自修大学支部、唐山制造厂支部等基础组织。② 其后,党认识到农民阶级在中国革命中的重要作用,党的"四大"肯定了农民是无产阶级的同盟者,伴随大革命的兴起,广泛的开展农民运动。大革命失败后,党认识到军队领导权的重要性,又将支部建立在连队,实现了党对军队的绝对领导。

中国共产党通过这种严密性的组织设计,为最终胜利领导中国革命奠定了基础。同时,在小农经济占主体的中国社会,整个社会结构相对松散,而这种覆盖和贯穿整个社会的组织网络,有助于同质性文化的传播,实现对国族共同体的整体性动员,进而增强整个国族共同体的自我认同感和凝聚力。虽然党在初创时期的力量还相对有限,但这种自身的组织设计,为日后成为中华民族构建的主体力量进行了有效的组织准备。

二、反帝反封建的革命联合

中国共产党成立后,在马克思主义学说的指导下开展革命,并对国族及其构建提出了自身的主张。而其中最为核心之处就是提出了反帝反封建的民主革命纲领,"中华民族的民族解放运动是与民主革命结合在一起的"③,这为中国革命和国族构建指明了道路,并促使了国民党的

---

① 《关于共产党的组织章程决议案》,见中央档案馆编:《中共中央文件选集》第1册,中共中央党校出版社1989年版,第90—92页。

② 中共中央党史研究室:《中国共产党历史》第一卷上册,中共党史出版社2011年版,第101页。

③ 周平:《论中国民族国家的构建》,载《当代中国政治研究报告》第6卷,社会科学文献出版社2007年版。

第四章 政党认同的获取与国家认同的强化

改组和国民大革命的兴起。

中国共产党在"一大"时提出了进行社会主义革命的奋斗目标，但在当时的中国，直接实现这一目标的条件并不具备。因为半殖民地半封建的近代中国，帝国主义和封建军阀才是整个中华民族备受剥削压迫的根源，中国共产党在成立后的初步实践，逐渐意识到了反对帝国主义侵略和封建军阀的意义。同时列宁和共产国际的指导，也使得这一问题在理论上得以澄清。1920年的共产国际第二次代表大会上，列宁提出《民族和殖民地问题提纲初稿》及补充提纲，并通过了《民族和殖民地问题委员会的报告》。重点阐明了民族和殖民地问题已经成为世界无产阶级革命的一部分，在殖民地半殖民地国家，无产阶级应该与资产阶级民主派结成联盟，形成统一战线，并与广大农民建立广泛的联盟。

在中共"二大"上，就明确提出了党在现阶段的奋斗目标："（一）消除内乱，打倒军阀，建设国内和平；（二）推翻国际帝国主义的压迫，达到中华民族完全独立；（三）统一中国本部（包括东三省）为真正民主共和国；（四）蒙古、西藏、回疆三部实行自治，成为民主自治邦；（五）用自由联邦制，统一中国本部、蒙古、西藏、回疆，建立中华联邦共和国。"① 在此次会议上还通过了《关于"民主联合战线"的决议案》，正式提出与国民党进行合作，建立民主联合战线。在1922年8月杭州西湖的特别会议上，细化了国共两党合作的方式问题，由"党外联合"转变为"党内合作"，并进一步明确了反帝反封建的方针，"以工人农人及小资产阶级革命的党派或分子为主力军，向一切帝国主义者加以攻击；同时亦可联合半民族运动的党派，向一派帝国主义者作战（例如资产阶级反对日本时）"②。而在1923年党的"三大"上，正式决定采取共产党员以个人身份加入国民党的方式实现国共合作。

---

① 《中国共产党第二次全国代表大会宣言》，见中央统战部编：《民族问题文献汇编》，中共中央党校出版社1991年版，第18页。

② 《中国共产党对于目前实际问题之计划》（1922年11月），见中央档案馆编：《中共中央文件选集》第1卷，中共中央党校出版社1991年版，第121页。

国家范式转换与国族构建

反帝反封建的民主革命纲领是对近代国族构建的重要认识。从清末到民国初年，国族构建的曲折历程所折射出的核心问题就是对于半殖民地半封建社会认识的欠缺，这使得国族在对外独立、对内民主的道路上步履维艰，也是迟缓着国族构建进程的核心障碍。成立之初的中国共产党，迅速认识到了反帝反封建之于近代中国革命的重要性，这是党能够始终引领中国革命，最终担负起国族构建重任的重要基石。同时，反帝反封建民主纲领的提出，为国共第一次合作奠定了政治基础。初创阶段的党组织虽然力量相对薄弱，但在正确革命主张的指引下，实现国共合作，促使了国民党的改造，增强了其进步性。在合作中，中国共产党也在更广阔的政治舞台上得到锻炼和发展。

国共合作成功实现后，中国共产党在反帝反封建的目标导引下，以国共合作为政治框架，推动了国民大革命的兴起。而在这一阶段的实践中，就国族构建而言，共产党对于普通民众的宣传和动员是国族构建的重要内容。国族的构建是国族成员整体性的自觉，在近代中国国族构建的层次中，对于社会普通民众的动员始终是构建中的短板之处，这是包括国民党在内的构建主体自始至终无法完全克服的。而中国共产党的阶级性质和革命主张恰好是对于这一缺陷的有效回应，从建党初期就对国族构建的对象问题有着深刻的把握。而在普通民众的动员中，最为重要的就是工人和农民群体。

共产党作为无产阶级的政党，关注和领导工人运动是其天然追求。国共合作后，党更加积极主动地推进工人运动，并将其与反帝爱国相结合。1924年5月，广州召开工人代表会议，出席会议的代表160多人，7月，广州爆发沙面罢工，并成立广东公团军，共产党员施卜任团长，沙面罢工持续一个多月，在广东和香港产生了较大影响。[①] 从此，各地工人运动在中国共产党的领导下逐步高涨起来。而影响最大的当属1925年爆发的"五卅"运动。"五卅"运动发起于上海的工人运动，但

---

① 中共中央党史研究室：《中国共产党历史》第一卷上册，中共党史出版社2011年版，第120页。

第四章　政党认同的获取与国家认同的强化

在中国共产党的领导和推动下，迅速成为席卷全国，各阶层广大民众积极参加的反帝爱国运动。中国共产党领导的"五卅"运动，是中华民族直接反抗帝国主义的伟大运动，对于中华民族的觉醒和国民革命运动的发展具有巨大的推动作用。瞿秋白曾写道："五卅后民众运动的发展，一直波及于穷乡僻壤，山西太原等处都有工会的成立，浙江则其至于小小村镇如双林、义乌等处，都起来响应。上海的街头巷口，普通的小商人，十三四岁的儿童，争着写贴'打倒帝国主义，废除不平等条约'的标语，争着唱五卅流血的时调山歌，这岂不是革命运动深入普遍的群众之明证！"①

中国共产党在建立后，逐步认识到了农民群体的革命地位和建立工农联盟的重要性。李大钊曾指出："中国的浩大的农民群众，如果能够组织起来，参加国民革命，中国国民革命的成功就不远了。"② 在以共产党员为主的国民党中央农业部和国民党中央农民运动委员会的推动下，确定了农民运动计划，决定组织农民协会和农民自卫军，并颁布了《农民协会章程》。为了培养农民运动骨干，特别开设农民运动讲习所，在共产党人的主持下，培养了700多名农民运动骨干，有力地促进了全国农民运动的开展。农民问题的核心就是土地问题，中国共产党也根据形势的发展，制定了相应的土地政策。从最初的土地公有制，到1922年，就逐步提出了"限租、限田"的主张，其后又提出了"耕地农有"。土地政策有效地维护了农民利益，解决农民疾苦，对于推动农民的积极性具有重要意义。

三、阶级视角中的民族问题

马克思主义学说中，民族理论是其重要的组成部分。对于民族问题，马克思主义经典作家给予了较早的关注，认为民族作为人类共同体有其产生、发展和融合的历史过程。马克思和恩格斯在摩尔根《古代社

---

① 瞿秋白：《国民会议与五卅运动》，载《新青年》月刊第三号，1926年3月25日。
② 守常：《土地与农民》，载《政治生活》第62—67期，1925年12月30日—1926年2月3日。

会》的基础上阐释了民族的形成，特别指出国家在其中的重要影响，认为民族是伴随阶级和国家而产生的。"从部落发展成了民族和国家"①，"部落联盟是与民族最近似的东西"②。其后，恩格斯在《论封建制度的瓦解和民族国家的产生》中又进一步指出："从中世纪早期的各族人民混合中，逐渐发展起新的民族"，"一旦划分为语族，很自然，这些语族就成了建立国家的一定基础"，而且"日益明显日益自觉地建立民族国家的趋向。"③ 从马克思和恩格斯的论述中，我们可以看出对于中文概念的"民族"，已经存在着两者理解类型，即文化民族和国家民族（也就是国族）。

而列宁和斯大林对于民族的认识，则更为明确地指向了国族。列宁认为，"民族是社会发展的资产阶级时代的必然产物"④。斯大林更是在此基础上提出了著名的民族定义："民族是人们在历史上形成的一个有共同语言、共同地域、共同经济生活以及表现于共同文化上的共同心理素质的稳定的共同体。"⑤ 并进一步指出："封建制度消灭和资本主义发展的过程同时就是人们形成民族的过程。"⑥ "世界上有各种不同的民族。有一些民族是在资本主义上升时代发展起来的，当时资产阶级打破封建主义和封建割据局面而把民族集合为一体并使它凝固起来了。这就是所谓'现代'民族。"⑦

---

① 中国社会科学院民族研究所编：《马克思恩格斯论民族问题》（下），民族出版社1987年版，第653页。

② 马克思：《摩尔根"古代社会"一书摘要》，人民出版社1965年版，第96页。

③ 中国社会科学院民族研究所编：《马克思恩格斯论民族问题》（下），民族出版社1987年版，第818—819页。

④ 《列宁选集》第2卷，人民出版社1972年版，第600页。

⑤ 中国社会科学院民族研究所编：《斯大林论民族问题》，民族出版社1990年版，第28—29页。

⑥ 中国社会科学院民族研究所编：《斯大林论民族问题》，民族出版社1990年版，第33页。

⑦ 中国社会科学院民族研究所编：《斯大林论民族问题》，民族出版社1990年版，第395页。

第四章　政党认同的获取与国家认同的强化

无产阶级与资产阶级都关注到了民族与民族主义，但其核心立场是不同的。"不同的民族概念又是在不同的社会历史条件下形成的"①，构建民族与民族国家是资产阶级推翻封建统治的理论武器，对民族或国族采取了整体性和同质化的理解，从而动员整个国族的力量。但无产阶级对于民族的理解，则更多地纳入到了阶级斗争的视域内，对民族内部进行了阶级的类型化处理，将民族问题最终归结为阶级问题，"在任何真正严肃而重大的政治问题发生时，集团都是按阶级而不是按民族划分的"②。因此，"人对人的剥削一消灭，民族对民族的剥削就会随之消灭。民族内部的阶级对立一消灭，民族之间的敌对关系就会随之消失"③。阶级相对于民族，更具根本性和基础性的地位。阶级斗争也就自然成为解决民族问题的主要手段。

而且，马克思主义对阶级斗争的理解是超越国家的世界性联合，在马克思看来："现在存在着一种各民族的资产阶级兄弟联盟，这就是压迫者对待被压迫者的兄弟联盟。……各国的资产阶级虽然在世界市场上互相冲突和竞争，但总是联合起来反对各国的无产阶级。"④ 因此，无产阶级要取得胜利，就必须实现"全世界无产者，联合起来"⑤。

马克思主义从阶级视角对于民族的理解，是资产阶级确立统治地位，资本主义较快发展的背景下提出的，带有一定的后民族国家的色彩，具有科学性和合理性。但身处半殖民地半封建社会的旧中国，与资本主义国家国情差异很大，而且初创阶段的中国共产党，由于各种因素的制约，并没有对国族及民族问题进行系统的研究，这使得中国共产党在国族构建的问题上，既有着比国民党更为深刻的理解，但也存在着一定的误区。

---

① 周平：《多民族国家的族际政治整合》，中央编译出版社2012年版，第2页。
② 中国社会科学院民族研究所编：《马克思恩格斯论民族问题》（上），民族出版社1987年版，第238页。
③ 马克思恩格斯：《共产党宣言》，中央编译出版社2005年版，第43—44页。
④ 《马克思恩格斯全集》第4卷，人民出版社1958年版，第409页。
⑤ 《马克思恩格斯全集》第4卷，人民出版社1958年版，第488页。

对于国内的民族问题，中国共产党最初的设想是"民族自决"和联邦制。在中共"二大"上提出："蒙古、西藏、回疆三部实行自治，成为民主自治邦；用自由联邦制，统一中国本部、蒙古、西藏、回疆，建立中华联邦共和国。"① 1923年中共"三大"通过的《中国共产党党纲草案》则提出："西藏、蒙古、新疆、青海等地和中国本部的关系由各民族自决。"② 国共实现合作后，中共又对民族问题提出了"最低限度的主张"，即"对外反抗侵略主义的列强加于我人之压迫，对内解除我人加于殖民地弱小民族（如蒙古西藏）之压迫"③。

从中国共产党最初的政策主张看，中国共产党对于国族层面的中华民族和国族内部的少数民族都赋予了"民族"的地位，给予了平等的承认，这有利于维护各民族间的平等，消除民族压迫，这也符合我国统一多民族国家的历史与现实。但与此同时也反映出，中国共产党当时对于民族类型（政治民族与文化民族）并没有进行明确的区分，还存在一定的模糊认识。而这也影响着中共对其所提出的"民族自决权"的理解。"民族自决权理论，本质上是主张民族的正当权益和反对民族压迫的思想。"④ 对于民族自决权，列宁认为："民族自决权从政治意义上来讲，只是一种独立权，即在政治上同压迫民族自由分离的权利。"⑤ "但这种要求并不等于分离、分散、成立小国家的要求，它只是反对一切民族压迫的彻底表现。"⑥ 由此可见，民族自决权更多对应的是国族群体，目标是反抗外来的民族压迫。

从近代中华民族整体遭受外来侵略与压迫的角度看，提出民族自决权是具有积极意义的，有助于动员包括少数民族在内的全体民众的革命

---

① 《中国共产党第二次全国代表大会宣言》，见中央统战部编：《民族问题文献汇编》，中共中央党校出版社1991年版，第18页。

② 中央统战部编：《民族问题文献汇编》，中共中央党校出版社1991年版，第22页。

③ 中央统战部编：《民族问题文献汇编》，中共中央党校出版社1991年版，第22页。

④ 周平：《多民族国家的族际政治整合》，中央编译出版社2012年版，第211页。

⑤ 《列宁全集》第2卷，人民出版社1984年版，第719页。

⑥ 《列宁选集》第2卷，人民出版社1972年版，第719页。

热情。但从国族构建的角度看，这种主张也容易消解对于中华民族的整体性认同。当然，这也并不意味着中共倡导民族分裂，从"二大"的纲领看出，中国共产党强调了中华民族的整体独立，在民族自决的基础上也在积极探索建立统一国家的方式，因此仿效苏联提出了联邦制的构想。这既说明了中国共产党在成立初期对于中国国情和民族理论的认识还尚存不足，也说明了中国共产党对于国族的认识具有一定的底线，即国家独立与统一，这为中国共产党日后国族构建的探索预留了理论空间。

从中国共产党建立到大革命失败，中国共产党对于国族构建提出了自身的观点和主张，也展开了初步的实践。其中不乏深刻且意义重大的认识，但也存在着一定的不足。这为中国共产党在土地革命阶段的进一步探索，奠定了坚实的基础。同时也促使中国共产党对于国族构建的认识，更加注重马克思主义理论与中国实践的结合，探索本土化的国族构建道路。

第二节 局部实践与国族意识的逐渐深化

1927年大革命失败，中国共产党遭受了重大挫折，党领导的革命事业进入了异常艰苦的土地革命时期。这一阶段，党在初步纠正"右"倾与"左"倾错误的基础上，确立了农村包围城市、武装夺取政权的道路，农村革命根据地不断发展壮大，并开展了卓有成效的建设实践。但由于"左"倾错误的干扰，根据地建设受到重大损失，党组织被迫开始长征。在整个的土地革命期间，党组织与少数民族同胞有了更为直接的接触，开展了富有成效的民族工作，国族意识也逐步增强。"九一八"事变后，日本帝国主义开始大举侵华，中日间的民族矛盾开始上升，中国共产党也逐步调整政策，有效地推动了抗日民族统一战线的形成。

一、党领导革命根据地建设的制度政策

大革命失败后,中国共产党遭到国民党反动派的残酷迫害,党的力量受到重大削弱,中国革命形势转入低潮。在这种极为严峻的革命形势下,中国共产党仍然坚持革命的决心,开始通过武装斗争反抗国民党的反动统治,而南昌起义就打响了武装反抗国民党反动派的第一枪。随后召开的八七会议,总结了大革命失败的教训,确立了实行土地革命和武装起义的方针。并在毛泽东的领导下,率先建立井冈山革命根据地,形成了工农武装割据,建立工农民主政权的思想。领导土地革命,确立农村包围城市的革命道路是党从中国实际出发,独立领导革命斗争的重要探索。而且土地革命的路线,对于国族构建也有着重要意义,是对农民这一国族中的最大群体进行宣传和动员的重要途径。

党的革命重心从城市转向农村后,抓住国民党军阀混战的外部时机,广泛地发动农民开展游击战争,实行土地革命,建立革命政权,红军和根据地得到巩固和壮大。其中赣南闽西根据地、鄂豫皖根据、湘鄂西根据地、湘赣湘鄂赣根据地都得到了相当规模的发展。在此基础上,中共中央决定以赣南闽西根据地为依托,建立苏维埃中央政府。1931年11月,中华苏维埃第一次全国代表大会召开,选举产生了中华苏维埃共和国临时中央政府,这是中国共产党首次建立全国性的工农民主专政的新型政权。中华苏维埃共和国临时中央政府的成立和各根据地的建设,是中国共产党对于近代国家和国族构建的积极实践,为了巩固和发展根据地政权,中国共产党颁布了一系列的法规制度。

首先,在根据地推行土地革命政策。土地政策是土地革命时期党动员民众的核心政策。八七会议确立了没收地主土地的方针,但并没有细化的方案。根据地依照自身情况进行了探索,但也出现了侵害中农富农等"左"的倾向。1931年2月,中共中央政治局和共产国际远东局起草了《土地法草案》,明确规定:"所有封建地主豪绅军阀官僚以及其他大私有主的土地,无论自己经营或出租,一概无任何代价的实行没收。……被没收的旧土地所有者,不得有任何分配土地的权限","中

第四章 政党认同的获取与国家认同的强化

国富农的特性，是兼半地主或高利贷者，他们的土地亦同样没收与分配，中等农民阶级的土地不没收。富农在被没收土地后，可以分得较坏的'劳动份地'。"① 中华苏维埃共和国第一次全国代表大会以中国共产党起草的《土地法草案》为蓝本，通过了《中华苏维埃共和国土地法》。以法律条文规定：地主"没有分配任何土地的权利"；富农"可以分得较坏的劳动份地"。② 这种地主不分田，富农分坏田的原则成为土地革命时期主导性的土地政策。虽然这一政策在实行过程中仍存在一定程度的左的错误，但基本符合当时革命的需求，有效地动员了广大农民。

其次，根据地政权的民主制度建设。民主是国族构建的必要条件，国族的自觉与认同必须以能够掌控政权为基础。中华苏维埃共和国实行工农兵代表大会制度，通过召开各级工农兵代表大会，吸收工农群众参加政权，行使自己的民主权利。《中华苏维埃共和国宪法大纲》第2条规定："中国苏维埃政权所建设的是工人和农民的民主专政的国家。苏维埃政权是属于工人，农民，红军兵士及一切劳苦民众的。在苏维埃政权下，所有工人，农民，红军兵士及一切劳苦民众都有权选派代表掌握政权的管理；只有军阀，官僚，地主，豪绅，资本家，富农，僧侣及一切剥削人的人和反革命分子是没有选派代表参加政权和政治上自由的权利的。"③ 这体现了根据地政权的民主本质，同时还规定了工农劳动群众的各项权利："在苏维埃政权领域内的工人，农民，红军兵士及一切劳苦民众和他们的家属，不分男女，种族（汉，满，蒙，回，藏，苗，黎和在中国的台湾，高丽，安南人等），宗教，在苏维埃法律前一律平等，皆为苏维埃共和国的公民，为使工农兵劳苦民众真正掌握着自己的

---

① 中央档案馆编：《中共中央文件选集》第7册，中共中央党校出版社1985年版，第468—469页。

② 中央档案馆编：《中共中央文件选集》第7册，中共中央党校出版社1985年版，第471页。

③ 《中华苏维埃共和国宪法大纲》，见中央统战部编：《民族问题文献汇编》，中共中央党校出版社1991年版，第166页。

政权，苏维埃选举法特规定：凡上述苏维埃公民在十六岁以上皆享有苏维埃选举权和被选举权，直接选派代表参加各级工农兵会议（苏维埃）的大会，讨论和决定一切国家的地方的政治事务。"① 根据地政权的民主性规定与实践，在当时起到了组织和动员的效果，同时也为中国共产党领导的国族构建确立了民主的底色。

建立革命根据地，走农村包围城市的道路，对农民群体起到了有效的动员作用，并且在根据地内进行的民主政权建设，为日后协调整合国族认同与国家认同的关系，进行了初步的有益探索，并奠定了实践的基础。

二、民族自决自治与开展少数民族工作

土地革命时期，中国共产党开始独立领导革命斗争，革命重心向农村的转移，使中国共产党对少数民族地区和少数民族同胞有了更为直接和深刻的了解。这一时期，党对少数民族的基本政策仍然是坚持和倡导民族自决权，这是从阶级斗争的视角，动员少数民族反帝反封建革命热情的重要手段，特别是有利于动员各少数民族内部中下层的受剥削民众，进而形成反抗国民党统治的阶级联盟。

但中国共产党这时对民族自决的倡导，已经开始有意识地区分"民族自觉"与"民族独立"。1929年9月，中共中央在给云南省委的指示信中讲到："我们在少数民族中的四个口号是：1. 没收地主阶级土地；2. 反对土司制；3. 苗（或说其他少数民族名称）汉工农联合；4. 苗（或其他少数民族名称）民自觉。至于民族独立这个口号，对于我们在苗民等工作，并不是一个适当的口号，因为现在云南的工农群众与苗族等都是一样的需要反帝国主义，反封建势力，如果提出民族独立，客观上必然分裂了云南工农与少数民族的联合战线，结果必为法帝国主义利

---

① 《中华苏维埃共和国宪法大纲》，见中央统战部编：《民族问题文献汇编》，中共中央党校出版社1991年版，第166页。

用去。现时在宣传的口号上却是民族自决,而不是民族独立。"①

既然民族自觉与民族独立有着明确的区别,那么各民族自决的途径或自决后的政治选择就应该是多元的。这一点在《中华苏维埃共和国宪法大纲》中有了更为明确的体现:"中国苏维埃政权承认中国境内少数民族的民族自决权,一直承认到各弱小民族有同中国脱离,自己成立独立的国家的权利。蒙古,回,藏,苗,黎,高丽人等,凡是居住在中国地域内,他们有完全自决权:加入或脱离中国苏维埃联邦,或建立自己的自治区域。中国苏维埃政权在现在要努力帮助这些弱小民族脱离帝国主义、国民党、军阀、王公、喇嘛、土司等的压迫统治而得到完全的自由民主。苏维埃政权更要在这些民族中发展他们自己的民族文化和民族语言。"② 而在中华苏维埃第一次全国代表大会上,还专门通过了《关于中国境内少数民族问题的决议案》,其中提出了建立独立国家之外的可能选择,"蒙古、西藏、新疆、云南、贵州等一定区域内,居住的人民有某种非汉族而人口占大多数的民族",可"在中华苏维埃共和国之内成立自治区"。③ 同时要求对"中华苏维埃共和国的少数民族共和国或自治区域内的生产力的发展,文化程度的提高与当地干部的培养与提拔",给予"特别注意"。④ "自决"、"联邦"、"自治"等概念的并提,是中国共产党将马克思主义民族理论与中国国情相结合,不断探索国族内部族际关系处理的阶段性成果,也开启了向民族区域自治制度的自觉性探索。

---

① 《中共中央给云南省委的指示信》,见中央统战部编:《民族问题文献汇编》,中共中央党校出版社1991年版,第110页。

② 《中华苏维埃共和国宪法大纲》,见中央统战部编:《民族问题文献汇编》,中共中央党校出版社1991年版,第166页。

③ 《关于中国境内少数民族问题的决议案》,见中央统战部编:《民族问题文献汇编》,中国共产党中央党校出版社1991年版,第169—170页。

④ 《关于中国境内少数民族问题的决议案》,见中央统战部编:《民族问题文献汇编》,中共中央党校出版社1991年版,第171页。

国家范式转换与国族构建

在民族自决自治的导向下，中国共产党在根据地和长征途中，开展了一系列的民族工作，有效地团结和动员了少数民族同胞。民族工作"形成于中国共产党领导人民革命时期"①，中国共产党在土地革命初期就注意到了成立民族工作机构，开展少数民族工作的重要性，在1927年中共"六大"通过的《中国共产党章程》中指出："为在其他民族工农分子中用其民族语言以便于工作起见，于当地委员会之下设立少数民族工作部。少数民族工作部，应当在当地党部指导和监督下工作。"②在中共六届三中全会的《组织问题决议案》则明确指出了民族工作的实质，"在有少数民族区域的省委，应组织少数民族工作委员会，以加紧在少数民族中的组织活动及领导他们反抗军阀、地主、土司和王公的斗争"③。动员少数民族群众参加革命是这一时期民族工作的主要任务，而要达到这一效果，民族工作就必须改变少数民族的土地占有关系。土地问题也同样是少数民族地区剥削与压迫的主要根源，这一点在中共早期的土地纲领中就给予了关注。在1927年的《中共中央临时政治局扩大会议关于中国共产党土地问题党纲草案》中指出，对于苗黎等民族省份，"应当努力奋斗，消灭对于这些土著民族之一切种种方式的剥削"④。而且，中国共产党还直接将少数民族地区纳入革命根据地，如湖北恩施、广西东兰等。并领导和支持各少数民族同胞建立苏维埃政权，如茂县、理县、汶川羌族工农兵苏维埃，川黔边南的土家、苗、汉各族苏维埃等。

由于"左"倾错误的影响，工农红军被迫长征，但这也成为中国共产党大范围地深入少数民族地区，开展民族工作的重要时期。在长征途中，工农红军"经过了湘、桂、黔、滇、川、康、甘、宁等省的苗、瑶、洞、布依、壮、彝、羌、仡佬、藏、回等十几个少数民族的聚居区"⑤。为了顺

---

① 周平：《多民族国家的族际政治整合》，中央编译出版社2012年版，第182页。
② 中央统战部编：《民族问题文献汇编》，中共中央党校出版社1991年版，第88页。
③ 中央统战部编：《民族问题文献汇编》，中共中央党校出版社1991年版，第133页。
④ 中央统战部编：《民族问题文献汇编》，中共中央党校出版社1991年版，第83页。
⑤ 肖华：《忆红军长征在少数民族地区》，载《民族团结》，1983年第8期。

第四章 政党认同的获取与国家认同的强化

利地完成长征，也为了动员少数民族同胞，中国共产党开展了一系列的民族政策宣传工作，特别注重民族平等与民族团结的宣传，同时要求红军尊重少数民族的风俗习惯，如在《关于争取少数民族的指示》中就明确规定："绝对遵从少数民族群众的宗教、风俗、习惯，并将这些习惯向战士说明（如回教不吃猪肉，夷民的男女授受不亲，黑夷之敬重灶君，等等）。"① 在红军与少数民族同胞的接触中，还特别注意了尊重和团结少数民族上层人士和宗教首领，如有名的"彝海结盟"就发生在这一时期。这一时期的民族工作还着重体现在帮助少数民族建立自治政权，如在西康的甘孜、丹巴、道孚等地，帮助藏族建立各级博巴政府实行藏民自治。并在1936年，成立我国第一个县级自治政府——豫海县回民自治政府。

土地革命时期，党的民族工作的开展，使中国共产党对中国的民族问题有了更为真切的了解。在这一过程中，有效传播了党的民主革命和民族平等思想，扩大了工农红军和苏维埃政权在民族地区的影响，也极大动员了少数民族群众的革命热情，增强了少数民族对中国共产党的认同与支持。少数民族自治政权的建立，也为中国共产党整合民族认同与国家认同提供了一定的实践经验。

三、积极推动抗日民族统一战线的建立

近代中国国族构建的重要向度就是抗击外来侵略，争取中华民族的独立，"在帝国主义列强入侵中国并对中国实施民族统治和民族压迫以后，中国人民反对帝国主义的斗争随之兴起并始终没有停止过"②。这是国族形成的基本标志和重要途径。然而面对外来强敌，国族整体的自觉意识并不是自然形成的，这需要各方政治力量以民族利益为基础，以拯救民族危亡为共识，形成抵抗外来侵略的全民族的统一战线，通过广泛的统一战线激发全体民众的国族意识，进而推动国族整体的逐步自觉。

---

① 中央统战部编：《民族问题文献汇编》，中共中央党校出版社1991年版，第339页。
② 周平：《多民族国家的族际政治整合》，中央编译出版社2012年版，第173页。

对于中国共产党而言，反帝从其成立伊始就是坚定的政治旗帜，但对于帝国主义入侵中国的实质和中国反帝的路线等问题，却经历了曲折的探索。究其原因，这与当时的无产阶级政党看待反帝运动的阶级性与世界性（超民族国家性）的视角有着紧密的联系。对于殖民地国家的独立运动，在1920年的共产国际"二大"时，就要求"一切民族殖民地解放运动只有同社会主义苏联和先进资本主义国家的无产阶级紧密联合起来反对共同的敌人—世界帝国主义，才能取得胜利。但是同时强调无产阶级的革命目标是世界无产阶级专政"①。1928年的共产国际"六大"上，进一步要求各国的共产党采取"从阶级立场出发，动员群众揭露和孤立改良主义者（即社会民主主义者）的上层部分"② 的统一战线策略，1932年共产国际执行委员会规定各国共产党的中心任务，"就是组织和领导工人、农民和全体劳动者斗争，以保卫世界工人的祖国——苏联"③。共产国际这种宗派主义、关门主义的"左"倾思想同样影响了中国共产党对抗日问题的判断。

日本入侵及中华民族的抗日战争是近代国族构建的重要环节，对于日本帝国主义的入侵，中国共产党的抗日态度自始至终是明确而坚决的。"九一八事变"的第二天，中国共产党就发表了《中国共产党为日本帝国主义强暴占领东三省事件宣言》，提出"各帝国主义，尤其是日本帝国主义是压迫中国，屠杀中国民众的万恶强盗……其明确的目的显然是掠夺中国，压迫中国工农革命，使中国完全变成它的殖民地，同时更积极更直接地实行进攻苏联，企图消灭全世界第一个无产阶级的祖国，世界革命的大本营"，"全中国工农劳苦大众必须在拥护苏联的根本任务之下，一致动员武装起来，给日本强盗与一切帝国主义以严重的

---

① 张淑娟：《民族主义与近代中国民族理论》，光明日报出版社2011年版，第148页。
② 孙立祥：《共产国际对日本反战斗争指导的失误》，载《东北师大学报》，1994年第6期。
③ 贝拉·库恩编：《共产国际文件汇编》第三册，中国人民大学编译室译，生活·读书·新知三联书店1969年版，第290页。

第四章 政党认同的获取与国家认同的强化

回答"①。同时发表的《由于工农红军冲破第三次"围剿"及革命危机逐渐成熟而产生的党的紧急任务》中提出："要打倒帝国主义，就必须打倒国民党，而且实际的经验告诉我们，只有苏维埃政府，方能同帝国主义做彻底的斗争。"② 1931年9月22日，在《中央关于日本帝国主义强占满洲事变的决议》中提出："组织各色各种的反对帝国主义的公开组织，或者参加一切已经存在的反帝组织而夺取它们的领导权。经过这些组织正确实行反帝运动中的下层统一战线，和吸收广大的小资产阶级的阶层参加斗争。"③

从中国共产党在"九一八事变"后的一系列主张可以看出，中国共产党认识到日本灭亡中国的野心，也主张积极抗日，但仍然是从阶级的视角出发，将抗日与保卫苏联联系起来。在抗日统一战线的问题上，中国共产党将抗日与反蒋结合起来，倡导组建的是下层统一战线，其本质仍然是一种阶级的联合，而不是一种全民族的联合。这也反映了中国共产党对于阶级矛盾与民族矛盾的认识仍存在模糊之处。

从1931年到1935年，"左"倾错误一直影响着中共中央的决策，虽然共产党内的有识之士也进行了民族统一战线的初步探索，例如1933年，中国共产党以毛泽东、朱德的名义发表了《为反对日本帝国主义侵入华北愿在三条件下共同抗日宣言》，但"左"倾错误仍然处于主导地位，这不仅影响了中国共产党的根据地建设，也在一定程度上制约了抗日民族统一战线的建立。

而对于纠正"左"倾错误的重要转折点是1935年共产国际七大的召开，期间季米特洛夫作了《关于法西斯的进攻以及共产国际在争取工人阶级团结起来反对法西斯的斗争中的任务》的报告，其中特别

---

① 中央统战部中央党案馆编：《中共中央抗日民族统一战线文件选编》，档案出版社1984年版，第1页。

② 中央统战部中央党案馆编：《中共中央抗日民族统一战线文件选编》，档案出版社1984年版，第8页。

③ 中央统战部中央党案馆编：《中共中央抗日民族统一战线文件选编》，档案出版社1984年版，第25页。

指出了共产党和工人阶级的首要任务是建立广泛的反帝民族统一战线，为驱逐帝国主义和争取国家独立而斗争。1938年8月1日，中国共产党发表《八一宣言》，正式提出建立抗日民族统一战线的号召，"我国家我民族已处在千钧一发的生死关头，抗日则生，不抗日则死，抗日救国，已成为每个同胞的神圣天职！"并且提出了"无论各党各派间在过去和现在有任何政见和利害的不同，无论各界同胞间有任何意见上或利益上的差异，无论各军队间过去和现在有任何敌对行动"，"只要国民党军队停止进攻红军的行动，只要任何部队实行对日抗战"，"不管过去和现在他们与红军之间有任何旧仇宿怨，不管他们与红军之间在对内问题上有任何分歧"①，中国共产党也愿意立即停止作战，与之携手抗日。

  1935年12月，面对抗日的紧张形势，中国共产党召开了瓦窑堡会议，确立了建立抗日民族统一战线的新策略，并相应地调整了各项具体政策。在《中央关于目前政治形势与党的任务决议》中指出，抗日民族统一战线不仅应当是下层，而且应该是包括上层的。"一部分民族资产阶级，许多乡村富农和小地主，甚至一部分军阀也有对革命采取同情中立的态度以至有参加的可能"，"在地主买办阶级营垒中间，也不是完全统一的，党也应利用他们之间的矛盾与冲突，以利于抗日民族解放斗争。"②为了最大限度地组建抗日民族统一战线，决议还修改了与统一战线不相适应的部分政策，决议规定将"工农共和国"改为"人民共和国"，并指出："人民共和国是以工农为主体的，同时又容纳一切反帝反封建的阶级。人民共和国首先保护工农群众的利益，同时又保护民族工商业的存在和发展。"③而抗日民族统一战线能够真正组建，至

---

① 军事科学院军事历史研究部：《中国抗日战争史》（上卷），军事出版社2005年版，第354页。

② 中共中央党史研究室：《中国共产党历史》第一卷上册，中共党史出版社2011年版，第417页。

③ 中共中央党史研究室：《中国共产党历史》第一卷上册，中共党史出版社2011年版，第419页。

第四章 政党认同的获取与国家认同的强化

关重要的问题就是如何对待国民党政府，尤其是对于蒋介石的态度。为此，中共也开始调整策略，由"抗日反蒋"转变为"逼蒋抗日"。1936年的《中央关于逼蒋抗日问题的指示》，明确提出："目前中国人民的主要敌人，是日本帝国主义，所以把日本帝国主义与蒋介石同等看待是错误的，'抗日反蒋'的口号，也是不适当的……我们的总方针应是逼蒋抗日。"① 随后，西安事变的和平解决也是中国共产党贯彻统一战线方针，逼蒋抗日的具体实践。

中国共产党对抗日民族统一战线态度的转变及其积极促进，是马克思主义与中国实践相结合的重要成果，是中国共产党国族意识深化的重要表现，同时也为全面抗日时期，动员整个中华民族的力量战胜日本侵略者，实现中华民族的独立与自觉，提供了理论基础和组织框架。抗日民族统一战线的提出与积极推动，是中国共产党对于近代中国国族构建的重要贡献。

土地革命时期，是中国共产党不断纠正错误，独立领导革命的开始。在艰难的革命实践中，中国共产党加深了对国族、国家和民族等问题的理解，国家和国族的意识不断增强。并在诸多问题上进行了开创性的探索，也逐步走向了成熟，为中国共产党在全面抗战时期，开展更为广泛的民族动员和国族建构，储备了实践经验，也搭建了更为宽广的平台。

第三节 区域施政与国族构建的自觉推进

日本帝国主义发动全面侵华战争后，整个中华民族陷入生死存亡的最后关头，中国共产党积极推动抗日民族统一战线的建立，国共两党成功实现合作，形成了全民族抗战的热潮。在全面抗战时期，中国共产党不断维系和巩固抗日民族统一战线，动员全民族同胞共同抗日，最终中

---

① 中央统战部中央党案馆编：《中共中央抗日民族统一战线文件选编》，档案出版社1984年版，第251页。

华民族取得了抗日战争的胜利,也实现了中华民族的整体自觉。在这一过程中,中国共产党的国族观念逐步自觉与强化,积极探索符合国情的国族建构道路,并在抗日民主根据地开展了区域性的实践,产生了积极的示范效应,也使中国共产党获得了更为广泛的认同,为在全国层面开展国族构建奠定了基础。

一、中国共产党国族观的强化与自觉

国族的认知框架与价值显现都是以民族国家为逻辑先在性,"国家因素既是国族形成的根本条件,也是解释国族的根本性因素"①。而在抗日战争前,中国共产党分析国家内部的共同体,更多是强调阶级的界限,而且这种界限是超越民族国家的世界性取向。在这种阶级话语的主导下,国族存在意义与建构价值自然相对下降。而在对待中华民族、少数民族及民族自决权等问题上也就容易出现模糊的问题。日本帝国主义大举侵华后,中国共产党对日本侵略性质的认识逐步加深,特别是全面侵华战争的爆发,促使中国共产党意识到,日本入侵的目标是灭亡整个中国和中华民族,中日矛盾不仅是阶级间的,更是民族国家或民族(国族)间的。这也促使中国共产党的话语体系重新回归民族国家的语境,国族观念也更为强化和自觉。

中国共产党的国族观是一个逐步强化的过程,虽然党的文献中没有直接使用"国族"一词,但从其对中华民族内在结构与整体性质的论述中,国族意识的强化仍然显而易见。首先是将"中华民族"的称号与中国国族的内涵相对应。"中华民族"一词在党的文献中一直存在,党的"二大"宣言中最早使用了这一词汇,但其内涵却是变动和模糊的。有时指中国这一政治共同体,有时指汉族,有时指与少数民族并列的某一民族,在1935年12月20日,中共中央发表的《中华苏维埃中央政府对内蒙古人民宣言》中指出:"中国红军战斗的目的,不仅是把全中华民族从帝国主义和军阀的压迫之下解放出来,同样的要为解放其

---

① 周平:《民族国家与国族建设》,载《政治学研究》,2010年第3期。

第四章　政党认同的获取与国家认同的强化

他的弱小民族而斗争，首先就是要帮助解决内蒙古人民的问题。"① 而在1936年，红军会师会宁时宣布："我有五千余年光荣历史的中华民族，处于空前未有的危机存亡的时候，……将向全世界一切被压迫的国家与民族，证明我们是他们反对帝国主义的好朋友，最后我们将向苏联共和国、外蒙古共和国、内蒙人民、西北回人，证明我们是与他们共同奋斗，反对日本帝国主义与世界侵略者的最切近的好朋友。"② 由此可见，这时的中华民族仍是与少数民族并列的族体名称，换言之，蒙古、回等少数民族并没有纳入到中华民族的范围内。

而"中华民族"一词正式成为国族的指称，在1937年中共发表的《我们对于民族统一纲领的意见》中就开始较为明确。该意见承认了中华民国范围的所有民族皆为中华民族的成员，中华民族开始成为国内所有民族的代表，"中国是一个多民族的国家，中华民族是代表中国境内各民族之总称"③。此后，在党的正式文件中，"中华民族"就被赋予了更为明确的国族内涵，也成为凝聚国族力量，实现国族动员的重要资源。

中国共产党国族观的自觉不仅表现在国族称谓的确立，更为实质的在于国族结构与性质的认识。在国族结构层面，最为重要的是肯定了中国内部各民族同为中华民族的组成部分，而且是一个不可分割的整体，"多民族国家的国族是多个民族整合而成的，但各个民族间的界限并不会在短时间内消除"④。面对日本帝国主义的入侵，整个中华民族成为同生死、共荣辱的命运共同体。1938年10月，毛泽东在六届六中全会的《论新阶段》的报告中提出了"团结中华各族，一致抗日"，"我们的抗日民族统一战线，不但是国内各民主党派各个阶级的，而且是国内各个民族的"，"团结各民族为一体，共同对付日寇。"⑤ 1939年12月，

---

① 中央统战部编：《民族问题文献汇编》，中共中央党校出版社1991年版，第323页。
② 中央统战部编：《民族问题文献汇编》，中共中央党校出版社1991年版，第432页。
③ 中央统战部编：《民族问题文献汇编》，中共中央党校出版社1991年版，第808页。
④ 周平：《多民族国家的族际政治整合》，中央编译出版社2012年版，第207页。
⑤ 中央统战部编：《民族问题文献汇编》，中共中央党校出版社1991年版，第595页。

毛泽东在《中国革命和中国共产党》的第一章第一节中，专以"中华民族"为题阐述了中华民族之领土、人口及其发展过程，指出在中国除汉人外"还有蒙人、回人、藏人、维吾尔人、苗人、僮人、仲家人、朝鲜人等，共有数十种少数民族"①，1939 年编订的《抗日战士政治课本》中，对于中华民族的内部结构问题给予了更为明确的回答："中国有四万万五千万人口，组成中华民族。中华民族包括汉、满、蒙、回、藏、苗、瑶、番、黎、夷等几十个民族，是世界上最勤劳耐苦，最爱和平的民族。我们中国是一个拥有四万万五千万人口的国家，差不多占了全世界人口的四分之一。在这四万万五千万人口中，十分之九为汉人；此外还有回人、蒙人、藏人、满人、苗人、夷人、黎人等许多少数民族，组成近代的中华民族。中国是一个多民族的国家，中华民族是代表中国境内各民族之总称，四万万五千万人民是共同祖国的同胞，是生死存亡利害一致的。"②

　　中国共产党在肯定中华民族与各民族之间的整体部分关系同时，也对中华民族作为特殊的民族共同体的性质有了更为深刻的认知。"国族是民族，但并非一般意义上的民族。国族是民族的一个特殊类型"③，中华民族虽然是各民族组建的共同体，但中华民族不仅是各民族的总称，她自身也是一种特殊类型的民族共同体——国族。中华民族与各民族作为不同层面的民族共同体，既有紧密的联系，也有质的区分。当时著名的民族理论学者杨松在《论民族》一文中，明确指出："近代的中华民族像法兰西、北美利加、德意志、意大利、英国等等近代民族之形成一样，乃是由各种不同的部落、种族等等共同组成的。近代中国人是从汉人、满人、汉回人、汉番人、熟苗人、熟黎人及一部分蒙古人（土默特蒙古人）等等共同组成的。汉人本身也不是由同血缘的人组成的，

---

① 《毛泽东选集》（第二卷），人民出版社 1991 年版，第 621—623 页。
② 中央统战部编：《民族问题文献汇编》，中共中央党校出版社 1991 年版，第 807—808 页。
③ 周平：《多民族国家的族际政治整合》，中央编译出版社 2012 年版，第 207 页。

而是由华夏人、南蛮人、东夷人、百越人等等各种不同血缘的部落、种族组成的。已同化了的满人、回人、番人、苗人、蒙古人、黎人等等在经济生活、语言、风俗、习惯等等方面已与汉人同化，并且已与汉人杂居，因而失去构成民族的特征，但是在风俗、习惯上仍与汉人有些分别，他们既非原来的种族，也非汉人，而是一个新形成的近代民族——中华民族。"① 并且认为："中国人是一个近代民族，但是中国并非只有一个民族。中国是一个多民族的国家。就对外来说，中华民族代表中国境内各民族，因而它是中国境内各民族的核心，它团结中国境内各民族为一个近代国家。但是，在中国境内还存在着少数民族，如像：满族（古称东胡族）、蒙古族、回族（古称突厥族）、藏族（古称氐羌族）、苗族及其他少数民族。这些民族，除满人大部分已与汉人同化外，其他各少数民族仍保持着自己底民族区域、民族风俗、习惯，过着自己底生活。这些蒙古人、西藏人、回人等等，就民族来说，是各个不同的民族；但就国籍来说，都是中华民国的国民，都是共同祖国的同胞，而且都是日寇侵略之对象。"②

实际上对中华民族与各民族关系的阐释，已经触及了两种类型民族的本质差异，即政治民族与文化民族。而且在肯定中华民族作为政治共同体的基础上，中国共产党还对中华民族的历史与文化内核进行了论述，历史与文化是国族自我确认与建构的重要凭借与资源，也是国族动员的基本手段。但由于阶级视角的过分强调，中国共产党在对待历史文化的问题上，更多地倾向了"五四"新文化运动割裂历史，重建文化的主张。但这与中华民族的自觉之间存在着明显的裂痕，要实现中华民族的自觉与独立，就必须重新衔接历史与传统，中华民族不仅是政治共同体，也是文化共同体，更是历史的命运共同体。为此，毛泽东明确指

---

① 中央统战部编：《民族问题文献汇编》，中共中央党校出版社1991年版，第766—767页。

② 中央统战部编：《民族问题文献汇编》，中共中央党校出版社1991年版，第767页。

出与中华民族"是一个具有光荣的革命传统和优秀的历史遗产的民族"①,"我们这个民族有数千年的历史,有它的特点,有它的许多珍贵品。对于这些,我们还是小学生。今天的中国是历史的中国的一个发展;我们是马克思主义的历史主义者,我们不应当割断历史。从孔夫子到孙中山,我们应当给以总结,继承这一份珍贵的遗产"②。

中国共产党对于中华民族的自觉认识,是深刻的,也是符合国情,其中已经蕴含着"一体"与"多元"的辩证关系。中华民族是一体,是国家民族;内部各民族是多元,是文化民族,两者紧密联系,但又分属不同层面,相互承认并不否认各自认同的可能。这就克服了国民党国族理论中否认内部民族的存在与文化特性的弊端,既有效动员了整个中华民族的抗日热情,也为国族构建过程中,实现国族认同与民族认同的协调铺平了道路。

二、少数民族自治权利的阐释与探索

在近代中国的国族构建中,中华民族内部的各民族,尤其是少数民族的地位和权利问题,一直是争论的焦点问题,也是国共两党在国族建构中的重大分歧所在。对于中国共产党而言,从其成立伊始,对于蒙、回、藏等少数民族的民族地位,一直是持肯定的态度。并且在承认少数民族作为特殊文化共同体地位的基础上,赋予了各少数民族一种整体性的权利,即民族自决权。由于对中华民族和各少数民族性质认识的模糊,这时的少数民族自决权,既有对外的向度,即反帝反封建的价值导向;也有对内的向度,即少数民族相对汉族的独立,认可了少数民族从自治到分离与独立的权利。对于少数民族自决权的这一解释,并不是必然产生少数民族的分离,但却为中华民族的分裂提供了一种正当的可能性。虽然这种少数民族自决权的赋予有利于维护民族平等,反动国民党的反动统治和强制性的民族同化与压迫,但对于凝聚整个中华民族的力量,战胜日本侵略者却存在着一定的负面影响。也正因此,伴随抗日战

---

① 《毛泽东选集》(第二卷),人民出版社1991年版,第621—623页。
② 《毛泽东选集》(第二卷),人民出版社1991年版,第621—623页。

第四章 政党认同的获取与国家认同的强化

争的深入，中国共产党逐步形成了正确的国族观，并对少数民族集体权利的阐述，逐渐由自觉向自治过渡。

中国共产党的中华民族观念自觉与强化，对于民族自决权性质与归属问题有了突破性的认识。中华民族开始专属享有民族国家取向的自决权，而少数民族的自决权开始向民族国家内部的自治性权利转变。毛泽东在1937年8月的《为动员一切力量争取抗战胜利而斗争》中指出："中国共产党坚决相信，在实现上述十大纲领的条件下，战胜日寇的目的是一定能达到的。只要四亿五千万同胞一齐努力，最后的胜利是属于中华民族的！打倒日本帝国主义！民族革命战争万岁！独立自由幸福的新中国万岁！"① 而且杨松还曾在理论层面对中华民族的自决权进行了阐释，"在帝国主义时代，为民族自决权斗争，或说为建立独立的民族国家而斗争，这不仅是十二分必要的，并且是可能实现的"②。我们应该"坚持神圣的抗日民族革命战争，坚持抗日民族统一战线，去争取中华民族自决权而斗争，去为中华民国的领土完整及行政主权统一而斗争，去为独立、自由、幸福的新中国而斗争"③。这也实现了民族自决权与中华民族相结合的重大转变。

而对于少数民族的权利问题，中国共产党并没有立即取消自决权的表述，但已经逐步剥离了自决权的分离与独立倾向，开始向国家内部的自治权接近。中共中央在1937年的"关于内蒙古工作给少数民族委员会的信"中强调："应着重解释蒙汉的联合一致抗日，这比任何时候都重要。在目前宣传蒙人的独立或分裂，甚至与汉族的统治者对立，这是非常不妥当的，而且会给日本以便利。"④ 此时剥离自决权的分离倾向已经开始出现。1937年6月，《中共中央关于"民族统一纲领草案"问题致共产国际电》中指出："承认中国境内各少数民族之平等权及其自

---

① 《毛泽东选集》（第二卷），人民出版社1991年版，第357页。
② 中央统战部编：《民族问题文献汇编》，中共中央党校出版社1991年版，第801页。
③ 中央统战部编：《民族问题文献汇编》，中共中央党校出版社1991年版，第801页。
④ 中央统战部编：《民族问题文献汇编》，中共中央党校出版社1991年版，第451页。

决权，以组成各民族自由联合的中华民国。"① 更加强调了国家统一的理念。而在《抗日救国十大纲领》的"全国人民的总动员"部分，提出："动员蒙民回民及其他一切少数民族，在民族自决民族自治的原则下，共同抗日。"②

而在1941年的《回回民族问题》中，对于少数民族自决权与自治权则进行了更为明确的阐释："我们承认民族自决权，并不等于我们主张在任何情形下都要实行民族自决，并不妨碍我们去反对回族中可能发生的分裂投降活动。……中国共产党解决国内民族问题最根本的主张是各民族共同抗日，少数民族实行民族的自治，建立统一的国家。……由此可见，我们虽然承认民族自决权，但是我们并不主张回回民族和其他民族实行自决，实行分立，因为这样做去是帮助了日本帝国主义。我们主张必须按照民族平等的原则，去联合中华各民族共同抗日，并且实行民族的自治，建立统一的国家，因为这样做才有利于回族和全中国。"③ 在此，中国共产党不但将民族自决权与分离权进行了明确的区分，而且还将民族自决权直接导向了民族自治权。这为中华民族的完整性和凝聚力奠定了重要的基础，也为少数民族获取民族平等权利提供了保障。

少数民族自治权是中国共产党在近代中国国族构建中，协调国族认同与民族认同的重要机制。而为了真正地激发少数民族同胞的中华民族意识和共同抗日热情，这种自治权不能仅仅停留在抗战胜利后的政治承诺，而必须体现在抗日战争的具体实践中，这也促使中国共产党对民族自治权的具体实践形式，即民族区域自治进行了探索。在中国共产党早期国家构建的视野里，少数民族的权利与国家结构的设计有着直接的联系，由于过分强调民族自决权的分裂性，加之苏联的示范效应和共产国

---

① 中央统战部编：《民族问题文献汇编》，中共中央党校出版社1991年版，第466页。
② 中央统战部编：《民族问题文献汇编》，中共中央党校出版社1991年版，第466页。
③ 中央统战部编：《民族问题文献汇编》，中共中央党校出版社1991年版，第917—918页。

际的干预①，所以在国家结构的问题上更主张采用联邦制。而当少数民族自决权向民族国家内部的自治权转变后，这种民族自治权的落实，就更多地需要在单一制国家结构形式的内部进行探索。

1938年，毛泽东在六届六中全会的《论新阶段》报告中指出，"团结各民族为一体，共同对付日寇"，"第一，允许蒙、回、苗、瑶、彝、番各民族与汉族有平等权利，在共同对日原则下，有自己管理自己事务之权，同时与汉族联合建立统一的国家。第二，各少数民族与汉族杂居的地方，当地政府须设置由当地少数民族的人员组成的委员会，作为省县政府的一部门，管理和他们有关事务，调节民族间的关系，在省县政府委员中应有他们的位置……"②肯定了少数民族管有"自己管理自己事务之权"，虽然还没有明确提出"民族区域自治"，但这已经表明了中国共产党在民族国家内部进行少数民族自治的探索。

此后，民族自治的方向上，中国共产党又进行了不断的探索，在《关于回回民族问题的提纲》指出："回族在政治上应与汉族享有平等的权利。为此目的，必须在共同抗日的原则下，允许回族有管理自己事务之权。"③《抗战中关于蒙古民族问题提纲》很具体地提到蒙古民族有管理自己事务之权，各省、县不得干涉各盟旗政府管辖区域内的一切政治、经济、文化职权的行使。④ 1941年的《陕甘宁边区施政纲领》规定："依据民族平等原则，实行蒙回民族与汉族在政治、经济、文化上的平等权利，建立蒙回民族的自治区。"⑤ 这是中国共产党明确提出了建立民族区域自治的思想，成为我国解决少数民族问题的重要创举，并且在抗战期间进行了局部性的实践，先后建立了"定边县回民乡"、"城川蒙民自治区"等一系列区、乡自治政权。在民族自治区域内，实

---

① 周平：《民族区域自治制度在中国的形成和演进》，载《云南行政学院学报》，2005年第4期。

② 中央统战部编：《民族问题文献汇编》，中共中央党校出版社1991年版，第595页。

③ 中央统战部编：《民族问题文献汇编》，中共中央党校出版社1991年版，第653页。

④ 中央统战部编：《民族问题文献汇编》，中共中央党校出版社1991年版，第665页。

⑤ 中央统战部编：《民族问题文献汇编》，中共中央党校出版社1991年版，第678页。

现了少数民族自主管理政治、经济、文化等事项，抗日战争时期的民族区域自治实践成为后来正式确立民族区域自治制度的有益实践。

少数民族权利从自决向自治的转向，及其民族区域自治的提出与实践，是抗日战争时期中国共产党对民族政策的开创性探索，也是国族观念自觉与强化的重要体现，既强化了中华民族的完整与统一，也维护了少数民族的平等权利，有利于实现各民族的平等与团结。而民族自治的具体形式——民族区域自治的提出，也为在单一制的国家结构中，实现民族认同与国家认同的协调进行了具有创造性和可行性的制度探索。

三、抗日民族统一战线的建立与发展

抗日战争是中华民族独立与自觉的重要时期，而从国族构建的视角看，之所以这一时期中华民族自觉在范围和程度上都发展迅速，其重要原因就是搭建了能吸纳整个中华民族成员的抗日民族统一战线。抗日民族统一战线的建立，不仅凝聚了中华民族的整体力量，同时也将中华民族的自觉意识向各民族、各阶层扩散，强化着各民族、各阶层的中华民族意识。对于中国共产党而言，推动抗日民族统一战线的建立是在抗日战争时期，党自身形成国族观念的重要标志，也是党自觉地推动国族构建的重要举措与平台。

作为抗日民族统一战线的倡导者和组织者，日本全面侵华后，中国共产党更加积极地促成国共两党的合作，以此作为抗日民族统一战线的政治基础。在与国民党的艰苦谈判中，中国共产党从中华民族的整体利益出发，主动声明愿为实现孙中山的"三民主义"而奋斗，停止推翻国民党政权的行动。既坚持了党的原则，也进行了一些让步，最终国共谈判取得成功，1937年9月22日，国民党中央通讯社发表了《中共中央为公布国共合作宣言》，蒋介石也发表讲话，指出团结抗日的必要，承认了中国共产党的合法地位，这标志着国共两党的第二次合作的形成和抗日民族统一战线的正式成立。统一战线的建立对于近代中国的民族革命意义重大，毛泽东曾深刻指出："历史的车轮将经过这个统一战线，

第四章 政党认同的获取与国家认同的强化

把中国革命带到一个崭新的阶段上去。中国是否能由如此深重的民族危机和社会危机中解放出来，将决定于这个统一战线的发展状况。"① 而在整个抗日战争中，中国共产党通过不断调整政策主张，有理有据地反抗国民党破坏统一战线的行径，对于统一战线的巩固与发展起到了重要的作用。

抗日民族统一战线是中华民族内部各阶级、各党派、各民族共同利益的一种凝聚。这就需要各种政治力量以中华民族的整体利益为着眼点，调整各自的利益诉求和政治主张。为此，中国共产党及时分析了阶级斗争与民族斗争的关系，将中日民族矛盾作为当时中国的主要矛盾，"在民族斗争中，阶级斗争是以民族斗争的形式出现的，这种形式，表现了两者的一致性"，"一切阶级斗争的要求都应以民族斗争的需要（为着抗日）为出发点。"② 在国民党政府拥护抗日的前提下，中国共产党对其从反抗转向了支持，在1938年的中共六届六中上指出："中国共产党对于拥护三民主义、拥护蒋委员长、拥护国民政府的诚心诚意。再一次恳切地责成所有的共产党员，以互助相让和同生死共患难的精神，以尊重合作中各政党独立性的立场，以谦和互敬互商的工作态度，去亲近国民党同志和一切抗日党派的同志。"③

然而统一战线不仅是一种政治合作的框架，更为重要的是在合作的基础上，形成宣传和动员全民族抗日的行动机制，这就需要解决不同政治信仰的共存问题，从而形成动员整个中华民族的共同纲领。共同纲领既能最广泛地进行抗日动员，也能为中华民族的自觉与认同注入统一的价值体系。为此，中国共产党对"三民主义"和党的民主革命纲领进行了更具兼容性的解释，在日本帝国主义这一民族强敌面前，共产主义和"三民主义"具有阶段性并存和相容的可能。中国共产党也多次提出继承孙中山的"三民主义"，以此作为统一战线的共同纲领，周恩来

---

① 《毛泽东选集》（第二卷），人民出版社1991年版，第364页。
② 《毛泽东选集》（第二卷），人民出版社1991年版，第539页。
③ 中央统战部编：《民族问题文献汇编》，中共中央党校出版社1991年版，第801页。

曾指出:"赞助真正了解和实行孙中山真正的革命之'三民主义'的人去发展'三民主义',同时我们自己也应将孙中山'三民主义'的革命政策实行和发展起来,使它能与我们的民族解放政纲配合起来前进。"①

相比第一次国共合作,经过长期革命斗争的中国共产党无疑更为自信与成熟,对抗日战争和中国革命性质有了更为深刻的认识,也更为明确了无产阶级在中国革命中的领导地位。因此,中国共产党在支持和拥护"三民主义"的同时,明确提出这不意味着放弃共产主义的理想与立场。"中国的无产阶级为要实现社会主义,必须首先求得中国民族的解放,所以,无产阶级不仅一般的参加民族解放斗争,并且是民族解放斗争中最积极最彻底的力量。无产阶级在自己的民族解放斗争中有自己的纲领,其主要内容为推翻帝国主义的统治,实行民族独立;推翻封建统治,实行民主政治;肃清封建制度,解决土地问题。这些与'三民主义'的基本口号与要求没有冲突。但是无产阶级承认了民族统一战线的共同纲领,并不是别无自己的纲领和主张了。这即是说,共产主义不仅要区分最高纲领与'三民主义'的区别,而且还是区分最低纲领与'三民主义'的区别。"②

其后,毛泽东在统一战线的基础上,对中国革命的现实与未来进行了更为深刻的总结,正确区分了新旧"三民主义",并创造性地提出了新民主主义的科学理论,"所谓新民主主义的革命,就是在无产阶级领导之下的人民大众的反帝反封建的革命"③,新民主主义革命区别旧民主主义革命的主要标志是无产阶级的领导权。而抗战胜利后,中华民族的政治前途就是建立"在无产阶级领导下的一切反帝反封建的人们联合专政的民主共和国"④。而且,对于新民主主义的政治图景,中国共产

---

① 中央统战部、中央文献研究室编:《周恩来统一战线文选》,人民出版社1984年版,第46页。

② 《王稼祥选集》,人民出版社1989年版,第228—235页。

③ 中共中央党史研究室:《中国共产党历史》第一卷下册,中共党史出版社2011年版,第557页。

④ 《毛泽东选集》(第二卷),人民出版社1991年版,第675页。

党给予了明确的描绘：在政治上，要建立"无产阶级领导下的一切反帝反封建的人们联合专政的民主共和国，这就是新民主主义的共和国"。在经济上，要使一切"大银行、大工业、大商业归这个共和国的国家所有"；"这种共和国并不没收其他资本主义的私有财产，并不禁止'不能操纵国民生计'的资本主义生产的发展"；"这个共和国将采取某种必要的方法，没收地主的土地，分配给无地和少地的农民"。在文化上，要挣脱帝国主义、封建主义文化思想的奴役，实行人民大众的反帝反封建的文化，即"民族的科学的大众的文化"。新民主主义社会的前途必然是社会主义，而不是资本主义。因此，这些新民主主义的基本纲领是既不同于旧的资产阶级民主主义，又区别于社会主义的。[①] 也正是因为对中国革命的深刻把握，中国共产党在统一战线的斗争避免了左和右的错误，积极发展进步势力，争取中间势力，孤立顽固势力，并且以斗争求团结，有限回击了国民党反动派对统一战线的破坏，进而推动了统一战线的发展与巩固。

中国共产党对抗日民族统一战线的建立与发展起到了重要的推动作用，这不仅成为中国革命胜利的法宝，也是中国共产党自觉进行国族构建的重要举措。而且在统一战线的斗争中，中国共产党提出了中华民族崛起与复兴的革命道路和政治前景，即新民主主义革命。这为抗日民族统一战线奠定了更为坚实而广泛的政治基础，推动了中华民族整体意识的自觉，同时也为逐步自觉的中华民族指明了新的发展方向，通过共同的革命蓝图动员和凝聚整个中华民族的力量，使中华民族逐步成为具有共同利益和命运的国族共同体。

四、抗日民主政权建设的政策与措施

抗日民族统一战线组建后，中国共产党取得了公开活动的合法地位，中国共产党及其领导的根据地政权也得到了国民党政府的承认。为了更好地动员抗日力量，壮大抗日根据地的实力，中国共产党以新民主

[①] 中共中央党史研究室：《中国共产党历史》第一卷下册，中共党史出版社2011年版，第558页。

主义理论为核心，开展了一些根据地建设活动，在区域范围内实践了党的抗日纲领和国族构建的理论设想。在这一过程中，中国共产党的影响力日益扩大，党的国族构建理论也展示了其先进性和正确性，对全国层面的国族建构起到了积极的示范作用。

在抗日根据地的建设中，首要和根本性的问题就是政权的民主性建设。中国共产党多次强调人民民主对于抗战胜利的重要意义，毛泽东曾指出："政治制度的民主改革与人民的自由权利，是抗日民族统一战线纲领上的重要部分，同时也是建立真正的坚实的抗日民族统一战线的必要条件。"① 而且"抗日与民主互为条件"，"民主是抗日的保证，抗日能给予民主运动发展以有利条件。"② 但抗日民主政权并不是工农民主政权，也不是地主资产阶级联合专政的政权，而是抗日民族统一战线性质的政权，即几个革命阶级联合起来对于汉奸和反动派的民主专政。③ 因此，抗日民主政权实行广泛的民主生活，如各级民主政府的委员制、代表会议制；保障普选权、监督权；在人员组成上，严格实行"三三制"原则。在维护和保障人民的基本权利时，特别注重了群体的平等性和广泛性，如在1941年公布的《陕甘宁边区各级参政会选举条例》中规定："凡居住边区境内的人民，年满十八岁，不分阶级、党派、职业、男女、民族、宗教、财产和文化程度的差别，都有选举权和被选举权。"④

相比国民党政府对于民主权利的原则性规定，根据地政权的民主建设更重具体的实行，在1941年召开的陕甘宁边区第二届参议会上，选出的边区政府18名委员中，有共产党员7名，略超过三分之一，共产党员徐特立当即申请退出，并由党外人士白文焕递补，开明绅士李鼎铭

---

① 《毛泽东选集》（第一卷），人民出版社1991年版，第256页。
② 《毛泽东选集》（合订本），人民出版社1967年版，第252页。
③ 中共中央党史研究室：《中国共产党历史》第一卷下册，中共党史出版社2011年版，第560页。
④ 何龙群：《中国共产党民族政策史论》，人民出版社2005年版，第91页。

当选陕甘宁边区政府副主席。① 而对与基层直接选举，为了克服部分选民不识字的问题，采用了"掷豆子"等方法进行选举。通过选举，在村政权中，雇农、贫农和中农占据绝对优势，同时也团结了农村中的开明士绅②，从而保障了根据地政权更具民众基础。

其次是根据地的经济发展和民众经济利益的保障。根据地经济的发展是军事斗争和民众生活的基本要求，而保障抗日各阶层的经济利益则是激发民众抗日热情和国族意识的重要方式。因此，为了促进经济的发展，中国共产党注意调整各抗日阶层的利益分配方式，实行劳资两利、公私兼顾、合理负担的原则。在处理工人与资本家之间的矛盾时，根据地政府注意保障工人权益，改善工人待遇，同时也保护资本家和工商业者的合法权益，鼓励工商业的发展，允许私人资本获得20%的利润。这极大促进了工商业的发展，如延安的私营纺织厂，1939年仅6家，而到1944年增至50家；私营商店，1938年220家，而到1944年增至473家。③ 同时，也激发了工人与私营工商业者共同的抗日热情。而对于农民与地主阶级之间的剥削关系，根据地政权也开始调整土地政策，从没收地主阶级土地，到减租减息政策，即一方面减少地租额和高利贷利息额，减轻剥削，改善农民生活，以提高农民抗战和生产的积极性；另一方面交租交息，承认地主的土地所有权和债主的债权，是地主、债主仍有一定的经济收入。这是一种减轻和限制剥削的土地政策，对于促进农业发展和共同抗日也具有积极意义。

最后是推动抗日根据地文化教育事业的发展。中国共产党领导的抗日根据地建设，十分重视文化教育事业的发展，广泛争取爱国青年和知识分子参加根据地政府的工作。在抗日根据地，党成立了多所学校，大力发展国民教育，如在1940年，陕甘宁边区已有小学1341所和中等学

---

① 中共中央党史研究室：《中国共产党历史》第一卷下册，中共党史出版社2011年版，第592页。

② 中共中央党史研究室：《中国共产党历史》第一卷下册，中共党史出版社2011年版，第593页。

③ 赵德馨：《中国近现代经济史》，河南人民出版社2003年版，第407页。

校 7 所，其中小学生达 4.36 万余人。晋察冀根据地有小学 7697 所。①国民教育的发展，使根据地民众的知识文化水平得到提升，思想上也受到启蒙，国家和民族的观念显著增强。在其中，党还特别注意培养和吸纳少数民族干部，1937 年在中央党校办起少数民族班，1939 年至 1940 年在陕北公学成立蒙古青年队和少数民族工作队等。1941 年 9 月，中共中央在延安创办的民族学院，是党培养少数民族干部和研究少数民族问题的专门机构。②同时，党还非常重视根据地的文化宣传工作，大力发展文化创作和戏剧演出，采取农民戏剧运动等人民群众喜闻乐见的方式。抗战时期，是党的文化方针发生重大转变的阶段，提出了新民主主义的文化纲领，即"民族的科学的大众的文化，就是人民大众反帝反封建的文化，就是新民主主义的文化，就是中华民族的新文化"。毛泽东在阐述时进一步指出："这种新民主主义的文化是民族的，它是反对帝国主义压迫，主张中华的尊严和独立的。""这种新民主主义的文化是科学的，它是反对一切封建思想和迷信思想，主张实事求是，主张客观真理，主张理论和实践一致的。""这种新民主主义的文化是大众的，因而即是民主的。"③从国族构建的视角看，新民主主义的文化方针既坚持了反帝反封建的革命性质，同时又注意到了中华民族是具有悠久历史文化的民族共同体，优秀传统文化的继承和发扬，对于唤醒整个中华民族的自我认同意识，激发民族自尊心和自信心都具有重要意义。

中国共产党在抗日根据地的区域性施政实践，有效地壮大了抗日民主力量，为整个抗战的胜利，作出了重要的贡献。同时，党也通过根据地建设的具体实践，通过与国民党统治进行直接性的比较，向国人展示了党的革命形象，验证了党的新民主主义理论的正确性与活力，为解放战争的胜利，积累了宝贵经验。

---

① 中共中央党史研究室：《中国共产党历史》第一卷下册，中共党史出版社 2011 年版，第 564 页。

② 中共中央党史研究室：《中国共产党历史》第一卷下册，中共党史出版社 2011 年版，第 567 页。

③ 《毛泽东著作选读》（上册），人民出版社 1986 年版，第 397—399 页。

第四章　政党认同的获取与国家认同的强化

抗日战争时期是中国共产党自觉推进国族构建的重要时期，党形成了正确的中华民族观念，明确了中华民族与内部各民族之间的"一体"与"多元"关系。在中华民族面临生死存亡之际，党积极倡导和推动抗日民族统一战线的建立，成功促成国共两党的合作，有效凝聚了中华民族的整体力量。同时党还创造性地提出了新民主主义的革命理论，中华民族的民族解放运动与民主革命结合在一起，成为中国共产党领导的新民主主义革命的重要组成部分。[①] 此外，从政治、经济、文化等诸多方面，论证和探索了国族构建的道路，推动了中华民族的独立与自觉。党在抗日战争时期的探索与实践，也为解放战争时期，党能够带领全国各族人民，推翻国民党的反动统治，建立中华民族所认同的新中国，奠定了坚实的基础。

第四节　政党认同与国族构建的基本完成

抗日战争胜利后，中华民族的自觉意识显著增强，在外部压力相对缓和的情势下，消灭剥削、消除压迫就成为中华民族形成与发展的迫切要求。然而，中华民族发展的内在需求却与国民党政府的反动统治产生了紧张与冲突，国民党从积极的国族构建者走向了中华民族发展的对立面。而中国共产党在与国民党的竞争中，不断加强自身建设，提出并实施了一系列的革命性主张，逐步获得了整个中华民族的认同，成为推动中华民族发展的核心力量。最终，中国共产党带领中华民族推翻了国民党的反动统治，实现了新民主主义革命的胜利，并构建了中华民族的民族国家——中华人民共和国，标志着近代中国国族构建工程的基本完成。

---

① 周平：《论中国民族国家的构建》，载《当代中国政治研究报告》第 6 卷，社会科学文献出版社 2009 年版。

一、加强党组织的自身建设

近代中国的国族建构需要集权化的政党组织,但更要求这一政党具有正确的纲领和强大的动员整合能力。因此,加强党的自身建设是党在竞争中获取认同和推动国族构建的基础性工程。中国共产党在新民主主义革命时期,虽然出现过右与"左"的错误,但又能始终通过自身建设,在纠正错误中不断向前发展。抗日战争期间,党的外部环境有所缓和,党组织日益发展壮大,成为具有广泛群众基础的全国性政党,同时,党也适时地提出了党的建设的"伟大工程",开展了一系列的党建工作。抗战胜利后,党为了推动全国人民的解放事业,更加注重自身的建设问题,并与国民党的腐败与衰落形成鲜明对比。为获取全国人民的认同和承担国族构建的重任,进行了充分的组织准备。在党获取认同和推动国族构建的过程中,党在思想、组织和作风方面的建设尤为重要。

首先是党的思想建设。近代中国的革命实践和国族构建需要权威性的领导主体,而承担这一角色的就是意识形态强烈的集权化政党。因此,确立正确的思想路线,就成为党动员和整合社会力量的理论基石。在抗战期间,党就在延安发起了党的整风运动,其核心就是反对主观主义、宗派主义、党八股,以树立马克思主义的作风。通过整风运动,破除了党内把马克思主义教条化、把共产国际决议和苏联经验神圣化的错误倾向①,确立了马克思列宁主义基本原理同中国革命具体实践相结合的原则和一切从实际出发、理论联系实际、实事求是的思想路线。这保障了党能从中国革命的具体实践出发,提出具有正确性和动员力的路线纲领。1945 年,党的"七大"明确提出了党领导中国革命的目标与方向,"放手发动群众,壮大人民力量,在我党的领导下,打败日本侵略者,解放全国人民,建立一个新民主主义的中国"②。并对党的革命探索进行了深刻的总结,提出了"毛泽东思想"这一科学概念,作为党

---

① 中共中央党史研究室:《中国共产党历史》第一卷下册,中共党史出版社 2011 年版,第 622 页。

② 《毛泽东选集》(第三卷),人民出版社 1991 年版,第 1101 页。

的指导思想写入党章。毛泽东思想是马克思列宁主义在中国的运用和发展，是统一全党思想的伟大旗帜，有效回应了国民党所谓的中国只能有"一个政党"、"一个主义"、"一个领袖"的论调。新民主主义革命纲领的提出和毛泽东思想的确立，为中华民族的自由与解放指明了道路与方向，并为中华民族的自我认同注入了精神动力和文化内核，有效地凝聚了中华民族的整体力量。

其次是加强党的集中统一领导。党要成为中国革命坚强的领导核心，就必须增强党的纪律性和凝聚力，1941年通过的《关于增强党性的决定》中要求："全体党员和党的各个组成部分都在统一意志、统一行动和统一纪律下面，团结起来，成为有组织的整体；要求全体党员，尤其是党员干部，更加增强自己的党性锻炼，把个人利益服从党的利益，把个别党的组成部分的利益服从于全党的利益，使全党团结得像一个人一样。"① 并且实行党的一元化领导，1942年的《关于统一抗日根据地党的领导及调整各组织间关系的决定》中指出："根据地领导的统一与一元化，应当表现在每个根据地有一个统一的领导一切的党的委员会。"② 并规定："中央代表机关（中央局、分局）及各级党委（区党委、地委）为各地区的最高领导机关，统一对各地区党政军民工作的领导；中央代表机关及区党委、地委的决议、决定和指示，同级政府的党团，军队的军政委员会、政治部和民众团体的党团及党员，均须无条件执行；各级党委严格执行民主集中制，下级服从上级，全党服从中央。"③ 在解放战争期间，伴随革命形势的发展，党仍然高度重视组织的纪律性问题，1948年，中央号召全党学习列宁的《共产主义运动中的"左派"幼稚病》的第二章，并专门为其书写前言，指出："坚持党

---

① 中共中央党史研究室：《中国共产党历史》第一卷下册，中共党史出版社2011年版，第594页。

② 中共中央党史研究室：《中国共产党历史》第一卷下册，中共党史出版社2011年版，第594页。

③ 中共中央党史研究室：《中国共产党历史》第一卷下册，中共党史出版社2011年版，第595页。

的铁的纪律,巩固党与群众的联系,这是毛泽东的一贯的思想原则与组织原则。全党要迅速克服无纪律、无政府状态及地方主义、经验主义,以达到党的政策与纪律的完全统一,迎接全国革命的胜利。"① 党严密的纪律性和一元化的集中统一领导,保证了党的意志的贯彻与执行,也有利于提升党对整个社会,特别是基层民众的动员和整合能力。

再次是加强党员自身的修养与作风。党的形象、作风及整合能力最终要落实到党员个体身上,伴随组织规模的扩大,提升党员的修养就成为党的建设的重要内容。1939年,毛泽东就指出:"党已在全国有了大数量的发展,现在的任务是巩固它。"② 陈云在《怎样做一个共产党员》等文章中要求:"党员做到终身为共产主义奋斗,把革命利益放在首位,遵守党的纪律,严守党的秘密,百折不挠地执行党的决议,努力学习,做群众的模范。"③ 在推进全国解放的过程中,党组织得到了更大的发展,但也暴露出部分党员的作风问题。为此,党专门开展了整顿党的队伍的工作,通过说服教育,开展批评与自我批评,克服党内的非无产阶级思想影响和官僚主义作风,牢固树立全心全意为人民服务的思想,对于错误严重、屡教不改的党员则给予纪律处分,直至清除出党。即使到了革命胜利前夕的七届二中全会上,仍然告诫全党要防止资产阶级思想侵蚀党的队伍,要警惕骄傲自满、以功臣自居的情绪,警惕糖衣炮弹的攻击;全党同志务必保持谦虚、谨慎、不骄、不躁的作风,务必保持艰苦奋斗的作风。

党通过不断加强自身建设,始终保持先进性的本色,而国民党此时的自身建设却步履维艰,与中国共产党的发展形成了鲜明的反差。党的自身建设为中国共产党成为团结全国人民的坚强核心进行了组织准备,也为党成为国族建构的主体,实现国族自觉与国家认同的协调整合,奠

---

① 中共中央党史研究室:《中国共产党历史》第一卷下册,中共党史出版社2011年版,第768页。

② 《毛泽东文集》(第二卷),人民出版社1993年版,第232页。

③ 中共中央党史研究室:《中国共产党历史》第一卷下册,中共党史出版社2011年版,第569页。

定了基础性条件。

二、人民民主统一战线建立

国族作为取得国家形式的现代民族共同体，其作为共同体的自觉意识和认同感最重要的来源就是对自身命运的掌控，即通过民主的方式执掌国家政权，获取自由民主的权利，"在实现了民族与国家的结合的同时，也使民族成为了国族"①。然而中华民族作为国族共同体的自由解放进程，却受到了国民党专制独裁统治的迟滞。而中国共产党在领导中国革命的进程中，始终将民主作为自身的政治纲领，特别是在抗日战争期间，中国共产党对中国革命的性质与前途进行了更为深刻的分析，创造性地提出了新民主主义的理论体系，将人民民主作为革命建国的重要标志，成为了党团结全国人民的政治基础。

在抗日战争即将取得胜利之时，1945 年党的"七大"上再次强调了抗战胜利后的新中国是新民主主义的国家，"我们所要建立的新中国，既不应是大地主大资产阶级专政的国家，也不应是民族资产阶级统治的旧民主主义的国家，也不能是社会主义国家，而应当是在工人阶级领导下各革命阶级民主联盟的国家，即新民主主义的国家"②。并指出建立新民主主义国家，最紧迫最重要的任务是取消国民党政府的一党专政，建立民主联合政府。党对人民民主的主张得到了全国人民的认同，也团结了更为广泛的民主力量，为建立人民民主统一战线奠定了基础。

抗战胜利后，国民党迫于国内外压力，与中国共产党进行了和平谈判，并召开了多党派参加的政协会议。中国共产党也给予了积极的回应，提出了和平、民主、团结的三大口号，为推动和平建国作出了巨大的努力，也在全国人民面前展示了实现民主政治的决心。然而，国民党最终还是暴露了其维护专制独裁的阴谋，不顾全国人民的反对，发动全面内战，对主张和平民主的人士进行残酷的镇压与迫害。对此，中国共

---

① 周平：《民族国家与国族建设》，载《政治学研究》，2010 年第 3 期。
② 中共中央党史研究室：《中国共产党历史》第一卷下册，中共党史出版社 2011 年版，第 653 页。

产党逐步提出了以人民解放战争的方式,打到蒋介石的统治,并将其与"建立民主的中国"联系在一起。1947年,在《迎接中国革命的新高潮》中指出,国民党发动内战,实行独裁的统治政策,"迫使中国各阶层人民处于团结自救的地位。这里包括工人、农民、城市小资产阶级、民族资产阶级、开明绅士、其他爱国分子、少数民族和海外华侨在内。这是一个极其广泛的全民族的统一战线"①。由此,在民主建国的口号下,中华民族开始形成更为广泛的人民民主的统一战线,打倒蒋介石的统治也成为整个中华民族实现自由民主的目标。

为了动员全国人民的参战热情,党首先加强了解放区的人民政权建设,在"三三制"的原则下,对各级政权进行民主选举,根据广大群众的意愿,选举领导干部,极大地调动了广大民众的积极性。而对于解放过程中,逐渐接管的大中城市,由于条件局限,无法召开人民代表大会,但仍然最大限度地贯彻了人民民主的政权性质,召开了协商性质的、主要对群众起联系作用的各界代表会议。中共中央对其进行了明确规定:在城市解放后实行军事管制的初期,应以各界代表会议为党和政权领导机关联系群众的最好组织形式,"我党的一切决议和主张,均可经过他们的协助,取得广大人民的拥护"②。各界人民代表大会在解放区的各大城市相继召开,得到了民众的普遍拥护,也为解放区的巩固打下了良好的群众基础。

其次,为了更好地凝聚民主力量,强化人民民主的统一战线。中国共产党加强了与各民主党派的合作。中国各民主党派的构成主体主要是民族资产阶级、城市小资产阶级、海外侨商和它们的知识分子,以及其他爱国民主分子。他们实现和平,追求民主的主张与中国共产党的民主革命纲领有着诸多相同之处,中国共产党也积极团结各民主党派和民主人士,与其开展反抗国民党专制独裁统治的政治合作。而国民党为了实

---

① 《毛泽东选集》(第四卷),人民出版社1991年版,第1213页。
② 中央档案馆编:《中共中央文件选集》第17册,中共中央党校出版社1992年版,第532页。

第四章　政党认同的获取与国家认同的强化

现一党专制，对民主党派和民主人士则进行了残酷的迫害和镇压，如民盟被宣布为非法团体，爱国民主人士李公朴、闻一多相继遇害。而各民主党派也逐步认识到，"中间路线"在中国是行不通的。1948年1月，民盟明确宣告："民盟必须站在人民的、民主的、革命的立场上，为彻底推翻国民党统治集团、消灭封建土地所有制、驱逐美帝国主义出中国、实现人民的民主而奋斗，并表示今后要与中国共产党携手合作。"①其他民主党派也相继表示了参加民主革命的立场。

1948年4月30日，中国共产党发出纪念"五一"劳动节口号，"号召巩固和扩大反对帝国主义、封建主义、官僚资本主义的统一战线，为打到蒋介石、建立新中国而共同奋斗；团结各民主党派、各人民团体、各社会贤达，迅速召开没有反动分子参加的新的政治协商会议，讨论如何召开人民代表大会，成立民主联合政府问题"②。而各民主党派也相继发表声明，热烈响应中国共产党的"五一"号召，并在中国共产党的领导下，积极进行新政协的筹备工作。

中国共产党在解放区的民主实践和与民主党派的民主合作，推动了人民民主统一战线的建立和发展，使得国民党统治集团走向了整个中华民族的对立面，并在政治上陷入了完全的孤立，为党赢得全国人民的认同及新中国的建立奠定了坚实的政治基础。

三、所有制关系的变革调整

国族共同体不单是文化的共同体和政治的共同体，同时也是利益的共同体。国族成员的利益，尤其是经济利益是实现国族认同与国家认同的基础性保障。处于半殖民地半封建社会的中国民众，消除或限制剥削的根本性手段就是调整或变革所有制形式，建立新的经济形态。而在近代中国的多种所有制成分中，对于动员全民族的革命力量，争取中华民

---

① 中共中央党史研究室：《中国共产党历史》第一卷下册，中共党史出版社2011年版，第775页。

② 中共中央党史研究室：《中国共产党历史》第一卷下册，中共党史出版社2011年版，第776页。

族自由解放具有直接影响的主要是个体、资本家私有制和封建土地所有制。为此，中国共产党根据具体的历史条件，及时调整相关经济政策，既激发了民众的革命热情，也团结了广大进步力量。

对于个体和资本家所有制的问题，党根据中国社会的具体情况，作出了保护民族工商业的正确决策。毛泽东在《论联合政府》中指出：中国经济落后，"拿资本主义的某种发展去代替外国帝国主义和本国封建主义的压迫，不但是一个进步，而且是一个不可避免的过程。它不但有利于资产阶级，同时也有利于无产阶级，或者说更有利于无产阶级"①。中国共产党在"七大"上明确提出了，"在新民主主义的社会制度下，在发展国家经济、合作经济的同时，让那些不是操纵国民生计而是有利国民生计的私人资本主义有发展的便利，保障一切正当的私有财产"②。这成为新民主主义经济政策的重要组成部分。

在解放战争的进程中，解放区注意改善工人的条件和待遇，但也保障了工商业者的合法利益，而且采取措施鼓励私人工商业的经营，并在价格、税收政策方面适当的给予照顾，对于经济困难的私人企业，政府还给予扶助政策。在土地改革中严格保护地主、富农经营的工商业。对国民政府资本与私人资本合办企业中的私人股份，承认其私人所有权；对过去受到侵犯的工商业户，给予退赔。③ 这一系列经济政策，对经济发展和人民生活改善有着极大的促进作用，同时也使工商业者认同和支持了党的新民主主义经济政策。

对于封建土地所有制的解决，是中国革命的核心问题之一。抗日战争胜利后，解放区的土地政策仍以减租减息为主，但随着农民生产和革命热情的高涨，这一政策已经不能满足农民的需求。为了满足农民对于土地的迫切需求，进一步调动农民生产和革命的积极性，党开始调整土

---

① 《毛泽东选集》（第三卷），人民出版社1991年版，第1060页。

② 中共中央党史研究室：《中国共产党历史》第一卷下册，中共党史出版社2011年版，第654页。

③ 赵德馨：《中国近现代经济史》，河南人民出版社2003年版，第408页。

第四章 政党认同的获取与国家认同的强化

地政策，从减租减息转向了"耕者有其田"，农民可以直接从地主手中获取土地。为此，党在1946年5月4日发出了《关于清算减租及土地问题的指示》（"五四指示"），其主要内容就是，对于汉奸、豪绅、恶霸的土地，无条件没收；其他土地则采用"出卖"、"以佃权交换"、"清偿负欠"等多种有偿的交换方式，使农民获得地主的土地。在"五四指示"的指导下，解放区开展了土地改革运动，从内战爆发到1947年2月，各解放区约有三分之二的地区解决了土地问题，实现了"耕者有其田"。①

其后，为了进一步推动土地制度改革运动的发展，党在1947年10月颁布了《中国土地法大纲》，明确规定："废除封建及半封建性剥削的土地制度，实行耕者有其田的土地制度。""废除一切地主的土地所有权。""废除一切祠堂、庙宇、寺院、学校、机关及团体的土地所有权。""废除一切乡村中在土地制度改革以前的债务。"在分配土地的基本原则上："乡村中一切地主的土地及公地，由乡村农会接收，连同乡村中其他一切土地，按乡村全部人口，不分男女老幼，统一平均分配，在土地数量上抽多补少，质量上抽肥补瘦，使全乡村人民均获得同等的土地，并归各人所有。"②

解放区的土地改革运动，基本消灭了封建土地所有制，消除了农民受压迫、受剥削的主要根源。亿万农民的切身利益受到保障，而为了捍卫土改的胜利果实，保卫解放区，广大农民也以更高的热情投入到发展生产和支援革命战争中去。仅1946年8—10月的三个月中，解放区就有30万农民踊跃参军，300万—400万农民参加了民兵。③ 而从1947—1949年间，晋冀鲁豫解放区参军农民累积到148万人；山东解放区先

---

① 中共中央党史研究室：《中国共产党历史》第一卷下册，中共党史出版社2011年版，第738页。
② 中共中央党史研究室：《中国共产党历史》第一卷下册，中共党史出版社2011年版，第755页。
③ 中共中央党史研究室：《中国共产党历史》第一卷下册，中共党史出版社2011年版，第736页。

后有59万青年参军,还有700万民工支援战争。① 中国共产党对于土地问题的解决,使党团结和动员了中华民族的最大利益群体——农民,为解放战争的胜利,奠定了坚实的群众基础。经济利益的保障和政治地位的提升,也使得农民阶层具有了更强的国家意识和民族意识,从而使中华民族整体更具认同感和凝聚力。

四、维护少数民族平等权利

中国是统一的多民族国家,而中华民族也是多民族的共同体,"而且各个族体单位间的界限并没有消失,它们仍然作为不同于中华民族的另外一种民族类型存在"②。维护民族平等与民族团结,尤其是保障少数民族的平等权利,不仅关系到少数民族对中国共产党的认同问题,而且还涉及民族认同与国族认同及国家认同之间能否相互协调整合的问题。抗战时期,党确立了正确的中华民族观念,明晰了中华民族与内部各民族之间的联系与区别,为党的民族政策指明了方向。在此基础上,抗战胜利后,为了更有效地维护了少数民族的平等权利,动员少数民族的革命热情,党对民族政策进行了新的探索与实践。

中国共产党对民族平等权利的维护,首先是以承认少数民族作为客观存在的文化共同体为基本前提,这就与国民党强制性的民族同化与融合形成了鲜明的对比。毛泽东在《论联合政府》的报告中指出:"国民党反人民集团否认中国有多民族存在,而把汉族以外的各少数民族称之为'宗族'。他们对于各少数民族,完全继承清朝政府和北洋军阀政府的反动政策,压迫剥削,无所不至。"而中国共产党则完全同意孙中山在国民党"一大"时的民族政策,而且"共产党人必须积极地帮助各少数民族的广大人民群众为实现这个政策而奋斗;必须帮助各少数民族的广大人民群众,包括一切联系群众的领袖人物在内,争取他们在政治上、经济上、文化上的解放和发展,并成立维护群众利益的少数民族自

---

① 中共中央党史研究室:《中国共产党历史》第一卷下册,中共党史出版社2011年版,第757页。

② 周平:《论中华民族建设》,载《思想战线》,2011年第5期。

第四章　政党认同的获取与国家认同的强化

己的军队。他们的言语、文字、风俗、习惯和宗教信仰，应被尊重"。①

　　党不仅重申和宣传民族平等的政策主张，而且在政治、经济、文化等诸多方面的实践中积极地加以贯彻。在政治方面，主要是保障少数民族平等的参政权利。在解放区的民主实践中，规定了少数民族享有平等的选举权和被选举权，并对于少数民族代表的名额给予明确限定。1945年9月，陕甘宁边区政府在关于选举工作的训令中规定："坚持不分阶级、党派、民族、性别、信仰的，不受财产与文化程度限制的，普遍、平等、直接、无记名投票的选举原则。"② 1948年7月，《晋冀鲁豫边区政府、晋察冀边区行政委员会关于召开华北临时人民代表大会暨代表选举办法的决定》中规定："回民代表定为七人：由各行署区及石家庄市各选派一人。"同时，文件对回民代表的选举办法规定："回民代表由各行署区及石家庄市回民团体选派之。"③ 在经济方面，主要是推动少数民族地区的经济发展，维护少数民族群众的经济利益。如在1945年的晋察冀中央局工作报告中指出："施行发展蒙古人民的畜牧业，创办畜类防疫设备，保护并改善水草地，改良品种和饲养方法，提倡蒙古人民发展农业，调整蒙汉土地，讨论以照顾蒙民和蒙汉劳苦人民利益为原则。"④ 在民族地区的发展过程中，土地改革也是一项重要的政策，对于维护各民族内部普通民众的利益具有重要意义。但在民族地区的土改中，党结合民族地区的实际，注重"慎重缓进"和"和平改革"。如在1948年6的《中共中央东北局关于执行中央土改与整党指示计划向中央的报告》中提出："懂得区别不同地区（农业、半农半牧、纯牧）的不同政策，懂得在蒙区必须采取慎重缓进的方针，只能实行逐步的民主

---

　　① 《毛泽东选集》（第三卷），人民出版社1991年版，第1083—1084页。
　　② 韩延龙、常兆儒：《中国新民主主义革命时期根据地法制文献选编》第1卷，中国社会科学出版社1981年版，第400页。
　　③ 中央统战部编：《民族问题文献汇编》，中共中央党校出版社1991年版，第1140—1141页。
　　④ 中央统战部编：《民族问题文献汇编》，中共中央党校出版社1991年版，第970页。

改革。"① 在文化方面，既尊重少数民族的文化传统，如语言文字、风俗习惯、宗教信仰等，也注意发展国民教育。1947年的《内蒙古自治政府施政纲领》提出："自治区域内蒙汉回等各民族一律平等，建立各民族间亲密团结合作的新民族关系，各民族互相尊重风俗习惯、历史文化、宗教信仰、语言文字。"② 并且在少数民族地区，创办了多所学校，提高少数民族群众的文化水平，培养了大量的少数民族人才。

在解放战争时期，党的民族政策的另一项重要实践就是领导和推动少数民族的自治运动。从民族自决到民族自治是党解决民族问题的重要转折，而在解放战争时期，党对民族自治问题有了更为明确的认识，即正式提出了民族区域自治政策，并进行了积极的实践。其中影响最大的当属内蒙古地区的民族自治运动，"是中国共产党将民族区域自治政策付诸于实践，构建民族区域自治制度的第一步"③。抗战胜利后，国民党政府试图通过笼络蒙古王公贵族，重新对内蒙古地区进行统治，而部分贵族、政客则策划内蒙古的独立，并成立了"内蒙古共和国临时政府"。针对此种形势，党提出了民族区域自治政策，决定加强对内蒙古自治运动的领导。中共中央在1945年10月关于内蒙古工作方针的指示中提出："对内蒙的基本方针，在目前是实行区域自治。首先从各旗开始，争取时间，放手发动与组织蒙人的地方自治运动，建立自治政府。"④ 并由乌兰夫负责在内蒙古地区开展工作。1947年4月23日至5月3日，内蒙古人民代表大会在王爷庙顺利召开，大会通过了《内蒙古自治政府施政纲领》、《内蒙古自治政府暂行组织大纲》等文件，选出临时参议会，并通过参议会选出内蒙古自治政府，乌兰夫任主席。并成

---

① 中央统战部编：《民族问题文献汇编》，中共中央党校出版社1991年版，第1130页。
② 中央统战部编：《民族问题文献汇编》，中共中央党校出版社1991年版，第1111页。
③ 周平：《民族区域自治制度在中国的形成和演进》，载《云南行政学院学报》，2005年第4期。
④ 中共中央党史研究室：《中国共产党历史》第一卷下册，中共党史出版社2011年版，第739页。

第四章 政党认同的获取与国家认同的强化

立中共内蒙古工作委员会,统一领导内蒙古自治政府和内蒙古自卫军。①

内蒙古自治政府的建立,是党在民族自治问题上的一次重要实践,证明了民族区域自治政策的科学性,也为各少数民族实行区域自治积累了经验。同时,内蒙古自治运动的成功,也为我国在国家结构的选择上,最终确立单一制,并在单一制的框架内实行民族区域自治制度,奠定了重要基础。

五、中华人民共和国的成立

在民族国家的范式中,国家与国族是紧密结合的一体两面关系。国家和国族相互支持,互为依存,国家需要强有力的国族;而国族的构建与发展,更需要国家的支撑,民族国家不仅体现着国族内在的规定性,而且国族认同与国家认同的协调整合,是国族形成的重要标志。伴随中华民族自觉意识的提升,中华民族的发展与国民党政权的反动统治间的内在冲突愈发不可调和,中华民族要实现自身的独立、自由与解放,就必须构建真正属于自身的民族国家。而这也是中国共产党进行人民解放战争,推翻国民党统治的目标所在。

中国共产党的政策主张有效动员了全国人民的革命热情,而国民党的反动腐朽统治也加快了人民解放战争的胜利步伐。三大战役后,国民党主力基本被消灭,其统治失败也已不可避免。在此形势下,召开新的政治协商会议和建立民主联合政府的条件,已基本具备。因此,中国共产党与各民主党派和民主人士协商决定召开新的政治协商会议,对即将成立的新中国的诸多根本性问题进行讨论并规定。1949年9月21日至30日,中国人民政治协商会议第一届全体会议在北平召开。会议通过了《中国人民政治协商会议共同纲领》、《中华人民共和国中央人民政府组织法》、《中国人民政治协商会议组织法》,并选举了国家领导人和政府组成人员。

---

① 中共中央党史研究室:《中国共产党历史》第一卷下册,中共党史出版社2011年版,第741页。

民族国家是国族与国家的协调机制,而这种机制的核心就是通过宪政性设计,实现国族共同体的独立与自由,并确保国族共同体对国家政权的掌控。中华人民共和国作为中华民族的民族国家,同样需要这种宪政性的制度设计。"在建立新的国家政权的时候,首先制定一个宪制性文件,并按该宪制性文件组织国家政权,这表明新的人民民主政权是一个宪政化的政府。"① 而《中国人民政治协商会议共同纲领》既是中国共产党领导全国人民的建国纲领,同时,对于中华人民共和国又具有临时宪法的性质,对于协调整合国族认同与国家认同,具有重要的历史意义。

第一,确立了中华人民共和国作为新民主主义的国家性质,《共同纲领》第一条就规定:"中华人民共和国为新民主主义即人民民主主义的国家,实行工人阶级领导的、以工农联盟为基础的、团结各民主阶级和国内各民族的人民民主专政,反对帝国主义、封建主义和官僚资本主义,为中国的独立、民主、和平、统一和富强而奋斗。"而且赋予了人民广泛的政治自由与权利,"中华人民共和国人民依法有选举权和被选举权"。"中华人民共和国人民有思想、言论、集会、结社、通讯、人身、居住、迁徙、宗教信仰及示威游行的自由权。"

第二,消除剥削,保障了人民的切身利益。新中国不但在政治上确立了人民的当家作主地位,也在经济上保障各阶层民众的合法利益,"保护国家的公共财产和合作社的财产,保护工人、农民、小资产阶级和民族资产阶级的经济利益及其私有财产"。继续进行土地制度改革,确保农民的土地所有权,"凡已实行土地改革的地区,必须保护农民已得土地的所有权。凡尚未实行土地改革的地区,必须发动农民群众,建立农民团体,经过清除土匪恶霸、减租减息和分配土地等项步骤,实现耕者有其田"。

第三,注重文化教育事业的发展,为增强中华民族的认同感和凝聚力注入价值内核。塑造与传播共同的历史文化和主流价值体系,是国族认同与建构的重要路径,《共同纲领》规定:"中华人民共和国的文化

---

① 周平:《多民族国家的族际政治整合》,中央编译出版社2012年版,第174页。

第四章 政党认同的获取与国家认同的强化

教育为新民主主义的，即民族的、科学的、大众的文化教育。人民政府的文化教育工作，应以提高人民文化水平、培养国家建设人才、肃清封建的、买办的、法西斯主义的思想、发展为人民服务的思想为主要任务。"并且注重发展国民教育，"有计划有步骤地改革旧的教育制度、教育内容和教学法"，"有计划有步骤地实行普及教育"。

第四，保障少数民族的平等权利，并确立了民族区域自治制度。中华民族是一个多民族的大家庭，少数民族的国族意识和国家意识，是中华民族凝聚力形成与发展的重要内容。因此，《共同纲领》重申了新中国维护民族平等与团结的基本政策，"中华人民共和国境内各民族一律平等，实行团结互助，反对帝国主义和各民族内部的人民公敌，使中华人民共和国成为各民族友爱合作的大家庭。反对大民族主义和狭隘民族主义，禁止民族间的歧视、压迫和分裂各民族团结的行为"。并确立民族区域自治制度，"各少数民族聚居的地区，应实行民族的区域自治，按照民族聚居的人口多少和区域大小，分别建立各种民族自治机关。凡各民族杂居的地方及民族自治区内，各民族在当地政权机关中均应有相当名额的代表"。在单一制的国家结构中，实行民族区域自治，既有利于提升中华民族的凝聚力，也有利于实现少数民族的平等权利，增强少数民族的国族认同与国家认同。

第五，彻底取缔帝国主义的在华特权，维护中华民族在国际舞台上的平等地位。国族构建既要实现对内的民主性，也要确立对外的独立性和主权性。抗日战争后，中华民族的独立地位获得了国际社会的承认。但由于客观的国际环境和国民党政府本身的软弱性和依赖性，帝国主义在华特权并未完全肃清，这显然不利于中华民族以全新的姿态展示于国际舞台。为此，新中国在对外关系上采取了"另起炉灶"的方式。《共同纲领》中规定："中华人民共和国外交政策的原则，为保障本国独立、自由和领土主权的完整，拥护国际的持久和平和各国人民间的友好合作，反对帝国主义的侵略政策和战争政策。""对于国民党政府与外国政府所订立的各项条约和协定，中华人民共和国中央人民政府应加以审查，按其内容，分别予以承认，或废除，或修改，或重订。"

1949年10月1日，毛泽东向全世界庄严宣告：中华人民共和国中央人民政府成立了。中华人民共和国的成立，标志着中国新民主主义革命已经取得伟大胜利。而对于中华民族的发展而言，更具有里程碑式的意义。中华民族摆脱了受奴役受压迫的半殖民地半封建时代，在反帝反封建的革命大潮中，凝聚成了具有自觉意识的国族共同体，并实现了民族的独立、自由与解放，正如毛泽东在中国人民政治协商会议第一届全体会议开幕词中所说："我们的民族将从此列入爱好和平自由的世界各民族的大家庭，以勇敢而勤劳的姿态工作着，创造自己的文明和幸福，同时也促进世界的和平和自由。我们的民族将再也不是一个被人侮辱的民族了，我们已经站起来了。"① 中华人民共和国的建立，标志着近代中国国族构建的基本完成，"中华民族披上了国家的外衣，具有了国家形式，成为国家民族"②。而且中华民族从此屹立于世界民族之林，中华民族的发展也从此开启了新的历史纪元。

小 结

中国共产党作为近代中国革命的重要力量，经过艰苦卓绝的努力，带领中国人民取得新民主主义革命的胜利，完成了反帝反封建的革命任务，并通过建立中华人民共和国，实现了中华民族国族认同与国家认同的一致，最终推动近代中国国族构建的基本完成。

但中国共产党推动和领导近代国族构建是一个不断探索和递进的过程，是同中国共产党逐步获得民众认同结合在一起的。从中国共产党成立之初，就建立起集权式的政党组织，并对中国革命和中国国族构建具有一定的深刻认识，但也由于外部因素和视角的影响，对国族认识有一定的偏差。在革命的进程中，中国共产党不断修正自身的国族理论，国族意识不断增强，特别是在抗日战争时期，党的国族理论逐步完善，并

---

① 《毛泽东选集》（第五卷），人民出版社1977年版，第5页。
② 周平：《多民族国家的族际政治整合》，中央编译出版社2012年版，第173页。

第四章 政党认同的获取与国家认同的强化

最终带领中华民族取得了解放战争的胜利，实现了中华民族的自由、平等和独立。

对于中国共产党在近代国族构建的作用，应该客观、历史地看待。既有发挥主导作用的时期，如抗日战争后，国民党政府继续坚持专制、独裁，这时的中国共产党就成为国族构建的核心力量，团结全国民主力量，共同推翻了国民党的统治；也有与其他政治力量合作，主要是国民党，共同推动国族构建的时期，在国民大革命期间，中国共产党以个人身份加入国民党，帮助国民党进行改组，共同推动了北伐的胜利。而在日本逐步侵华的过程中，中国共产党调整政策，提出抗日民族统一战线的主张，实现了与国民党的第二次合作，有力地配合了国民党的正面战场，为抗日战争的最终胜利作出了重要贡献。

中国共产党在领导国族构建的过程中，尤其注重了国民党国族构建过程中存在不足的问题。在革命过程中提出了新民主主义理论，通过对民主权利的保障和经济利益的维护，调和了国族自觉与国家认同之间的紧张。同时，中国共产党逐步明确了中华民族作为多民族共同体的性质，各少数民族也是客观存在的民族实体，注意保护少数民族的自身权益，特使是创造性地建立和实践了民族区域自治制度，推动了少数民族的民族认同、国族认同和国家认同的统一。

中华人民共和国的建立，标志着中华民族具有了属于自身的政治屋顶——民族国家，基本上实现了独立、自由、民主的目标，也标志着近代中国国族构建的基本完成。但此时的中华民族，从国族意义上看，又是初步的，全国性的统一仍未完成，国族内部发展仍然存在较大的不平衡，这也意味着新中国的国族建设任务仍然艰巨而繁重。

第五章 国族形成的模式与国族构建的效应

从鸦片战争到中华人民共和共和国成立,中国经历了风云变幻、跌宕起伏的百年巨变。百余年间,中华民族辉煌顿失,黯然于世界舞台;同时中华民族又如凤凰涅槃,华丽重塑,成功实现了现代民族的自我建构,再度屹立于世界民族之林。国族构建的百年大幕已然落下,但其中所蕴含的丰富资源,却值得我们再度整理与审视。正如温斯顿·丘吉尔所言:"你向后看得越远,那么向前看得也越远。"回顾近代国族构建的历史,我们能够更加深刻认识中华民族的形成与发展,也能够对当代中国国族建设提供参考和借鉴。

第一节 近代国族构建的基本模式

近代中国国族的形成是在特定历史条件下的一种主观构建。近百年的历程中,中国的国族构建蕴含着国族构建的一般特征,但也展示出特有的构建路径与模式。正是这种历史性的探索与选择,使得历史悠久、规模庞大、结构复杂的中华民族,在外部强大压力之下,仍能够在短暂的历史周期内相对完整地实现了转型,成为了世界国族构建史上的经典之作。同时,这种特定的构建道路也影响和制约着国族的基本形态。

第五章　国族形成的模式与国族构建的效应

一、反帝反封建双重压力下的民族主义宣传动员

近代中国的国族构建虽然有内部诱因的存在，如资本主义萌芽的发展，明清时期民本思想的产生等，但国族构建之所以急遽而又大规模地展开，其主要的刺激性因素仍然在于作为国族对立面的"他者"的强势介入。自在状态的中华民族以王朝国家作为政治框架，创造了辉煌的文明，并以一种自信的天下观念看待和处理自身与外部的关系。但从两次鸦片战争、甲午中日战争，到八国联军侵华，一次次的屈辱经历，不断加深的生存危机，使得中华民族尤其是首先自觉的精英阶层，开始以一种与"他者"相异，而又追求与"他者"平等的心态，重新审视中华民族的生存与发展问题，开启了向西方探索学习的进程，从器物到制度，直至精神文化。而在这一探索的过程中，知识精英在反复比较与争论中，逐步达成了基本的共识，就是要构建西方式的民族共同体——国族，及其与之相适应的制度框架——民族国家。这就需要动用民族主义这一理论资源进行宣传动员。

民族主义思潮是与近代西方资产阶级革命相伴随产生，是民族国家构建和国族构建最重要的理论资源。借用民族主义的范式对中华民族进行国族塑造，无疑是一种有效的动员凝聚机制，对于唤醒中华民族的自觉意识具有至关重要的作用。然而国族的对外抗争并不一定是面对"他者"的必然反应，这需要以内部的整体性认同为基础，而最为核心的就是要能够自觉地掌控自身命运，而不再成为一种其他意志的附属性存在。对于身处半殖民地半封建社会的近代中国，国族构建的使命就具有了内外双重向度，在实现民族独立的同时，还必须推翻专制统治，使国族成员能够通过民主的方式掌控国家政权。

对于近代中国的国族构建而言，反帝反封建是分析解释的重要视角，既是国族构建的重要动因，也是国族构建程度与效果的制约因素。而且反帝反封建的两大目标紧密交织，密不可分。从近代国族构建的历史看，任何国族构建主体都必须将两者有效地结合起来，才能提升中华民族的自觉性和凝聚力，而对于两者的忽视或有所偏颇，都将迟滞中华民族的自觉进程，甚至导致建构主体自身的覆灭。晚清王朝、北洋政府、南京国民政府和中国共产党的国族构建实践都充分说明了这一点。

近代国族构建面对着反帝反封建的双重压力，这种压力不仅仅是一种相对历史的心理落差，而是一种切实的生存感受，从知识精英到普通大众，都无法回避"生存还是灭亡"的现实拷问。因此，近代国族构建的压力是异乎寻常的，甚至是一种生存边缘的探索。而这种生存性压力也解释了，近代国族构建在进行民族主义的动员时，为何始终存在着去民族性和再民族化的内在张力，为何不同的建构主体、不同的意识形态能够在极短的时间内成为历史的主角，而又迅速地退出了历史舞台。民族主义作为一种意识形态，本身就具有极强的吸纳性和包容性，法国学者德拉诺瓦曾指出："民族并不像表面看起来那样神秘，但其吸纳的能力很强。褒义讲可以说是有容乃大，贬义讲则是空洞无物。……民族现象所具有的解决或掩盖矛盾的能力，以及将形形色色的主张吸纳在一起的能力，可以说明其何以具有如此的韧性及魅力。将不同的主题和不同的问题混淆起来，从意识形态上讲是一张王牌。"①

而在近代中国，民族主义的这种吸纳性和延展性表现得尤为突出，几乎与所以有影响的意识形态均有过交集，甚至成为各种意识形态进行宣传动员的基底和背景，而且也是不同国族构建主体与力量有效整合的框架平台。救亡图存的强大压力，使得民族主义频繁地与不同理论流派相嫁接，并且迅速地投入实践或退出历史舞台；而当整个民族到了生死存亡的危险境地之时，民族主义又成为统合不同意识形态的基础。反帝反封建是近代中国民族主义的核心内容，也是唯一指向，但也正是由于这种压力的存在，人们对各种流派的选择往往工具意义的应急性压倒了系统理性的反思。这暂时调和了各种理论纷争，整合了不同的政治力量，形成了广泛的反帝反封建的民族统一战线。

而且在反帝反封建的导向下，民族主义不仅统合了各种意识形

---

① ［法］德拉诺瓦：《民族与民族主义》，郑文彬、洪晖译，生活·读书·新知三联书店2005年版，第24页。

态，也在一定程度上调和了民族主义动员过程中的内部张力。从民族主义进行国族塑造的机制看，主要存在着两种进路，一种是政治民族主义的路径，将国族认同主要建立在政治法律制度和公共性的政治文化；另一种是文化民族主义的路径，将国族认同建立在传统性的历史文化。国族作为特殊的民族共同体，既是政治的，也是文化的，国族认同的两种路径更多的是一种逻辑的先在性，及政治与文化的整合方式。但这两种认同方式间又存在着一定的紧张关系，哈贝马斯曾论述道："民族具有两副面孔。由公民组成的民族是民族国家民主合法化的源泉，而由民众组成的天生的民族，则致力于促使社会一体化。公民靠自己的理论建立自由而平等的政治共同体；而天生同源同宗的人们则置身于由共同的语言和历史而模铸的共同体中。民族国家概念包括着普遍主义和特殊主义之间的紧张，即平等主义的法律共同体与历史命运共同体之间的紧张。"[①]

对于近代中国而言，这种内在紧张关系表现得尤为突出，从封建王朝向民族国家的转型过程中，政治体制无疑是"舶来品"，然而与之对接的文化形态的选择却陷入了两难的境地。对于有着悠久文明的中华民族而言，在极为有限的时空条件下，传统文化无法实现创造性的转换，西方文化也无法生根发芽，这也使民族主义在塑造国族的过程中，出现了认同与动员的张力。但也恰恰是反帝反封建的强大压力，使得国族文化的民族化与现代化，本位化与西方化的学术争论不得不让位于现实需要，国族文化构建最终走上了再民族化的道路。但值得注意的是，政治认同与文化认同的这种调和是以强大外部压力为前提，以最大限度的民族动员为目标的暂时性选择，并没有根本上解决政治制度与意识形态的民族化问题。

因此，近代中国的国族构建是以反帝反封建为背景和目标，以民族主义为理论框架的宣称动员过程。只有了解了民族主义的本质与内涵，

---

① [德]尤尔根·哈贝马斯：《包容他者》，曹卫东译，上海人民出版社2002年版，第135页。

才能把握国族构建的实质与方向；也只有深刻理解反帝反封建的强力压力，才能明晰国族构建的具体进程与策略选择。

二、政党—国家在国族构建过程中处于主导地位

国族在形成过程中，无论是政治制度性的认同，还是历史文化性的认同，都不是自然形成的，而是一种主观建构的产物。即使对于具有悠久文明史的中华民族而言，国族的形成也不是根基性纽带的自然衍生，而是对于历史传统的选择性挖掘、发明与遗忘，是一个与现实国族构建需要不断对接与磨合的过程。从国族构建的过程和理想效果看，国族构建力图将国族塑造成具有确定性和连续性的历史与命运的共同体，以此增强国族内在的认同感和凝聚力。甚至可以说，面对多数国族成员而言，建构本质上是一个掩盖建构的过程。

然而对于国族形成的研究，却必须首先凸显其建构性的实质，这是关系国族研究的基点性问题。也正因此，霍布斯鲍姆就认为："并不是民族创造了国家和民族主义，而是国家和民族主义创造了民族。"① 本尼迪克特·安德森认为："它是一种想象的政治共同体——并且，它是被想象为本质上有限的，同时也享有主权的共同体。"② 但在明确这种建构性的基础上，我们还要对这一建构过程做内在动态化的分析，这就需要首先确认建构的主体。从某种意义上讲，国族构建主体是多元而广泛的，包括国家政权、政党、军队、大众传媒、个体精英等等。从近代中国国族的构建进程看，也是众多有识之士共同努力的结果。但从实际的建构效果看，国家政权无疑在国族构建过程中具有核心性和主导性。这是由国族和国家政权各自的特点所决定的。在特定的时空条件下，国族总是以国家为界限的人群共同体，而在国家范围内，尤其是对于超大疆域和超大族体规模的中国而言，只有国家政权凭借对权力和资源在全国

---

① ［英］埃里克·霍布斯鲍姆：《民族与民族主义》，李金梅译，上海人民出版社2000年版，第9页。

② ［美］本尼迪克特·安德森：《想象的共同体——民族主义的起源与散布》，吴叡人译，上海人民出版社2003年版，第6页。

第五章 国族形成的模式与国族构建的效应

范围内的垄断，具备了对整个共同体进行渗透与动员的可能，其他主体的建构效应也必须通过国家政权的力量，才能得以发挥与展示。

在近代中国国族构建中，晚清政府、北洋军阀政府、南京国民政府都在特定的历史阶段开展了国族构建实践，并在一定程度上推动了国族的发展。近代中国也是后发性现代化国家的转型阶段，在这一过程中，革命和国族构建均需要强有力的权威性领导。而在当时的历史阶段，只有政党能够担任这一角色，并且这种政党并不是一般意义上建立在西方竞争党制框架内的政见性的政党，而是意识形态强烈、组织结构严密的集权化的政党，这种政党与国家政权极为紧密地结合在一起，构成了一种政党—国家的体制。以政党为核心的政党—国家的体制，是揭示近代国族构建的重要视角，也是国族构建成功的核心机制。正如亨廷顿在分析后发国家的现代化转型时所指出的："一个处于现代化之中的国家，其政治共同体的建立，应当在'横向'上能将社会群体加以融合，在'纵向'上能把社会和经济阶级加以同化。应对政治参与扩大的首要制度保证就是政党与政党体系，在反对现存制度的革命或民族独立过程中，通常会建立一党制或以一党为主的政党制度。"[①]

同时政党在国族构建中的核心作用，不仅表现在强大的动员能力，而且也在一定程度上对民族主义的动员起到平衡效应，对国族成员尤其是少数民族的国家认同发挥了中介性的作用。在反帝反封建的进程中，中华民族作为多民族的共同体，少数民族的动员与认同是维护国族统一和凝聚国族力量的重要环节，但由于对中华民族和少数民族关系的认识本身存在一定的局限，加之国外敌对势力的蓄意煽动挑拨，使得少数民族的动员与认同之间始终存在着紧张关系。而集权化政党通过其意识形态和严密的组织体系聚拢着整个中华民族的认同，甚至可以说，党本身就是国族认同与凝聚的符号与载体，通过政党认同实现了民族认同、国族认同和国家认同的统一。

[①] ［美］塞缪尔·P. 亨廷顿：《变化社会中的政治秩序》，王冠华等译，生活·读书·新知三联书店1989年版，第366—387页。

在近代中国的政治舞台上，国民党和共产党都是集权化组织形态的政党，也都对中国的历史产生了重要的影响。在国族构建的过程中，国民党和共产党均发挥着重要作用，虽然中国共产党推翻国民党的统治，建立中华人民共和国，标志着近代国族构建的基本完成，但这不能忽视和否定国民党政府在国族构建中的重要作用。从前文所述，可以看出国民党和共产党都对国族构建问题进行了探索与实践。从两者的地位来看，在抗日战争前和抗日战争时期，国民党更多地处于国族构建的主导地位；而在抗战后到中华人民共和国成立，由于国民党统治的衰败，中国共产党逐渐成为国族构建的领导力量。而从两者的关系看，共产党与国民党在国族构建的过程中既有合作又有竞争。在近代历史上，国共两党先后实现了两次合作，分别推动了国民大革命的兴起和抗日战争的伟大胜利，尤其是以国共合作为基础的抗日民族统一战线的建立，为中华民族实现独立和整体自觉，奠定了坚实的基础。当然国民党与共产党之间的竞争甚至是斗争也从未停止，但从国族构建的角度看，这种竞争并不是以国族共同体的独立性和完整性为代价，在维护国族完整与统一的问题上，两党有着基本的共识与底线，两党的竞争与斗争更多的是国族构建理念与路线之争。而且两党竞争的成功都必须以最大限度的动员国族、获取国族认同为前提，这一过程也加速着中华民族的自觉与认同。因此，从某种意义上，近代国族的构建就是在国民党与共产党的合作与竞争中探索、展开与完成的。

三、国族构建与民族国家构建的互动与协调整合

在民族国家的体制和框架内，国家与国族是一种相互依存的紧密结合体。只有在民族国家的限度内，国族共同体才能获得内在规定性和生存保障；而民族国家的合法存在和制度优势，又必须以国族共同体的凝聚与认同为支撑。"民族国家"的制度优势和解释力度，与"国族"有着紧密的联系。"民族国家作为一种国家制度框架，其制度内涵的形成、制度优势的发挥，都依托于国族。没有一个强健的国族，民族国家就无

第五章　国族形成的模式与国族构建的效应

法发挥其制度功能，只能是徒具形式，甚至形同虚设。"①

民族国家与国族的形成都是一个建构的过程，而两者之间的这种一体两面的关系，也决定了国族构建与国家构建之间存在复杂的相互关系，既相互区别、各有侧重，但又是相互影响与制约的互动过程。从区别与侧重看，国家构建重在制度、法律和机构等客观性的内容，是一个国家对其领土主权范围内实施统一控制和管理的过程，吉登斯将其称为"内部绥靖"，"既然，固定的边界只有依赖与国家体系的反思性建构，那么，多元民族的发展就是中央集权以及国家统治得以在内部进行行政扩张的基础。"② 而国族构建更强调态度、情感和认同等主观性内容，史密斯认为国族的构建主要包括以下环节："共同体的共同记忆、神话以及象征符号的生长、培育和传递；共同体的历史传统和仪式的生长、选择以及传递；'民族'共享文化（语言、习俗、宗教等）'可信性'要素的确定、培育和传递；通过标准化的方式和制度在特定人群中灌输'可信性'价值、知识和态度；对具有历史意义的领土，或者祖国的象征符号及其神话的界定、培育和传递；在被界定的领土上对技术、资源的选择和使用；特定共同体全体成员的共同权利和义务的规定。"③ 而在国家构建和民族构建的过程中，两者又是相互作用和渗透。国家构建为国族构建提供更为坚实的制度保障，使其能够开展更为强有力的一体化建构；而国族构建能够为国家构建提供合法性认同，为国家发展提供强大的心理支撑。

近代中国的国族构建也与民族国家构建紧密地结合在一起，两者既是持续性的互动过程，又是协调整合的过程。首先，国族构建与国家构建是持续性的互动过程。当建立民族国家成为近代中国救亡图存的明确选择后，国家构建和国族构建也就随之开启，虽然到中华人民共和国成

---

① 周平：《民族国家与国族建设》，载《政治学研究》，2010 年第 3 期，第 85—96 页。

② ［英］安东尼·吉登斯：《民族—国家与暴力》，胡宗泽、赵力涛译，生活·读书·新知三联书店 1998 年版，第 145 页。

③ ［英］安东尼·D. 史密斯：《全球化时代的民族与民族主义》，龚维斌、良警宇译，中央编译出版社 2002 年版，第 107 页。

立，标志着民族国家构建和国族构建的基本完成，但整个近代的国族构建是一个持续性的渐进过程。在这一过程中，中华民族的认同感、独立性和凝聚力都在逐步提升，不断具备国族资格的要件。虽然国家在形塑国族，但国族构建并不是一个被动的、单向度的过程，国族自觉意识的每一次提升，都会对自身及所属民族国家提出更高的要求与期望，这也支持着或强迫着国家对自身和国族进行建设，从而得到国族共同体的认同与支持，巩固和维持自身的统治。也就在这种持续性的互动中，国家与国族维持着一种动态的历史进程。同时，这种互动过程实际上也是国族构建的内部动力机制。近代中国的国族构建研究，普遍注意了外部压力的作用，这是必要的，但也不能忽视内部动力的重要意义。至少从辛亥革命后，民主共和的理念就已经开始广泛传播，任何政府都必须主动构建国族，获取国民的认同，才能维护自身的统治。因此，从某种程度上也可以说，中华民族通过国家政权这一载体，实现着一种自我的建构。

其次，国族构建与国家构建也是协调整合的过程。国家对国族的构建，总体上是一种互动的过程，但在具体的时空条件下，这种互动并不一定是一种良性的相互作用。从晚清王朝、北洋政府到南京国民政府，不同的国家政权都在一定程度上构建整合国族，也取得了正面积极的效果，这是应该肯定的。但不同时期的国家政权的国族构建又都是有限度的，由于自身利益与能力的局限，国家构建往往出现与国族构建不同步的现象。这种情况下，国家政权就将无法回应和满足国族构建的需要，从而导致国家政权丧失合法性，出现国族自觉与国家认同失衡的状态。因此，对于任何政府而言，启动民族主义的动员既是必需的，但又是具有风险的，这意味着政府需要对国族共同体具有更强的回应能力，否则极有可能出现政权自身最终覆灭于其所动员的民族主义激情中。晚清政府、北洋政府和南京国民政府的失败，从国家建设和国族构建的关系看，其核心因素还是在于政权的阶级属性和行为能力，已经无法与国族发展需求相适应，最终丧失了国族共同体的认同与支持，并在政治竞争中退出了历史舞台。而中国共产党领导的新民主主义革命的成功，最终调和了近代国家构建与国族构建的张力,成功实现了国族认同与国家认同的统一。

因此,近代中国的国族构建,从动态的视角看,是民族国家构建和国族构建的互动过程和协调整合过程。在民族国家的范式下,国家和国族相互推动亦相互制约,既有阶段性的成功,也存在进一步发展的阻力。而当中华人民共和国成立,中华民族的国族认同与国家认同最终实现了统一,近代中国的国族构建也取得总体性的成功。

第二节 近代国族构建的主要效应

中华民族作为多民族的共同体具有悠久的历史,但具有国族意义的中华民族却是从近代开始出现的。西方列强的入侵,使中华民族逐渐从天朝上国的迷梦中惊醒,被迫开启了痛苦而艰难的自我转型。应该说,经过近百年的建构历程,中华民族基本上完成了国族构建的历史任务,已经从一个传统的自在的民族,逐步转型成为具有国族意义的现代民族。

一、中华民族基本具备国族的观念与形态

近代中国的国族构建经历了复杂曲折的历程,但到中华人民共和国成立,中华民族的现代化建构取得了辉煌的成就,中华民族已经基本上具备了现代国族的观念、形态与面貌。

首先,中华民族的国族观念与国族意识逐渐明确,国族认同感显著提升。自古以来,中华民族就是一个不断交往、融合,并由多元逐步走向一体的多民族共同体。在漫长的王朝国家体制下,统治阶层为了维护自身的利益,采取了一系列促进民族发展,加快民族融合的措施,这对于增强中华民族内部的一体性具有重要意义,也成为近代国族构建重要的历史资源和回忆素材。但不可否认的是,封建王朝时期的中华民族与现代国族意义的中华民族毕竟是不同类型的民族共同体。王朝时期民众对自身和外部世界的理解更多的是"天下"和"乡土"的结合,平等

的国家与国族观念极为有限。这从鸦片战争时期，清王朝民众对于英国入侵者的态度中，便可见一斑。而当民族危机逐渐加深时，晚清精英们主动或被迫接受了民族国家和国族的观念。而反帝反封建的需要，也使得精英阶层开启大规模的民族主义宣传动员，通过政治、经济、文化等多种手段，向社会大众，特别是社会底层民众中传播；同时，帝国主义的入侵，尤其是日本帝国主义发动的大规模侵华战争，使得每一个中华民族成员个体利益与中华民族的生死存亡紧密结合起来。实现中华民族的整体独立与自由，成为每一个个体的期望与要求。因此，从中华民国开始，自由、民主、独立逐渐成为民众的共识，而在抗日战争期间，中华民族濒临生死存亡的危急时刻，整个中华民族的整体观念和认同意识显著提升，国族意识渗透、波及和覆盖到了不同地域、不同民族和不同阶层。中华民族国族认同感的整体提升是近代国族构建的重要结果和表现，为中华民族的发展奠定了心理基础。

其次，实现了中华民族的对外独立，并且维持了转型中的相对完整性。现代国族形成的重要标示就是具有独立平等的地位，成为世界民族之林中的一员，而近代中国的国族构建恰恰是由于西方列强的强势入侵所引发的，从鸦片战争开始，西方列强通过武装入侵、签订不平等条约等手段，其侵华的范围不断扩大、程度也不断加深。因此，消除外来侵略与压迫，就成为近代国族构建的重要内容。从晚清王朝到中华人民共和国的建立，不同时期、不同政权都进行了一定的反帝斗争，有武装性的反抗，如甲午战争、抗日战争等，也有和平性的政治外交谈判，如北洋政府和南京国民政府都进行了改定新约运动；有政府性的反动活动，也有群众性的爱国运动，如"五四"爱国运动、"五卅"运动，直至抗日战争时期，建立全民族的抗日统一战线。从实现民族独立的角度看，近代国族构建的成效也是巨大的，从北洋政府到南京国民政府，都在一定程度上推动了民族独立的进程，并且在维护国家统一与完整的问题上，同国内外敌对分裂势力进行了一定的斗争，尤其是维护了边疆民族地区的统一。同时积极利用国际有利时机，进行了改定新约运动，逐步废除和修订了一系列不平等条约。到抗日战争和反法西斯战争胜利，中

第五章　国族形成的模式与国族构建的效应

华民族已基本实现了民族独立的目标，中华人民共和国成立后，更是消除了国外敌对势力的在华特权，彻底实现了中华民族的独立。而且对于疆域广阔，族体规模庞大的中华民族而言，在近代的转型过程中，虽有曲折和遗憾，但基本维护了转型过程中的完整性，国家统一和领土完整得到了最大限度的捍卫。

再次，在国家构建与国族构建的互动过程中，实现了国族认同与国家认同的统一。国族与一般性的族群共同体相比，其根本在于拥有属于自身的"政治屋顶"——国家，当然这里的国家从国家类型上区分，是与王朝国家相对应的民族国家类型。换言之，国族构建的重要目标就是在国家构建与国族构建的互动、协调和整合中，实现国族对国家的认同。政党—国家作为近代国族构建的主体，通过政治、经济、文化等多元途径，塑造国族的认同感和凝聚力，并力图在实现民族主义动员的过程中，实现国族认同与国家认同的统一。应该说，从晚清政府、北洋政府、南京国民政府都对提升国族的认同感和凝聚力起到了一定程度的正面作用，也在一定的历史阶段，促进了国族对于国家的认同。如在北洋政府和南京国民政府成立初期，以及抗日战争阶段等等。但国族认同与国家认同之间也是存在着张力的，并不是天然的统一关系。国族自觉性和凝聚力的提升，也会对国家提出更高的要求，需要对国家拥有更为真切的掌控感。而在国族认同国家的过程中，最为核心的就是民主制度的建立，使王朝体制下的臣民转变成现代国家中拥有平等权利和义务的公民。应该说，晚清王朝、北洋政府和南京国民政府在获取国族认同的问题上都有所努力、有所成效，但由于自身利益的局限，都无法突破固有制度的束缚，建立真正的民主体制，也最终在国家与国族的紧张关系中覆灭。而中国共产党领导的新民主主义革命，恰恰看到了国族构建中的这一紧张关系，并通过建立新民主主义政权的方式，不但提升了国族的自觉性和凝聚力，也最终实现了国族认同与国家认同的统一。

最后，明确了中华民族的多元一体结构，推动了少数民族的民族认同与国族认同的一致。中华民族自古以来就是多民族的共同体，文化民族意义上的族体概念在中国历史上并不陌生，但这与近代西方民族主义所要塑造的国族却存在着本质性的差异，也正因此，如何认识中华民族与其内部各民族的关系，是近代国族构建过程中的重大议题。晚清末年，伴随民族主义的传入，维新派和革命派在满汉关系上产生了激烈的纷争。维新派肯定了满汉蒙回藏等民族皆为中华民族的组成部分，而革命派则将民主革命与种族革命结合起来，视汉族与国族等同，倡导排满兴汉。而辛亥革命后，革命派面对边疆民族地区的内外危机，放弃了排满兴汉的主张，转而主张"五族共和"。但面对军阀纷争的割据局面，孙中山及其领导的国民党重新强调民族同化的重要意义，希望以汉族同化各少数民族，形成内部同质化的国族共同体。塑造一元化、同质化的国族共同体成为国民党及其南京国民政府始终坚持的国族构建方向，虽然也宣称赋予少数民族的自治权利，但这更多的是一种权宜性的应对策略，对于已经具备一定民族意识的满、蒙、藏等少数民族而言，这种强制性的民族同化政策无疑制造了少数民族民族认同与国族认同之间的紧张。中国共产党在成立初期，从阶级的视角观察民族问题，一度主张民族自决和联邦制。但在不断的革命实践中，中国共产党逐步认清了少数民族与汉族，少数民族与中华民族之间的关系，并创造性地提出和初步实践了民族区域自治制度。在赋予少数民族同胞管理本民族内部事务权利的同时，维护了多民族国家的统一，推进了民族认同与国家认同的一致性发展。

应该说，中华民族经过近代构建，已经基本具备了国族的形态与特征，近代国族构建基本上是成功和有效的。但近代国族构建并不是直线式的上升过程，其中也不乏曲折的探索。同时，国族构建又是一个持续性的、逐步累积的过程，中华人民共和国的成立虽然标志着国族构建的基本成功，但晚清政府、北洋政府和南京国民政府对于国族发展的推动性作用也是不应忽视的。正是不同阶段国族构建效应的累积，最终促成了中华民族的成功转型。

二、中华民族仍需增强国族的认同与凝聚

近代国族构建促使中华民族实现了转型,基本上具备了国族的形态与面貌。但在构建的过程中,这种转型并不是一帆风顺的,其中不乏曲折、反复和遗憾。即使到中华人民共和国成立,中国的国族构建仍然是初步的,还存在诸多不完善甚至是不完整之处,中国国族建设的任务仍然繁重。

首先,近代国族构建并未实现转型前后的完整性和统一性。在王朝国家的体制内,对待疆域往往是一种中心—边缘的认识结构,疆域的收缩与扩张同中央王朝的实力有着直接的联系。由于清王朝的衰落,从鸦片战争后,列强通过诸多不平等条约侵占了当时中国的大片领土。而即使具有民族国家框架的中华民国成立后,帝国主义对中国领土的觊觎也从未停止,不断在边疆地区制造事端。抗日胜利后,中国作为战胜国,收回了大量被掠夺的领土和主权。但也迫于当时苏联政府的压力,1946年,国民党政府被迫承认了外蒙古的独立,从而酿成了近代国族构建过程中的重大遗憾。而到中华人民共和国成立时,也并未实现国家的完全统一。香港和澳门分别处于英国和葡萄牙的控制下,香港于1997年,澳门于1999年,才重新回归祖国的怀抱;国民党在大陆的统治失败后,在美国的支持下,国民党政权退守台湾,两岸和平统一进程仍然任重道远;中华人民共和国成立后,国界并为完全划定,在很长的一段时间内,与周边国家在陆上和海上都存在一定的领土争端。国族是以明确的民族国家为界限进行统一建构和建设的,而国家统一的迟缓和国家界限的模糊对于国族整合则会产生明显的负面效应。

其次,国族意识存在不均衡性,国族内部的同质化程度较低。近代中国的国族构建是在封建王朝体制下,由于外部势力的强势介入而启动的。在探索救国的道路上,一部分先进的知识分子率先接受了西方民族主义思想,并将其与不同的社会思潮相结合,作为反帝反封建动员的理论工具。由于中国疆域广阔、族体规模庞大,自给自足的自然经济占主导地位,加之传统文化的影响,造成了广大民众在接受国族观念,形成

国族意识的过程中，存在较大的差异性。而且这种差异性不仅表现在精英与大众之间的差别，而且还体现在地域之间和不同民族之间。例如对于地处偏远，相对封闭地区的国族成员，其受外来影响就相对较小；再如许多少数民族同胞，在中华人民共和国成立后，仍处于奴隶制，甚至是原始社会阶段。国族发展是一个内部同质化不断增强的过程，新中国成立时，国族内部在政治、经济、文化、教育等多个领域存在发展的不平衡性，制约着国族认同感和凝聚力的进一步提升。而且，国族内部的这种差异性，既有自然因素的影响，也有通过阶级斗争进行革命动员时所产生的一定程度的社会裂痕。阶级视角能够深刻分析近代中国反帝反封建革命斗争的实质，而且能够最大限度地动员占人口绝大多数的社会底层民众，尤其是工人阶级和农民阶级，是反帝反封建重要的力量源泉。但这种内部动员机制，也与同质性身份的国族整合产生了一定的张力。因此，在国族构建中的主客观因素共同影响了国族意识的平衡发展和国族内部的同质化程度。

再次，外部压力下的政治性认同为主导，国族文化的挖掘与塑造相对薄弱。国族作为特殊的民族共同体，本身就是政治与文化的一种结合。政治性认同和文化性认同是国族认同的两种基本途径。而在近代中国的国族构建过程中，由于内外部的强大压力，国族构建主要是政党—国家主导下的政治性构建为主，通过一元化的意识形态和严密的政治组织进行宣传动员，获取了民众对特定意识形态、政治组织和国家制度的认同，从而实现了一种自我认同。但这本质上还是一种以权力和利益相结合，并为中介的功利性可选择认同。对于国族构建而言，仅有这种认同是远远不够，文化仍是国族凝聚最根本的纽带，也是国族成员稳定的心理认同的重要来源。但在这一过程中，对于中华民族传统文化的挖掘与塑造则明显不足，尤其是"五四"新文化运动之后，出现了与传统文化彻底决裂的倾向。对于历史悠久、族体规模庞大的中华民族而言，传统文化瞬间而彻底的否定，容易造成中华民族认同和凝聚的乏力。在强大的外部压力下，国族文化相对薄弱的弊端可能不易显现，但在外部环境相对缓和的情况下，国族文化在国族构建中的重要性就会逐渐显露。而这就需要对传统文化进行挖掘与塑造，对不同群体间的文化进行综合与提炼，从而形成同质性的国族文化，奠定国族认同的稳定心理。

近代国族构建是在强大压力下的艰难转型，分析国族构建的不足之处，并不是要否定国族构建的成功。任何道路的选择都要以客观条件为基础，也都会产生相应的影响，尤其是作为后现代化的国家，国族构建中的问题虽有主观性因素，但也是在特定时空条件下的无奈选择。而国族构建和建设也是紧密联系的过程，国族构建中的问题或不足，也恰恰成为国族建设的重要方向和着力点。

三、当代加强中华民族建设的内容与方向

中国的国族构建已经完结，但国族建设的任务依然严峻与繁重。回顾国族构建的历史，既有成功的经验，也不乏曲折的探索。而这对于当代中国国族建设的顺利展开和推进，提供了重要的借鉴与启示。

第一，推进党的自身能力建设。中国共产党作为中国革命的领导核心，带领中国人民实现了自由与解放。而在当代的国族建设中，虽然存在多元主体，但中国共产党在国族建设中仍然处于核心地位。这是由党的领导体制，即党领导国家政权的基本方式和结构所决定的。"在党的领导体制中，党通过领导干部党员化、推荐干部、党管干部、党组制和分口负责等具体的机制，实现了对政权的全方位领导，并形成了高度集中的国家权力体制。"[1] 而党的这种核心地位，也决定了党自身建设的重要性。国族建设的成效与党的能力有着直接的联系，国民党与共产党在解放前的对比与反差，已经给予了充分的说明。也正因此，党必须在各个领域加强自身建设，增强党的能力，树立党的形象，使党始终成为中华民族的先锋队和忠实代表。

第二，民主制度的落实与完善。国族作为政治共同体，其本质就是要掌控国家政权，实现国族与国家的统一。而这其中的核心就是国家政权的民主化问题，"一个国家是否具有合法性，关键取决于政府与共同

---

[1] 周平：《多民族国家的族际政治整合》，中央编译出版社 2012 年版，第 180 页。

体之间的'符合'程度。也就是说,政府究竟在何种程度上代表了人民的政治生活"①。近代国族的构建实践,一再表明,民主制度能够有效激发民众的国族意识,增强国族的认同感与凝聚力。而当代中国的国族建设,民主制度的落实与完善仍是基础性的政治安排,而且提出了更高的要求。民主政治的发展不仅体现在通过选举等各种方式从整体上控制国家政权,还要体现在每一个国族共同体成员身上。而其中最重要的环节就是赋予国族成员同质性的国民身份和公民资格,享有平等的政治权利,履行相应的义务。同质的公民身份的形成对于当代国族建设具有基础性地位。

第三,经济发展的平衡与协调。经济是国族认同与凝聚的重要纽带,经济利益的保障与维护也是共同体内部成员认同国族与国家的基础。近代国族构建的重要问题就是维护民众经济利益,并采取措施促进不同地区、不同群体的平衡发展。如农民的土地问题、边疆民族地区的开发治理问题等。而且这些问题的解决,直接关系到国族和国家的认同。因此,当代中国的国族建设也需要重视经济发展问题。首先是推动市场经济的发展,形成国家内部自由交换的统一市场,进而加强不同地域、不同民族间的经济交往,形成密切的经济联系;其次是促进不同地域间的平衡发展,尤其是要加快边疆民族地区的发展,注重消除事实上的不平等。

第四,国族文化的挖掘与塑造。国族作为特殊的民族共同体,其本质仍然是一种文化共同体。公民身份的获取、经济利益的维护更多的还是一种利益动员与凝聚,而国族认同感和凝聚力的提升,更需要一种非功利性的精神纽带,这就是国族文化。国族文化的形成与共享,能够为国族奠定稳固的心理基础。近代中国的救亡压力,没能为国族文化的形成提供充分的条件,甚至出现了国族文化的内在冲突。而在全球化飞速发展的今天,塑造共同的国族文化,对于国族认同的意义更为突出,以

---

① [德] 尤尔根·哈贝马斯:《包容他者》,曹卫东译,上海人民出版社2002年版,第171页。

至于亨廷顿也抛出了"我们是谁"的疑问，呼吁以盎格鲁新教文化重建美国的国家认同。① 当然，国族文化的塑造并不是消除国族内部文化的多元性，而要挖掘、提炼不同文化在发展过程中的基本精神与核心价值，如传统文化中"大一统"思想，就是国族文化塑造中值得发掘的重要内容，"并通过各种政治社会化媒介进行一致和持续的传播"②。而其中最为重要的途径就是同质性的国民教育。

第五，调整民族政策价值取向③。中华民族是多民族构成的"多元一体"结构。近代国族构建的历史也说明，承认少数民族的客观存在，保障其应有的权益并不必然削弱其国族意识，而强制性的民族同化反而会形成民族认同与国族认同间的冲突。因此，党在处理少数民族问题时，更多地采取了"民族主义"取向的民族政策，给予少数民族特殊的政治、法律地位，从政治、经济、文化等方面进行照顾和扶持，从而实现民族平等与团结。"民族主义"取向的民族政策，在一定历史时期内发挥了重要的作用，促进了民族平等与团结，也有利于少数民族的国族认同与国家认同。然而，随着历史的发展，"民族主义"取向的民族政策的风险性也逐渐显露，少数民族的民族意识不断增强，而且民族差异的政治化、法定化和固定化也迟滞作为国族的中华民族的内部融合。因此，当代国族建设需要调整民族政策的价值取向，确立以"国家主义"为取向的民族政策，以国家利益为出发点和目标。从国族建设的角度，看待少数民族问题的解决，在存异的基础上，更加注重求同，使得国族发展与各个民族群体的发展，相互协调、相得益彰。

---

① [美]塞缪尔·亨廷顿：《我们是谁？——美国国家特性面临的挑战》，程克雄译，新华出版社2005年版。

② 周平：《多民族国家的族际政治整合》，中央编译出版社2012年版，第237页。

③ 参见：周平：《中国民族政策价值取向分析》，载《当代世界与社会主义》，2010年第2期；周平：《民族国家与国族建设》，载《政治学研究》，2010年第3期。

结语　国家嵌入民族的逻辑

　　人类总是以一种群体性的方式维持着自身的存在与发展，在这一过程中，人们既要保持内部存在的稳定性，又要不断解释自身与外部的关系，因此，从某种程度上说，人类从其产生就是政治与文化的复合体。而当多元文明的人群共同体进入一种全球或世界的存在方式时，人群共同体的存在机制发生了重大变革，于是在西欧率先形成了民族国家形态，其国家内部的人群共同体也就转型成为国家民族。而这种国家形态在对外扩张的过程中，其制度优越性逐步显现，并被殖民地和半殖民地国家纷纷效仿，成为争取民族独立的重要手段与目标。民族国家与国族是紧密联系的一体两面，国家构建与国族构建也可谓同一过程的不同表述，就国族构建而言，其实质就是将民族国家观念和行动逻辑嵌入到特定的文化共同体，从而实现国族认同与国家认同的统一。

　　近代中国的民族国家构建和国族构建也是在这种背景下展开的。面对列强的外部压力，中华民族接受了民族国家形态，逐步放弃了自我为中心的天下观念，力图实现一种与其他国族平等性的，并且有明确界限的自我认同。从鸦片战争到中华人民共和国成立，疆域广阔、族体庞大的中华民族基本实现了国族转型的成功，成为世界国族构建史上的经典之作。在这一过程中，外部压力起着重要的催化作用，但更为重要的是中华民族在先进分子的带领下，为之不断付出努力的结果。对外而言，中华民族实现了民族独立，在世界舞台上获得平等权利与地位。而在对外抗争的同时，中华民族内部通过政治、经济、文化等途径进行着国族的构建与整合，在这种内部与外部、国家与国族的互动与协调中，实现着国族的自觉和对国家的认同。

近代国族的构建过程说明，国族作为特殊的民族共同体，具有政治与文化的双重属性，而国族的构建与建设也需处理好政治与文化间的关系。政治制度与国族文化都可以成为国族认同的载体，虽然二者在不同国家展现出不同的结合方式，但成熟稳定的国族认同都是两者的有机结合。然而这并不意味着两者在构建过程中就是自然结合的，对于后现代化的国家，包括中国在内，两者之间往往表现出一种不同步甚至是内在的张力，这就需要国族建设中将制度与主义的本土化和塑造国族文化的现代性统一起来，最大限度地实现两者的结合。

同时，任何国族都不可能是完全、绝对的同质化的共同体。中华民族与内部各民族之间是一体多元关系。这种统一与多样的关系体现在政治、经济和文化等多个层面。在政治层面，国族构建的首要目标就是维护中华民族的统一与完整，因此，必须保持根本政治制度和主导性意识形态的一致，但这并不否认各民族在管理内部事务的差异性，因此在近代国族构建的过程中，中国共产党创造性地提出和实践了民族区域自治制度。在经济层面，国族作为一种利益的结合体，经济利益是最为核心内容。这需要构建平等、统一的市场，增强各民族间的经济联系。但这并不能否认各民族在发展上存在的差异，因此需要采取差异化的发展方式，尽量消除各民族间事实上的不平等。在文化层面，各民族拥有自己的民族文化是各民族作为民族实体应有的权利，但这也并不能否认国族统一文化的重要性，国族构建仍然需要挖掘与塑造不同文化在发展过程中的基本精神与核心价值，以此作为国族认同的文化基础。当然，在处理统一与多样的关系时，统一是首要的前提，也是多样化政策所应蕴含的价值取向。

国族构建既是历史性的，也是时代性的课题。近代国族构建为我们提供了诸多启示，我们既应意识到国族建设的共通性，也应关注当时历史条件的特殊性。全球化的加速发展，多元文化的盛行，使得国族建设面临着巨大的挑战。毫无疑问，全球化作为人类发展的一种趋势是不可逆转的，而且民族国家也不可能是国家形态的终结。但民族国家建设与全球化发展并不一定是矛盾和冲突的，完善的世界性的民族国家体系，其实恰恰是人类迈向全球化的必经道路。因此，当前中国的国族建设，应该直面新情况、新问题，破除固有思维与观念的束缚，着力提升中华民族的整体认同感和凝聚力，为实现中华民族的复兴奠定坚实基础。

参考文献

一、中文参考文献

（一）文献资料（以文献名称汉语拼音为序）

1. 陈独秀：《独秀文存》，安徽人民出版社1987年版。

2. 《第二次中国教育年鉴》，商务印书馆1948年版。

3. 张之洞：《劝学篇》，华夏出版社2002年版。

4. 中央委员会党史委员会编订：《国父全集》，中国国民党党史委员会、中央委员会党史委员会出版1973年版。

5. 顾潮编：《顾颉刚年谱》，中国社会科学出版社1993年版。

6. 中国第二历史档案馆：《国民党政府政治制度档案史料选编》，安徽教育出版社1994年版。

7. 四川大学马列教研室中共党史科研组编：《国民参政会资料》，四川人民出版社1984年版。

8. 《国际条约集（1934—1944）》，世界知识出版社1961年版。

9. 贝拉·库恩编：《共产国际文件汇编》第三册，中国人民大学编译室译，生活·读书·新知三联书店1969年版。

10. 《后汉书》，中华书局1965年版。

11. 民族问题研究会编：《回回民族问题》，民族出版社1980年版。

12. 辛亥革命武昌起义纪念馆、政协湖北省委员会文史资料研究委员会：《湖北军政府文献资料汇编》，武汉大学出版社 1986 年版。

13. 《蒋总统集》第 1 册，台湾国防研究院出版 1950 年版。

14. 张其昀主编：《蒋总统集》第 1 册，中华大典编印会 1968 年版。

15. 《康有为政论集》上册，中华书局 1981 年版。

16. 梁漱溟：《梁漱溟学术论著自选集》，北京师范学院出版社 1992 年版。

17. 中国社会科学院民族研究所编：《列宁论民族问题（上下）》，民族出版社 1987 年版。

18. 中共中央书记处编：《六大以来党内秘密文件》（上下），人民出版社 1981 版。

19. 中共中央书记处编：《六大以前党的历史材料》，人民出版社 1980 年版。

20. 《列宁选集》，人民出版社 1972 年版。

21. 《李大钊全集》，河北教育出版社 1999 年。

22. 《鲁迅全集》，人民文学出版社 1981 年版。

23. 《马克思恩格斯全集》第 4 卷，人民出版社 1958 年版。

24. 中国社会科学院民族研究所编：《马克思恩格斯论民族问题（上下）》，民族出版社 1987 年版。

25. 中共中央统战部编：《民族问题文献汇编（1921—1949）》，中共中央党校出版社 1991 年版。

26. 民族问题研究会编：《蒙古民族问题》，民族出版社 1993 年版。

27. 毛泽东：《毛泽东选集》，人民出版社 1991 年版。

28. 《民国丛书》，上海书店出版社 1996 年版。

29. 潘光旦：《潘光旦文集》，北京大学出版社 2000 年版。

30. 故宫博物院明清档案部汇编：《清末筹备立宪档案史料》，中华书局 1979 年版。

31. 《十三经注疏》，中华书局 1982 年版。

32. 《史记》，中华书局 1959 年版。

33. 王韬：《弢园老民自传》，江苏人民出版社 1999 年版

34. 孙中山著：《孙中山全集》，中华书局 1986 年版。

35. 孙中山：《孙中山选集》，人民出版社 1957 年版。

36. 中国社会科学院民族研究所编：《斯大林论民族问题》，民族出版社 1990 年版。

37. 汤志钧编《陶成章集》卷 5，中华书局 1986 年版。

38. 《王稼祥选集》，人民出版社 1989 年。

39. 张枬、王忍之：《辛亥革命前十年间时论选集》，生活·读书·新知三联书店 1960 年版。

40. 中国科学院近代史研究所史料组主编：《辛亥革命资料》，中华书局 1961 年版。

41. 《新编民国法令大全》，商务印书馆 1924 年版。

42. 《西藏地方历史资料选辑》，生活·读书·新知三联书店 1963 年版。

43. 王栻编：《严复集》，中华书局 1986 年版。

44. 梁启超：《饮冰室合集》，中华书局 1989 年版。

45. 刘晴波编：《杨度集》，湖南人民出版社 1986 年版。

46. 汤志钧编：《章太炎年谱长编》（上），中华书局 1979 年版。

47. 《民国日报》，人民出版社 1981 年版。

48. 包华德编：《中华民国史资料丛稿》，中华书局 1980 年版。

49. 中共中央党校文史教研室中国近代史组编：《中国近代政治思想论著选辑（上下）》，中华书局 1986 年版。

50. 中国第二历史档案馆编：《中华民国史档案资料汇编》，江苏古籍出版社 1997 年版。

51. 荣孟源主编：《中国国民党历次代表大会及中央全会资料》（下），光明日报出社 1985 年版。

52. 沈云龙：《中国近代史料丛刊》，文海出版社 1996 年版。

53. 陈真等编：《中国近代工业史资料》第 4 辑，生活·读书·新知三联书店 1961 年版。

54. 《中国近代学制史料》第三辑，华东师范大学出版社 1990 年版。

55. 《中华民国外交史资料选编》，北京大学出版社 1988 年。

56. 中国第二历史档案馆编：《中国国民党第一、第二次全国代表大会会议史料》（上），江苏古籍出版社 1986 年版。

57. 王铁崖：《中外旧约章汇编（第 3 册）》，生活·读书·新知三联书店 1962 年版。

58. 中国人民大学中共党史系编：《中国国民党历史教学参考资料》，内部版 1987 年版。

59. 华美晚报编：《中国全面抗战大事记》第一辑，文海出版社 1981 年版。

60. 《中国共产党第一次代表大会》，见《"一大"前后》，人民出版社 1980 年版。

61. 中央档案馆编：《中共中央文件选集》第 1 册，中共中央党校出版社 1989 年版。

62. 中共中央党史研究室：《中国共产党历史》第一卷，中共党史出版社 2011 年版。

63. 中央统战部中央党案馆编：《中共中央抗日民族统一战线文件选编》，档案出版社 1984 年。

64. 军事科学院军事历史研究部：《中国抗日战争史》（上卷），军事出版社 2005 年版。

65. 韩延龙、常兆儒：《中国新民主主义革命时期根据地法制文献选编》第 1 卷，中国社会科学出版社 1981 年版。

66. 万仁元、方庆秋主编：《中华民国史史料长编（民国元年）》，南京大学出版社 1993 年版。

67. 宋恩荣、章咸：《中华民国教育法规选编（1912—1949）》，江苏教育出版社 1990 年版。

68. 中央统战部、中央文献研究室编：《周恩来统一战线文选》，人民出版社 1984 年。

69．蔡尚思主编：《中国现代思想史资料简编》第四卷，浙江人民出版社1983年版。

（二）著作类（以作者姓氏汉语拼音为序）

1．［英］安东尼·史密斯：《全球化时代的民族与民族主义》，龚维斌、良警宇译，中央编译出版社2002年版。

2．［英］安东尼·史密斯：《民族主义：理论，意识形态，历史》，叶江译，上海世纪出版集团2006年版。

3．［英］埃里·凯杜里：《民族主义》，张明明译，中央编译出版社2002年版。

4．［美］本尼迪克特·安德森：《想象的共同体——民族主义的起源与散布》，吴叡人译，上海人民出版社2003年版。

5．白拉都格其：《蒙古民族通史》第五卷（下册），内蒙古大学出版社2002年版。

6．崔运武：《中国早期现代化中的地方督抚》，中国社会科学出版社1998年版。

7．［英］戴维·米勒、韦农·波格丹诺编，邓正来译：《布莱克维尔政治学百科全书》，中国政法大学出版社2002年版。

8．［美］杜赞奇：《从民族国家拯救历史：民族主义话语与中国现代史研究》，王宪明译，社会科学文献出版社2003年版。

9．［英］厄内斯特·盖尔纳：《民族与民族主义》，韩红译，中央编译出版2002年版。

10．［美］费正清：《剑桥中华人民共和国史》（1949—1965年），中国社会科学出版社1990年版。

11．［美］费正清：《美国与中国》，张理京译，商务印书馆1987年版。

12．［美］费正清：《剑桥中国晚清史》下卷，中国社会科学出版社1985年版。

13．傅朗云、杨阳：《东北民族史略》，吉林人民出版社1983年版。

14．冯友兰：《中国哲学简史》，涂又光译，北京大学出版社1996

年版。

15. 范小方、包东波、李娟丽：《国民党理论家戴季陶》，河南人民出版社 1992 年版。

16. 费孝通：《中华民族多元一体格局》，中央民族大学出版社 1999 年版。

17. 高翠莲：《清末民国时期中华民族自觉进程研究》，中央民族大学出版社 2007 年版。

18. 高全喜：《立宪时刻：论〈清帝逊位诏书〉》，广西师范大学出版社 2011 年版。

19. 葛剑雄：《统一与分裂：中国历史的启示》，生活·读书·新知三联书店 1994 年版。

20. ［美］汉密尔顿、杰伊、麦迪逊：《联邦党人文集》，程逢如、在汉、舒逊译，商务印书馆 1995 年版。

21. 何龙群：《中国共产党民族政策史论》，人民出版社 2005 年版。

22. 郝时远、阮西湖：《当代世界民族问题与民族政策》，四川民族出版社 1994 年版。

23. ［英］霍布斯鲍姆：《民族与民族主义》，李金梅译，上海人民出版社 2000 年版。

24. 江炳伦：《政治学论从》，华欣文化事业公司 1975 年版。

25. 贾士毅：《民国财政史》（一），商务印书馆 1932 年版。

26. 蒋中正：《中国之命运》，中正书局 1946 年版。

27. ［英］吉登斯：《民族—国家与暴力》，胡宗泽、赵力涛译，王铭铭校，生活·读书·新知三联书店 1998 年版。

28. 孔经伟：《中国近百年经济史纲》，吉林人民出版社 1980 年版。

29. 李国祁：《近代中国思想人物论——民族主义》，时报文化出版事业有限公司 1982 年版。

30. 李鸣：《中国近代民族自治法制研究》，中央民族大学出版社 2008 年版。

31. 李金河：《中国政党政治研究》，中央编译出版社 2007 年版。

32．［美］利昂·P.巴拉达特：《意识形态：起源和影响（第10版）》，张慧芝等译，世界图书出版公司2010年版。

33．郎裕宪、陈文俊编著：《中华民国选举史》，中央选举委员会印行1987年版。

34．李恩涵：《北伐前后的"革命外交"》，中央研究院近代史研究所出版1998年版。

35．［英］李约瑟：《四海之内》，劳陇译，生活·读书·新知三联书店1987年版。

36．林恩显：《国父民族主义——与民国以来的民族政策》，国立编译馆1994年版。

37．刘健清：《中国国民党党史》，江苏古籍出版社1992年版。

38．李侃：《中国近代史》，中华书局1994年版。

39．李世涛主编：《知识分子立场——民族主义与转型期中国的命运》，时代文艺出版社2000年版。

40．李宏图：《西欧近代民族主义思潮研究——从启蒙运动到拿破仑时代》，上海社会科学院出版社1997年版。

41．李国栋：《民国时期的民族问题与民国政府的民族政策研究》，民族出版社2007年版。

42．［美］列文森：《儒教中国及其现代命运》，郑大华、任菁译，中国社会科学出版社2000年版。

43．茅海建：《天朝的崩溃：鸦片战争再研究》，生活·读书·新知三联书店1995年版。

44．［美］马克·赛尔登：《革命中的中国：延安道路》，魏晓明、冯崇义译，社会科学文献出版社2002年版。

45．［美］迈克尔·罗斯金等：《政治科学（第九版）》，林震等译，中国人民大学出版社2009年版。

46．马戎、周星主编：《中华民族凝聚力形成与发展》，北京大学出版社1999年版。

47．倪伟：《"民族"想象与国家统制》，上海教育出版社2003

年版。

48. 宁骚：《民族与国家——民族关系与民族政策的国际比较》，北京大学出版社 1995 年版。

49. 潘光旦：《潘光旦民族研究文集》，民族出版社 1995 年版。

50. 卿汝楫：《美国侵华史》第 1 卷，生活·读书·新知三联书店 1956 年版。

51. ［美］乔治·萨拜因：《政治学说史》，盛葵阳、崔妙因译，商务印书馆 1986 年版。

52. 任军锋：《地域本位与国族认同》，天津人民出版社 2004 年版。

53. 孙培青：《中国教育史》（第三版），华东师范大学出版社 2009 年版。

54. ［美］塞缪尔·亨廷顿：《变革社会中的政治秩序》，李盛平等译，华夏出版社 1988 年版。

55. ［美］斯诺：《斯诺眼中的中国》，中国学术出版社 1982 年版。

56. ［日］松本真澄：《中国民族政策之研究——以清末至 1945 年的"民族论"为中心》，鲁忠慧译，民族出版社 2003 年版。

57. ［法］托克维尔：《旧制度与大革命》，冯棠译，商务印书馆 1996 年版。

58. 陶文钊、杨奎松、王建朗：《抗日战争时期中国对外关系》，中共党史出版社 1985 年版。

59. 唐文权：《觉醒与迷误——中国近代民族主义思潮研究》，上海人民出版社 1993 年版。

60. 陶绪：《晚清民族主义思想》，人民出版社 1995 年版。

61. 王建娥：《族际政治：20 世纪的理论与实践》，社会科学文献出版社 2011 年版。

62. 万明：《中国融入世界的步履：明与清前期海外政策的比较研究》，社会科学文献出版社 2000 年版。

63. 王之春：《清朝柔远记》，中华书局 1989 年版。

64. 王长江：《政党论》，人民出版社 2009 年版。

65. 王建朗：《中国废除不平等条约的历程》，江西人民出版社2000年版。

66. 王奇生：《党员、党权与党争》（修订增补本），华文出版社2010年版。

67. 王希恩：《20世纪的中国民族问题》，中国社会科学出版社2012年版。

68. 王立民：《中国法制史》，上海人民出版社2003年版。

69. 王永祥：《中国现代宪政运动史》，人民出版社1996年版。

70. 王文光：《中国民族发展史》，民族出版社2005年版。

71. 王文光：《中国民族发展史纲要》，云南大学出版社2010年版。

72. 王柯：《民族与国家——中国多民族统一国家思想的系谱》，中国社会科学出版社2001年版。

73. 徐永志：《中国近现代民族政治与社会研究》，民族出版社2011年版。

74. 谢彬：《新疆游记》，新疆人民出版社1990年版。

75. 徐矛：《中华民国政治制度史》，上海人民出版社1992年版。

76. 徐迅：《民族主义》（修订版），中国社会科学出版社2005年版。

77. 袁业裕：《民族主义原论》，正中书局1936年版。

78. 尤中：《中国西南边疆变迁史》，云南教育出版社1987年版。

79. 姚薇元：《鸦片战争史实考——魏源"道光洋艘征抚记"考订》，人民出版社1984年版。

80. 杨策、彭武麟：《中国近代民族关系史》，中央民族大学出版社1999年版。

81. 杨幼炯：《中国政党史》，上海商务印书馆1937年版。

82. 殷啸虎：《近代中国宪政史》，上海人民出版社1997年版。

83. 杨绪盟：《移植与异化——民国初年中国政党政治研究》（修订版），人民出版社2009年版。

84. 周平：《民族政治学导论》，中国社会科学出版社2001年版。

85. 周平：《民族政治学》，高等教育出版社 2003 年版。

86. 周平：《中国边疆治理研究》，经济科学出版社 2011 年版。

87. 周平：《多民族国家的族际政治整合》，中央编译出版社 2012 年版。

88. 朱英 石柏林：《近代中国经济政策演变史稿》，湖北人民出版社 1998 年版。

89. 张治中：《张治中回忆录》，中国文史出版社 1985 年版。

90. 张淑娟：《民族主义与近代中国民族理论》，光明日报出版社 2011 年版。

91. 赵德馨：《中国近现代经济史》，河南人民出版社 2003 年版。

92. 张学强：《明清多元文化教育研究》，民族出版社 2006 年版。

93. 郑大华、邹小站主编：《中国近代史上的民族主义》，中国社会科学出版社 2002 年版。

94. 郑凡、刘薇琳、向跃平：《传统民族与现代民族国家——民族社会学论纲》，云南大学出版社 1997 年版。

95. 张海洋：《中国的多元文化与中国人的认同》，民族出版社 2006 年版。

96. 张磊、孔庆榕：《中华民族凝聚力学》，中国社会科学出版社 1999 年版。

97. 张灏：《幽暗意识与民主传统》，新星出版社 2006 年版。

98. 张晋藩：《中国宪法史》，人民出版社 2011 年版。

99. 张静如：《北洋军阀统治时期中国社会之变迁》，中国人民大学出版社 1992 年版。

（三）论文类（以作者姓氏汉语拼音为序）

1. 巴斯蒂：《中国近代国家观念溯源——关于伯伦知理国家论的翻译》，载《近代史研究》，1997 年第 4 期。

2. ［美］白鲁恂：《中国现代化过程中的权威危机》，见《中国现代化的历程》，台北：时报文化出版有限公司 1980 年版。

3. 陈连开：《中华文化发展的基本特点》，载《中南民族大学学报》，2003 年第 2 期。

4. 常家树、韩伟：《抗日战争的胜利与中华民族崛起》，载《理论研究》，2006 年第 1 期。

5. 储竞争：《抗战时期汉族知识精英的西北书写与国族意识建构》，载《西北民族大学学报》（哲学社会科学版），2012 年第 4 期。

6. 储竞争、杨永福：《抗战时期国族视野下的新疆族群问题与开发》，载《文山学院学报》，2011 年第 1 期。

7. 陈建樾：《国族观念与现代国家的建构：基于近代中国的考察》，载《云南民族大学学报》（哲学社会科学版），2011 年第 5 期。

8. 陈明明：《从族裔到国族》，载《社会科学研究》，2010 年第 2 期。

9. 邱永君：《加强对"中华国族"的核心认同》，载《理论视野》，2010 年第 6 期。

10. 冯锋：《想象的国族：民族主义历史研究的新方向》，载《社会观察》，2003 年第 4 期。

11. 方素梅《中华民国时期的边疆观念和治边思想》，载《中南民族大学学报》，2008 年第 2 期。

12. 高翠莲：《孙中山的中华民族意识与国族主义的互动》，载《中央民族大学学报》（哲学社会科学版），2012 年第 6 期。

13. 郝时远：《重读斯大林民族定义——读书笔记之一、二、三》，载《世界民族》，2003 年第 4、5、6 期。

14. 郝时远：《先秦文献中的"族"与"族类"观》，载《民族研究》，2004 年第 2 期。

15. 郝时远：《中文"民族"一词源流考辨》，载《民族研究》，2004 年第 6 期。

16. 黄克武：《从追求正道到认同国族》，见许继霖、宋宏编：《现代中国思想的核心观念》，上海人民出版社 2011 年版。

17. 黄兴涛：《现代"中华民族"观念形成的历史考察》，载《浙江社会科学》，2002 年第 1 期。

18. 黄明光：《明代南方少数民族地区教育状况探议》，载《民族研究》，1991年第2期。

19. 黄鹏旭：《试论我国少数民族地区国族认同建设》，载《法制与社会》，2010年9月（下）。

20. 黄兴涛、王峰：《民国时期"中华民族复兴"观念之历史考察》，载《中国人民大学学报》，2006年第3期。

21. 柯昌济：《中国上古的国族》，载《社会科学》，1984年第1期。

22. ［俄］A. M. 列舍托夫：《论"中华民族"概念的内涵》，载《民族译丛》，1992年第4期，第9页。

23. 李倬宇、钱培荣：《晚清报刊的发展历程》，载《杭州大学学报》，1996年第26卷第4期。

24. 刘增合：《媒介形态与晚清公共领域研究的拓展》，载《近代史研究》，2000年第2期。

25. 刘政美：《抗战前的西北交通建设》，载《民国档案》，1999年第2期。

26. 卢红飚：《从国族视角解读两个范式：国籍与效忠》，载《孝感学院学报》，2010年第4期。

27. 罗义俊：《中国道统与国族主义》，载《中共宁波市委党校学报》，2010年第4期。

28. 刘乃强：《"国族认同"下的新民族主义》，载《双周刊》，2008年第10期。

29. 刘正寅：《试论中华民族整体观念的形成与发展》，载《民族研究》，2000年第6期。

30. 李玉伟：《民国时期国民党政府的民族政策及内蒙古的民族问题》，载《中央民族大学学报》，2004年第1期。

31. 李玉伟：《北洋政府的民族政策与内蒙古的民族问题》，载《内蒙古社会科学》（汉文版），2004年第2期。

32. 马大正：《清代边疆史研究当议》，载《清史研究》，1998年

33. 马艾民：《试论洋务运动时期的满汉联合》，载《吉林大学社会科学学报》，1993年第2期。

34. 马戎：《理解民族关系的新思路——少数族群问题的"去政治化"》，载《北京大学学报》，2004年第6期。

35. 马戎：《中华民族凝聚力的形成与发展》，载《西北民族研究》，1999年第2期。

36. 沈松侨：《我以我血荐轩辕——黄帝神话与晚清的国族建构》，载《台湾社会研究季刊》，1997年第28期。

37. 沈松侨：《振大汉之天声——民族英雄系谱与晚清国族想象》，载《中央研究院近代史研究所集刊》，2000年第33期。

38. 孙立祥：《共产国际对日本反战斗争指导的失误》，载《东北师大学报》，1994年第6期。

39. 孙宏年：《蒙藏事务局与民国初年的边疆治理论析》，载《中国边疆史地研究》，2004年第1期。

40. ［美］萨托利：《宪政疏议》，载《公共论丛》第一辑，生活·读书·新知三联书店1995年版。

41. 魏秀梅：《从量的观察探讨清季驻防副都统之人事嬗递》，载《"中央研究院"近代史研究所集刊》，1984年第13期。

42. 王玉灵：《北洋政府经济立法及其实效分析》，载《武汉科技大学学报》（社会科学版），2010年第5期。

43. 王奇生：《论国民党改组后社会构成与组织》，载《近代史研究》，2000年第2期。

44. 王希恩：《论"民族建设"》，载《中国社会科学院研究生院学报》，2004年第3期。

45. 吴开松、解志苹：《论我国少数民族地区国族认同的构建》，载《中南民族大学学报》（人文社会科学版），2008年第3期。

46. 王得胜：《北洋军阀对蒙政策几个问题的初析》，载《内蒙古近代史论丛》第3辑，内蒙古人民出版社1987年版。

47. 肖华：《忆红军长征在少数民族地区》，载《民族团结》，1983年第8期。

48. 徐贲：《90年代中国文化争论和国族认同问题》，载《文化前沿》，1999年第1期。

49. 杨雪冬：《民族国家与国家建构：一个理论综述》，载《复旦政治学评论》，2005年第1辑。

50. 衣保中：《试论清代满族士兵土地所有制的演变》，载《满族研究》，1987年第4期。

51. 杨忠德：《威宁苗族文化史略》，载《威宁文化史略》，1986年第2辑。

52. 叶江：《当代西方的两种民族理论》，载《中国社会科学》，2002年第1期。

53. 闫丽娟：《20世纪上半叶的西北少数民族研究述论》，载《兰州大学学报》（社会科学版），2004年第3期。

54. 张淑娟：《清末民初国族建构的困境》，载《华南师范大学学报》（社会科学版），2009年第2期。

56. 张正明：《和亲通论》，载《民族史论丛》（第1辑），中华书局1987年版。

57. 邹小站：《华夷天下的崩溃与中国近代思想的变迁》，载《中国近代史上的民族主义》，社会科学文献出版社2007年版。

58. 章鸣九：《〈瀛环志略〉与〈海国图志〉比较研究》，见任复兴主编：《徐继畬与东西方文化交流》，中国社会科学出版社1993年版。

59. 张永：《从"十八星旗"到"五色旗"——辛亥革命时期从汉族国家到五族共和国家的建国模式转变》，载《北京大学学报》（哲学社会科学版），2002年第3期。

60. 张朋园：《立宪派的阶级背景》，见虞和平主编：《中国现代化历程》第一卷，江苏人民出版社2001年版。

61. 周平：《论中国民族国家的构建》，载《当代中国政治研究报告》第6卷，社会科学文献出版社2008年版。

62. 周平：《民族区域自治制度在中国的形成和演进》，载《云南行政学院学报》，2005年第4期。

63. 周平：《论中华民族建设》，载《思想战线》，2011年第5期。

64. 周平《多民族国家的政党与族际政治整合》，载《西南民族大学学报》（人文社会科学版），2011年第5期。

65. 周平：《论多民族国家的族际政治整合》，载《思想战线》，2010年第4期。

66. 周平：《中国民族政策价值取向分析》，载《当代世界与社会主义》，2010年第2期。

67. 周平：《论族际政治及族际政治研究》，载《民族研究》，2010年第2期。

68. 周平：《国家建设与国族建设》，载《社会科学研究》，2010年第2期。

69. 周平：《论民族的两种类型》，载《云南行政学院学报》，2010年第1期。

70. 周平：《政治学视野下的中国民族和民族问题》，载《思想战线》，2009年第6期。

71. 周平：《对民族国家的再认识》，载《政治学研究》，2009年第4期。

72. 朱伦：《西方的"族体"概念系统》，载《中国社会科学》，2005年第4期。

73. 张永红、刘德一：《试论族群认同和国族认同》，载《中南民族大学学报》（人文社会科学版），2005年第2期。

74. 周靖程：《孙中山与蒋介石的"国族"思想比较》，载《齐齐哈尔大学学报》（哲学社会科学版），2004年第11期。

75. 张双志：《南京国民政府时期的民族思想和民族政策》，载《中国藏学》，2003年第4期。

二、外文参考文献

1. Anthony D. Smith, *National Identity*, University of Nevada Press, 1993.

2. Ernest Gellner, *Nations and Nationalism*, England, Basil Blackwell Publisher Limited, 1983.

3. Hans Kohn, *Nationalism: Its Meaning and History*, D. Van Nostrand Company, Inc., 1955.

4. John Israel, *Student Nationalism in China: 1927—1937*, Stanford University Press, 1966.

5. Kauko Laitinen, *Chinese Nationalism in the Late Qing Dynasty*, Curzon Press Ltd., 1990.

6. Liah Greenfeld, *Nationalism: Five Roods to Modernity*, Cambridge, Mass and London University Press, 1992.

7. Lawrence K. Rosinger, *China's Wartime Politics (1937—1944)*, Princeton University Press, 1944.

8. Min Tu-ki, *National Policy and Local Power: The Transformation of Late China*, Cambridge, Mass, 1989.

9. Michael Gasster, *Chinese Intellectuals and the Revolution of 1911: The Birth of Modern Chinese Radicalism*, Seattle, University of Washington Press, 1969.

10. Unger Jonathan, *Chinese Nationalsim (Contemporary China Paper)*, M. E. Sharpe, 1996.

后　记

　　本书是在博士论文的基础上修改完成的。"天空中没有翅膀的痕迹，但我已飞过"，而那"过去了的，又终会成为亲切的怀恋"。博士研究生的生活犹如这样的一场精神之旅，知识相伴，信仰同行，宁静平和而又风雨兼程。临近终点，驻足回望，品味其间的曲折、偶然与幸运，不禁让人感叹不可预知未来的美妙与迷人。

　　曾几何时，初入学术之路的我，被理论的逻辑性、解释力和美感所吸引、所陶醉，乐此不疲地解释着"伟大观念"，解读着经典文本。然而"任何脱离具体的语境、文本而将问题提炼为简短的结论的努力都会牺牲太多的历史感"。尤其遭遇以自洽性为基础的理论纷争时，一种历史的虚无感也会笼罩心头，挥之不去。如果"概念有自己的历史，或者更进一步说，我们所用来表达概念的名词包含着历史"，那么回归历史，从历史中发现问题，在历史中理解问题，也就成为理论自觉的不二法门。然而看似美好的设想并未迎来期待中的惊喜，反而着实为自己的"学术冒险"捏了一把冷汗。学识的局限、语境的差异使得把握"过去现实"的难度远超自身想象，也许历史更应欣赏与聆听而非解读。最终，还原的努力不得不转换成个体的理解，实践的构想也只能让步于思维的澄清。对于初涉该领域的研究者而言，这的确令人遗憾，但也仍可聊以自慰，正如瓦雷里所言："放眼远眺那神明般的宁静，是对你沉思后多么美好的报答！"

学术道路的选择不易,而坚守尤难,古代圣贤、远方巨擘虽不时激荡心底波澜,然身边可直觉的"大家"更能激发坚毅前行的信仰力量。在这一点上,我无疑是极度幸运的,从硕士到博士,我皆有幸师从我国著名政治学家、民族政治学的创建者和奠基人、长江学者周平教授。偶遇先生后,心中理想知识分子的形象更加明晰,作为生活方式的学术之路也更具现实感和可能性。先生秉持"为学术而学术"的学人境界;彰显"为政治而学术"的学人本色,堪称当代知识分子的典范。先生始终践行知识分子之独立人格,探寻自由学术之真、之善、之美,教育我们,为学之道,首在敬畏学术,消除"科学动机"的功利性,"为学先为人",做学术事,应先为学术人,如此方能真正体会学术真谛;先生思想深邃,视野宏大,但却始终将祖国需要作为学术追求的最高旨向,教育我们,知识分子作为"社会的良心","个体经验"理应服从国家与社会的需要。热爱祖国、奉献社会是知识分子不可推卸的责任。

　　先生治学严谨,但对于学生的多元发展总能给予个性化的引导与施教,对于学生在人生历程中的多样选择总会给予最大限度的宽容与理解。虽已时过境迁,但每当回忆此情此景,一种发自内心的感激之情总是不觉涌上心头。对于博士论文的写作,先生更是倾注了极大的心血,从论文选题、整体构思、结构安排、提纲修订直到语言规范,甚至是标点使用,都得到了先生精心细致的指导。师母叶老师也始终关心着每一位学生的成长,每每相聚,师母总是给予慈母般的关怀,"工作顺利吗?""论文进展如何?""小孩子还好吧!"平平淡淡、点点滴滴,但又如沐春风,温暖心间。论文的写作虽已竭尽全力,但无奈自身能力的局限,论文与先生与师母的期望仍相距甚远,悔恨之余,唯有通过今后的加倍努力,方能回报先生与师母的培养之恩、关怀之情。

　　论文也凝结了众多专家的智慧,和少英教授宽广的全球视野,对于世界各国民族变迁的深刻剖析,促使我更加关注从世界发展之大趋势中看待近代中国的变迁;崔运武教授独到的近代史见解及其以"信仰"

后 记

为核心的认知框架,使我对近代中国民族主义的发生、发展与影响有了更为准确的认知与定位;王文光教授厚重的史学功底,揭示了历史变迁中诸多被遮蔽、被遗忘、被误解的重大环节,促使我更加客观、理性和审慎地看待历史过程;何明教授精彩的民族与国家关系的论述,使我更加警惕国家作为一种"必要的恶"的存在;段尔煜教授丰富的地方性知识及其对本土化实践的深刻把握,使我更加明白踏出书斋、走向实践对于社会科学研究的重要意义。专家们从开题到预答辩,对论文的写作与修改提出了诸多宝贵意见,在此对各位专家表示衷心的感谢。

求学之路的另一幸事便是有缘结识师门的兄弟姐妹,师门是一个追求卓越的学术团队,又是一个温暖的大家庭。成功时,大家共享喜悦之情;低潮时,大家共伸援助之手。每逢相聚时刻,畅谈师生情、共话同门义,其乐融融的温馨场面让人久久难忘。祝愿兄弟姐妹前途似锦,祝福师门不断发展壮大。

读博经历也让我深刻感悟殷海光先生所言学术"自私"的蕴意,在此要深深感谢人生最为坚强的后盾——家人。感谢我的父亲、母亲、岳父、岳母,"博士"之义也许他们并不深知,但这丝毫没有影响他们对我为之奋斗所感到的骄傲和自豪,白发两鬓的他们本已该尽享天伦之乐,然而出于对子女无私的爱,仍然选择了默默付出,照顾着我的生活,分担着家庭的重担。感谢我的妻子,相识、相知、相伴的十余年间,虽身为国家公务人员,她却深知学术道路的艰辛与无奈,在工作已然繁重的同时,毅然肩负起更多的家庭重担,竭尽所能营造着轻松氛围与自由空间,鼓励支持我追逐梦想、品味生活、洒脱前行,一杯香茗、一盏微灯、一声叮咛,让我感受着家的力量,而非重量。感谢小儿朗闻,从声声啼哭到蹒跚学步,再到牙牙学语,直至不久前踏入幼儿园,伴我同行,予我欢乐。

感谢学习与工作的母校——云南大学,感谢公共管理学院,感谢政治学系,感谢所有关心帮助我的领导、老师、亲人、朋友!

感谢云南大学民族政治与边疆治理研究院资助本书出版，感谢中央编译出版社侯天保编辑对本书出版所付出的艰辛努力！

感谢这个世界，感谢它以特有的纷繁芜杂、绚丽诡异让我认识到作为一株会思想的苇草，一个人是多么渺小同时又多么伟大、多么普通同时又多么珍贵。

是为记。

张健
2014 年 8 月 18 日　昆明雨夜